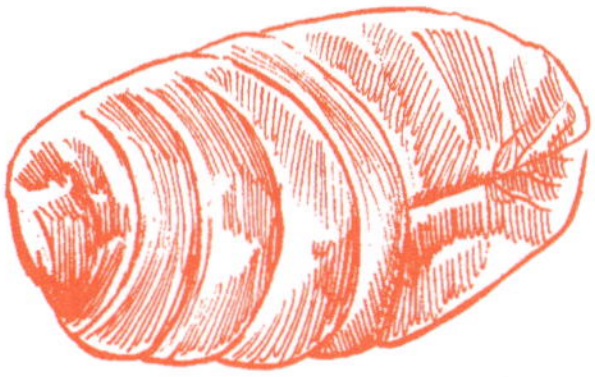

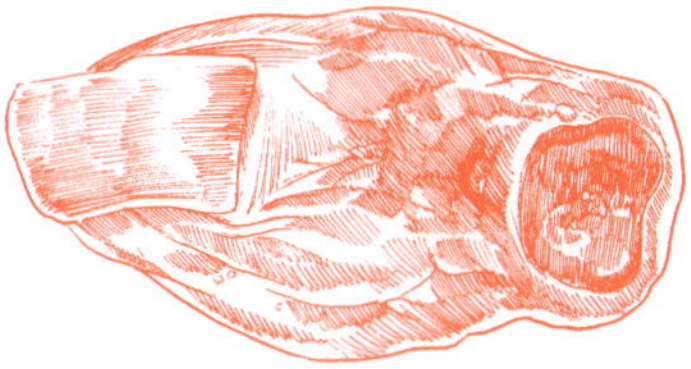
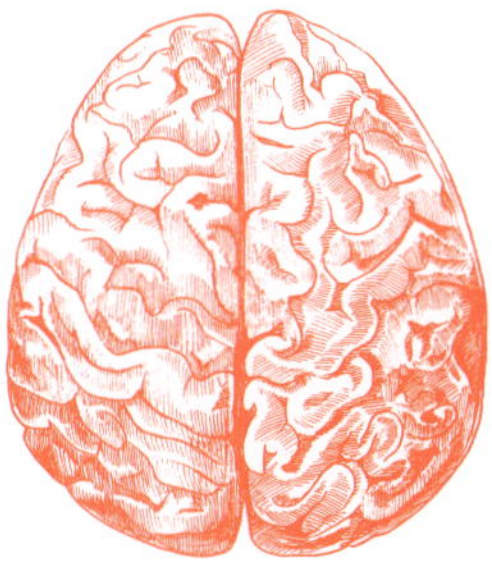

lonely planet

SECRET MARVELS of The WORLD

那些有趣、古怪、你不一定知道的地方

中国地图出版社

CONT 目

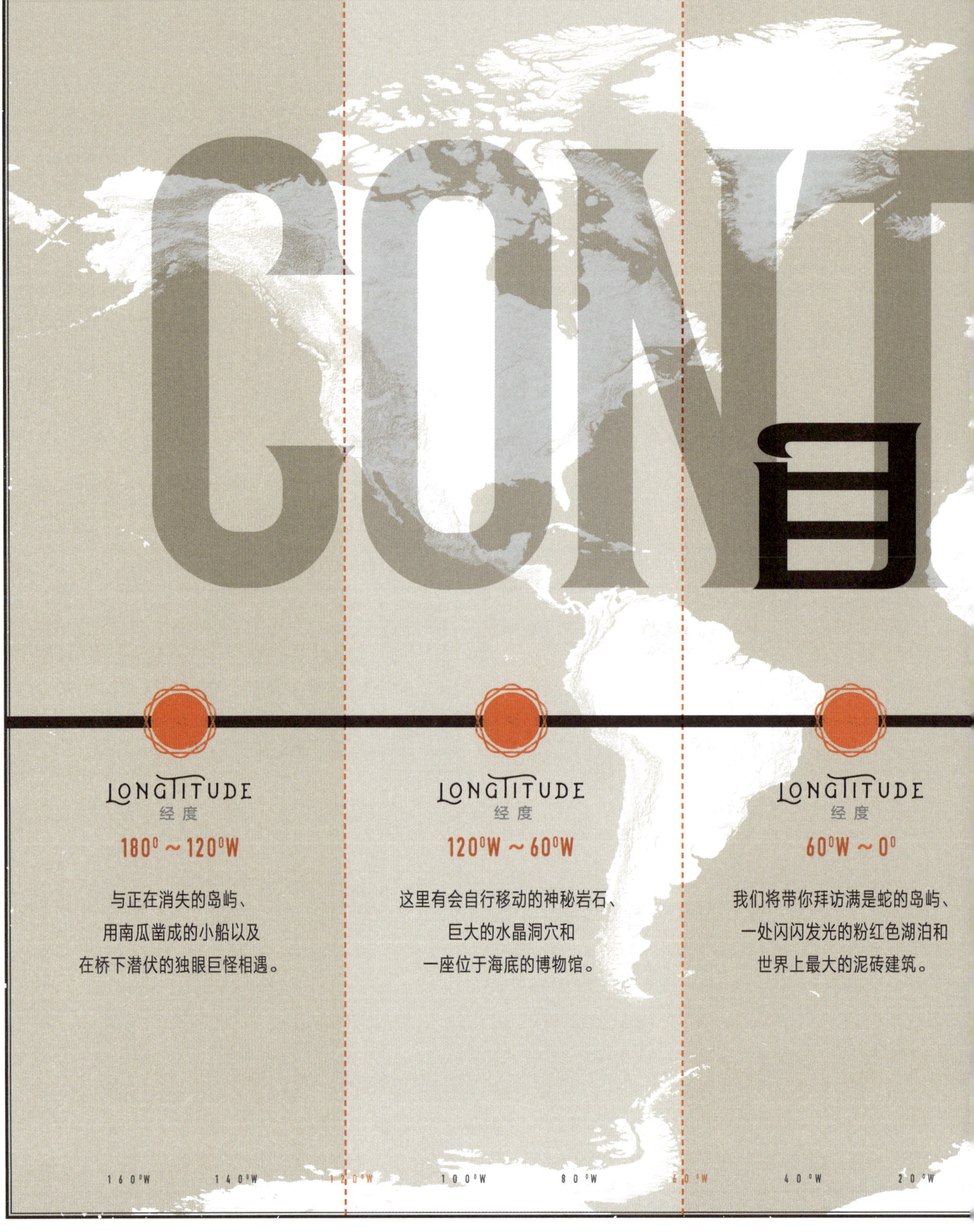

LONGTITUDE
经度

180° ~ 120°W

与正在消失的岛屿、
用南瓜凿成的小船以及
在桥下潜伏的独眼巨怪相遇。

LONGTITUDE
经度

120°W ~ 60°W

这里有会自行移动的神秘岩石、
巨大的水晶洞穴和
一座位于海底的博物馆。

LONGTITUDE
经度

60°W ~ 0°

我们将带你拜访满是蛇的岛屿、
一处闪闪发光的粉红色湖泊和
世界上最大的泥砖建筑。

ENTS 录

20°E 40°E 60°E 80°E 100°E 120°E 140°E 160°E

LONGTITUDE 经度

0° ~ 60°E

探访一片会唱歌的小树林、
一个被沙漠吞噬的小镇，
还有一座由
10万个十字架组成的小山。

LONGTITUDE 经度

60°E ~ 120°E

不妨在此见识一下
被奉为神灵的老鼠、
建于机场跑道之上的高尔夫球场和
神秘小矮人的藏身之处。

LONGTITUDE 经度

120°E ~ 180°

你将在这里遇见
被藤蔓植物包裹的渔村、
卡在树上的奶牛，
还有被萤火虫照亮的洞穴。

20°E 40°E 60°E 80°E 100°E 120°E 140°E 160°E

INTRO 前言

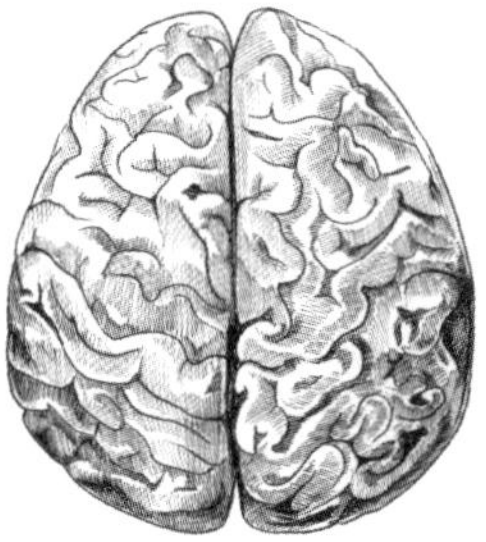

别了，大峡谷。
再见，埃菲尔铁塔。
拜拜，悉尼歌剧院。
吴哥窟？也把它忘了吧。

如果你自认为已经对世上最令人惊叹的风景了如指掌，那么是时候重新审视一番了。本书热情洋溢地向你介绍那些鲜为人知的所在：从神秘之物和迷幻之景，到彻头彻尾的怪异之事，无奇不有。彩虹桉树、令人反胃的鸡尾酒、鬼魅之城、由树木搭建的桥梁、位于水下的博物馆、名为“地狱”的小镇和一群在加勒比海游泳的猪……都闪现在书页间。

有些奇景完全是由人工建造的，比如美国内布拉斯加州那令人咋舌的“巨石阵”复制品（见47页），它完全由老爷车堆砌而成；再比如印度尼西亚的那座“鸡教堂”（见251页）。而有些则是人类努力的意外产物，比如美国肯塔基州诡异的废弃的幽灵船（见55页）。其余的一些则完全无须人类介入，比如内部满是闪闪发光的巨型水晶的墨西哥洞穴（见49页）以及正在消失的福努阿福欧岛（Fonuafo' ou；见9页），这类景致证明我们的星球能在不动声色间制造出惊人的自然奇观，而大多数人还在那些为人熟知的景观前不亦乐乎地自拍。

这些奇景不应为国界所限制，本书也是如此：书中提及的地点并非根据大洲或国家归类，而是大致依照其经度来排列。我们的星球厌烦了强加于它的各种规则，那我们就以这种致敬的方式呈现出最令人惊艳、最美妙的结果。

在解释生活中“为什么”以及“怎么做”方面，如今的科技给我们的启发可能比以往任何时候都要多，但书中的这些地方却在提醒我们自己仍然知之甚少。令人欣慰的是，当人类不顾一切追求利润和效率时，仍有一些我们亲手创造的奇迹，不为追求成功或增加收益，只为简单的快乐。不妨从繁忙的日程中抽些时间来欣赏我们的星球上各种神秘又非凡的奇迹，这是看似平凡的生活的馈赠。

当然，首先我们需要知道在哪里才能找到它们。幸运的是，无论你身在何处，附近可能都会有一处景致让你着迷。这些书页上记录了数百个奇思妙想之地，等待着你去探索，不如就此开启一段快乐的寻觅秘境之旅吧！

160°W
140°W
120°W
100°W
80°W
60°W
40°W
20°W
10页
22页
23页
12页
22页
ASIA
亚洲
NORTH
AMERICA
北美洲
Atlantic Ocean
大西洋
Pacific Ocean
太平洋
SOUTH
AMERICA
南美洲
LONGTITUDE
经度
180°～120°W
ANTARCTICA
南极洲

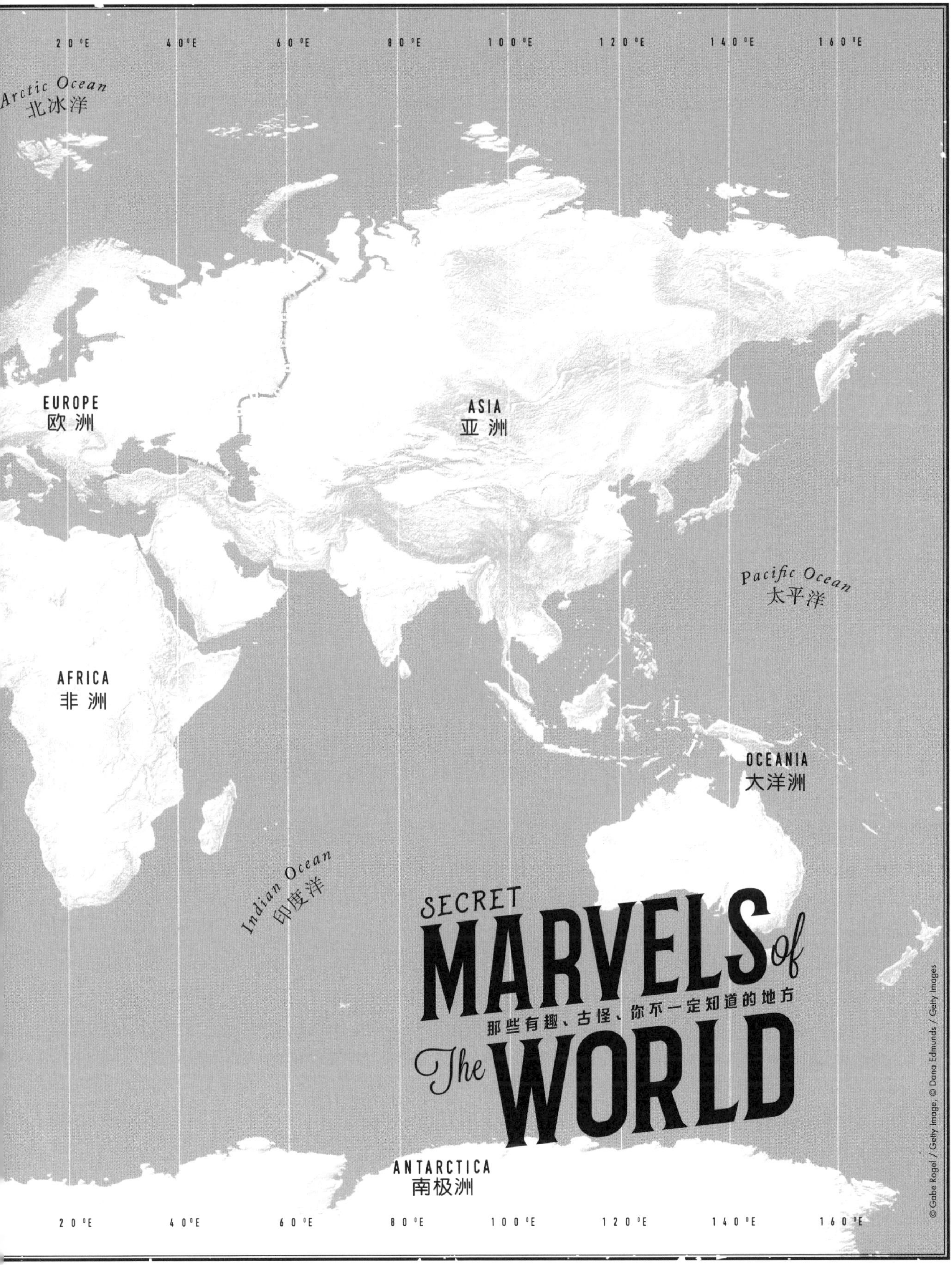
SECRET
MARVELS of
那些有趣、古怪、你不一定知道的地方
The WORLD
Arctic Ocean
北冰洋
EUROPE
欧洲
ASIA
亚洲
AFRICA
非洲
Pacific Ocean
太平洋
OCEANIA
大洋洲
Indian Ocean
印度洋
ANTARCTICA
南极洲
20°E
40°E
60°E
80°E
100°E
120°E
140°E
160°E

GARDEN ISLAND 花园岛，斐济

16.7839°S，179.9802°W

瓦伊塔瓦拉水滑梯

潮湿、梦幻的塔韦乌尼岛（Taveuni）似乎专门为无所事事的美好日子而存在。只不过，太多的懒散日子让我觉得自己就好像等着椰子掉到脑袋上似的。是时候开展一些活动了，而在斐济的花园岛，“活动”只意味着一件事：水滑梯（Water Slide）！这里的水可没有加氯消过毒，但是有一连串平滑、风景优美的滑石瀑布，水流以惊人的速度在热带雨林间穿过。

我目瞪口呆地看着当地孩子在连绵不绝的水滑梯上冲浪、出糗、各种炫技。你问我在干什么？我摔了个底朝天，撞得青一块紫一块，然后像头醉酒的长颈鹿一样“优雅”地扑通掉入下面的水中，此刻正颤颤巍巍地走在光滑的大卵石上。但是所受的伤、丢脸的举动连同其他一切都无所谓了，这可是一生一次的滑行体验。——塔马拉·休哈特

☛ 水滑梯就位于塔韦乌尼岛西岸的瓦伊塔瓦拉庄园（Waitavala Estate）内，由崴亚沃（Waiyevo）出发步行需20分钟。

© Jason Edwards / Getty Images

TONGA 汤加
20.3167°S，175.4167°W

正在消失的福努阿福欧岛

英国皇家海军军舰“猎鹰号”（HMS Falcon）在1865年报告说，它在汤加群岛中部发现了一片新陆地，该陆地高出海平面50米，长2公里，英国人随即将其命名为“猎鹰岛”。不出所料，这一名字没有保留下来。汤加人立即将其改名为福努阿福欧（Fonuafo’ou，意为“新土地”），并插上一面旗帜，然后宣称该岛归其国王所有。然而过了不到30年，这个岛就在1894年消失了，直到两年后才从太平洋中重新出现，而且变得更高——320米。这个短命的小岛其实是一座水下火山的顶端，在过去的这些年间，它经历了一系列猛烈的火山爆发，至少消失了5次，接着又出现。当前状态：正在消失。

搭乘纽埃福岛（Niuafo’ou）至瓦瓦乌群岛（Vava’u）每月一次的渡轮，见识一下福努阿福欧岛（目前是一片浅滩）的庐山真面目。

© ERIC CHENG

TONGA 汤加
20.5369°S，175.3801°W

匈加东加 - 匈加哈尔帕伊

2015年1月，巴掌大的匈加东加-匈加哈尔帕伊（Hunga Tonga-Hunga Ha’apai）头一次从地球母亲的肚子里探出头来迎接白昼的光亮。作为一个曾经颇为安静的地下火山，它陡然从太平洋海面上冒出，声势夸张，所喷发的火山灰接连好几天时间让航班改道。当所有的“地热烟花”都表演完毕时，这座全世界最新出炉的岛屿方才现出真容：500米长，250米高，正中心的火山口有一个奶绿色的硫黄湖。这处形如海马的地标或许拥有令人惊叹的处女秀，但它在地球上也只能算作一个小配角。科学家们认为，这个结构脆弱的岛屿（最好不要踏足这片土地）很可能在几年内就会重新被海水吞噬。

你可以从汤加的首都努库阿洛法（Nuku’alofa）租艘小船过来一探究竟。路程45公里。

© Ho / Reuters

HAWAII 夏威夷，美国
21.4023°N，157.8237°W

哈伊库阶梯

这里也被称为“通向天堂的阶梯”，3922级台阶扶摇直上，通往欧胡岛（Oahu）令人惊叹的库劳山脉（Ko’olau Mountain Range）那让人目眩神迷的顶峰。在美剧《迷失》的情节设计里，这段阶梯于1943年建成，目的是进入一个绝密的无线电基地。该基地已于20世纪50年代退役，但阶梯得以保留。作为这个星球上最壮观的岛屿所拥有的最壮观的景致，这里吸引了一众摄影师和冒险者前来。严格来讲，这段阶梯已被禁止使用，但谁都无法抗拒从天堂观看人间乐园的机会（记得发朋友圈）。一个名为“哈伊库阶梯之友”（Friends of Ha’iku Stairs）的非营利性组织致力于阶梯的维修和保护。

由火奴鲁鲁向北经John A Burns高速公路开车20分钟即可到达。请查看www.haikustairs.org。

© Matthew J. Bielecki / Getty Images

ALASKA 阿拉斯加，美国
56.9036°N，158.0990°W

阿尼亚查克国家保护区

每年探索太空的人可能都比参观阿尼亚查克国家保护区（Aniakchak National Monument）的人要多。这里有一个坍塌的火山口，拥有一些北美最原始的荒野景色。在潮湿的天气里，波涛汹涌的白令海上刚刚生成的翻滚云瀑在阿尼亚查克陡峭的火山口边缘洒落，为巨熊和贫瘠苔原所组成的“失落世界”增添了幽灵般的光泽。如果你想探险，可以背着背包由蜿蜒的动物小道进入火山口，再沿着波浪翻滚的阿尼亚查克河进行激浪漂流，一直漂到海边。徒步旅行者需要准备可折叠的皮划艇、轻便的露营装备和莫大的勇气。

☛ 你可以飞往小小的海登港（Port Heiden），再从那里开始徒步之旅。请查看www.nps.gov/ania。

© Dana Edmunds / Getty Images

HAWAII 夏威夷，美国

21.5261°N，158.0376°W

世界上最大的迷宫

菠萝花园迷宫（Pineapple Garden Maze）占地超过12,000平方米，是世界上最大的迷宫，并于2001年获得了吉尼斯世界纪录的认证。这个位于都乐菠萝种植园（Dole Pineapple Plantation）的标志性景点颇具特色，树篱完全由夏威夷当地植物组成，花园中遍植变叶木、木槿、西洋参和菠萝。试试看你能否成为用最短时间走出迷宫的人——植物墙间藏有8个“秘密基站”，能找到它们的胜出者会得到奖励。

走出迷宫的最快纪录是7分钟左右，但普通水平的人需要45分钟才能完成。在大雨之后前来是最棒的，因为雨后的植物更鲜艳动人。

种植园位于卡美哈美哈公路（Kamehameha Hwy）旁，距离怀基基（Waikiki）约40分钟车程。

“要是你从来没有想过可以在一天之内参观伦敦、巴黎、波兰和拥有‘香蕉’美名的地方，现在可以开始考虑了。”

KIRIBATI 基里巴斯　　1.8721°N, 157.4278°W

圣诞岛

如果你希望在正确的时间出现在正确的地点，何不在圣诞岛过圣诞节呢？历史上已有此先例：库克船长于1777年12月24日在此停留并为之命名。圣诞岛（Kiritimati）读作“Krismas”——在基里巴斯当地语言里，“ti”读作“s”；同样，Kiribati需要读作“Kiribas”。圣诞岛就位于横穿太平洋的赤道之上，远离其他任何地方，是世界上最大的珊瑚环礁。参观那些拥有各种响亮名头的地方，观赏鸟和北梭鱼，这些都是绝不会出错的选择。

要是你从来没有想过可以在一天之内参观伦敦、巴黎、波兰和拥有“香蕉”美名的地方，现在可以开始考虑了，这些正是岛上4个早期定居点出于实用或政治目的所起的搞怪名称。尽管就规模而言远远无法与同名的英国首都相提并论，但伦敦正是这个前英国殖民地的首都。巴黎则（自然而然地）位于海峡对岸，其一度繁盛的椰子种植园就位于波兰附近，这两个名字是一个得了思乡症的法国人起的，灵感来自他的伟大理想和他的波兰技工。此地没有水上公共交通工具，因此乘船横渡海峡本身就是一种冒险，你得先找一个愿意成行的当地船主。最后，再来谈谈“香蕉”。首批香蕉园所在之处如今仍然算是规模较大的村庄，并有小巴往返于伦敦，在车上你更有机会与同车进城的当地人闲聊一番。

如果能找到一辆性能良好的汽车和一个愿意把车租给你的车主，你就可以开始公路旅行了，建议去拜访岛上数量最为庞大的群体——海鸟。如果以往你在观鸟时习惯抬头看，这里有个小小的提示：在圣诞岛，你需要低头看。这里并没有圣诞树，也缺少高大的植被，这就意味着像鲣鸟和燕鸥这样的鸟类都是在地面上繁殖的。通向沉船湾（Bay of Wrecks）东南端——没人会去猜测这个名字是怎么来的——的道路旁是一片巨大的鸟类繁殖聚居地，里面挤满了吵吵嚷嚷、难闻、非常古怪的乌燕鸥。在受海盐摧残的灌木丛中，留意看看有没有玻利苇莺的身影，这是一种小而活泼的莱恩群岛鸣禽——对认真的观鸟者来说，这可是必看名单中的重要一项。

在岛上的主潟湖以东，浅浅的潟湖间点缀着盐滩，这里以飞钓北梭鱼而闻名。如果你喜欢这项活动，那就雇个当地向导去湖边吧。如果害怕晕船，又不想涉水而行，你也可以选择在一辆小货车的车厢里垂钓。不过可别妄想独自去做这件事——岛上烈日炎炎，并且极容易迷路，你要是热到原地爆炸，那这场奇妙的冒险也就毁了。——维吉尼亚·杰勒斯

☛ 斐济航空公司每周都运营从楠迪（Nadi；斐济）和火奴鲁鲁（Honolulu；美国）飞往圣诞岛的航班。

MAUKE 茅克岛，库克群岛 20.1546°S，157.3445°W

一分为二的教堂

《圣经》上说，被分成两半的房屋无法存在于世，但锡安纳教堂（Ziona Church）恐怕不能苟同：该教堂被一分为二，如假包换，自1882年以来就一直是茅克岛（Mauke）的地标。

该教堂是由隶属同一教派的两个相邻村庄联合建成的，一开始气氛其乐融融，直到双方就室内色彩的选择争执不下。关于是选用粉色还是红色、蓝绿色还是青绿色的争论令村民群情激昂，最终仍旧无法达成一致。于是他们在教堂的正中央建起了一堵墙，两旁分设独立的入口，每个村庄都充满激情地来粉刷属于他们的那一边。尽管每一方最终都拥有了他们梦寐以求的彩虹色房间，但因装饰而起的争议已然产生了负面影响：当其中一方集合做礼拜时，另一方则会在教堂外吵吵嚷嚷，干扰不休。

在经历了多年彼此疏远的礼拜日之后，一位牧师最终说服了这两个村庄一起做礼拜。中间的墙被拆除，教堂被重新装饰成中立的色调，村民们轮流唱赞美诗。不过两侧的独立入口依然存在，而教堂中殿中央的讲道坛下仍旧保留着一条分界线，布道者们过去（以及现在）需要跨坐其上。这种和谐得以延续至今，于是教堂内部最近又被重新涂上了所有最初采用的大胆、相互冲突的颜色。周日礼拜欢迎游客参加（入口任选）。

除周日外，拉罗汤加航空公司每天都运营往返拉罗汤加（Rarotonga）和茅克岛之间的航班。

20.7575°N，155.9884°W

彩虹桉树

在通往哈纳（Hana）的公路上自驾，是这个星球最令人难以置信的体验之一。道路蜿蜒曲折，一直通向位于毛伊岛（Maui）雨林正中的芬芳、寂静的小镇，路旁风景如画，充斥着各种各样的声音和色彩，令人目不暇接。而在这段旅途中，你能看到的最不寻常的东西或许要算彩虹桉树所组成的彩色森林了。这是发生在自然界的一桩怪事，树木看起来真的就像是被冻住了的彩虹一样。在这壮观的进化怪象中，红色、紫色和绿色显得尤为生动，这要归功于一年四季不同时间脱落的树皮。然而，这种现象真正的美妙之处在于：这个过程一直在进行当中，五彩缤纷的条纹不断地演变，形成了鲜活的万花筒树林。

彩虹桉树林位于夏威夷毛伊岛上哈纳公路的7英里标志牌旁。在附近的基阿纳伊植物园（Ke'anae Arboretum）也可以看到一些同样的树。

"……一边是日本社区的公墓，距离玛拉码头更近的另一边是一个华人墓园，码头再过去则是夏威夷当地人的一个古葬场。"

HAWAII 夏威夷，美国 20.8836°N，156.6870°W

普乌皮哈公墓

"去祖先墓前，先请求他们允许你讲这个故事。对于这类事你可能信也可能不信，但一定要去一趟。"

我正在与夏威夷毛伊岛和兴博物馆（Wo Hing Museum）的馆长布诗达·叶（Busaba Yip）博士交谈，以了解和当地墓地相关的故事。在毛伊岛西海岸的拉海纳（Lahaina）镇中心外，历史悠久的普乌皮哈公墓（Pu'upiha Cemetery）占据了海滨的上好位置，就位于沙滩上。

如果没有墓碑，普乌皮哈公墓看起来与任何点缀着棕榈树的夏威夷海滩并无二致。沙滩上竖立的大部分墓碑，其年代都可以追溯到20世纪初，上面刻着亚洲文字。

大部分来毛伊岛的游客只想在海滩上休闲放松，多数人都不打算永远留在这里。

叶博士告诉我，与拉海纳净土寺（Jodo Mission；一处佛教寺庙）相对的那一边是日本社区的公墓，距离玛拉码头（Mala Wharf）更近的另一边是一个华人墓园，码头再过去则是夏威夷当地人的一个古葬场。她解释说，这使得此地成了一个有灵之地。

许多中国人和日本人在19世纪晚期移民到夏威夷，在甘蔗种植园和磨坊工作。最初，这些外来社区曾将亡者的尸骨送回他们各自的祖国安葬。但随着时间的流逝，他们也慢慢开始在夏威夷当地埋葬逝者。

在日本墓地这边，巨大的墓碑被放置在沙地上，而在华人那边，整齐排列的小石块标记着不同的地块。一块红色的混凝土纪念碑俯瞰着这块墓地和其下的大海，叶博士告诉我，这是祖先主墓（Grand Ancestor Tomb）。

叶博士拥有传统文化研究的博士学位，是一名信仰敬奉祖先灵魂的道教徒。每年，她都会和她的日本邻居一起在普乌皮哈公墓度过中元节，他们会在那里将水灯放入大海，这些水灯象征着逝去亲人的灵魂。

我最终去了这个位于沙滩上的墓地，站在了祖先墓前。

我请求他们的许可、指引和支持。波浪平稳地拍打在海岸上，我在聆听着。

我望着数不清的坟墓，海浪轻拍着沙滩，而我继续聆听着。

或许，我并不相信。

但也许我已经相信了。

——卡洛琳·B.海勒

从拉海纳镇中心出发，沿着Front St向北行，向左拐至Ala Moana St。墓地就在海边。

“这是一个怪异而奇妙的地方，到处都是形形色色古怪的人，非常适合在与世隔绝的河流上划独木舟，只有驼鹿和熊相伴。”

ALASKA 阿拉斯加，美国

64.0753°N，141.9361°W

鸡 村

我向往荒野，我渴望探险，我想要行驶在畅通无阻的道路上。我的理想计划是经由世界之巅公路（Top of the World Highway）一路开到阿拉斯加去——这是一条仅在夏天开放的蜿蜒山路——直到我抵达了鸡村（Chicken）。

鸡村位于一个鸟不拉屎的地方，有一堆小木屋，四面都是荒野，相对于巨大、无情、原始的景观来说，这只是一个不起眼的小斑点。对了，这里还有一间拥有大炮的酒吧，可以把内裤射上天。事实上，在大量短裤、棒球帽、车牌和钉在墙上的手写便条之间，你很难确定吧台在哪儿。

© Lucas Payne / Getty Images

鸡村是阿拉斯加最后的淘金热所存留的遗迹之一，在10月公路关闭后，这里的人口会下降到个位数，村子随即屈从于无边的孤寂和严酷的冬季。夏季，少量勘探者、勇敢无畏的房车司机和寻求刺激的人会来这里，到小溪里碰碰运气，了解一下边境历史，或是在他们的清单上记下又一次古怪的探险。

早期勘探者于19世纪晚期来到这里，多亏了大量的雷鸟（一种野生松鸡），他们才熬过了第一个冬天。到了1902年，人们决定给这个帐篷大的地方起个名字，矿工们想用当地的鸟来为之命名，但是大伙未能在拼写上达成一致，所以选择用“鸡村”来取而代之。礼品商店里满是印着“I got laid in Chicken”（睡在鸡村）字样的马克杯和“Cluck it”（小鸡快跑）的T恤，小溪里仍然时不时地能发现小金块。你可以参观仍在使用的矿井，甚至还能自行淘金。你也可以耍个小聪明，租个金属探测器，或者直接溜回礼品店买上一袋金箔。

这是一个怪异而奇妙的地方，到处都是形形色色古怪的人，非常适合在与世隔绝的河流上划独木舟，只有驼鹿和熊相伴。不过，以上前提是你没有在一年一度的音乐节“鸡精节”（Chickenstock）期间抵达这里，届时会有近千名狂欢者来到这个村子听民谣和蓝草音乐，对了，还有跳鸡舞。伴随着音乐的喧嚣，欢乐的赌客在夜半太阳下跌跌撞撞地去上公共厕所，女人们则用大炮把自己的短裤打飞，这里弥漫着一股强烈的古老西部的狂野气息。当你远离文明的时候，一切都有可能发生。——埃泰恩·欧卡罗尔

此地没有地面公共交通，公路在10月至次年4月关闭。你可以从托克（Tok）坐飞机过来，不过在我看来这算是作弊。请查看www.townofchicken.com。

HAWAII 夏威夷，美国

18.9705°N，155.5994°W

塑料海滩

位于夏威夷大岛（Big Island）东南尖端的这片海岸，其正式名字为卡米洛海滩（Kamilo Beach；在夏威夷语中意为“旋涡”），是一个久经时间考验的太平洋大熔炉。曾经，强大的潮汐和信风携手合作，把各种各样珍贵的漂浮物带给居住在这里的古夏威夷人，包括来自太平洋西北部的原木，它们被当地人制成了独木舟。然而，近年来，海洋带来了一种不同的“馈赠”：来自“太平洋垃圾带”的数量惊人的塑料碎片。在今天被称为“塑料海滩”的地方，你很可能会发现各种来自海洋各处的“短命之物”，当然还有与人类的浪费和大自然无情力量有关的各种产物。

海滩靠近纳阿莱胡（Naalehu），需要穿过迷宫般的火山岩才能到达，在上面行走需要小心；也可以乘坐四驱车前来。

DAWSON CITY 道森市，加拿大

64.0623°N，139.4334°W

酸趾鸡尾酒

酸趾鸡尾酒（Sourtoe Cocktail）的传说始于20世纪20年代，当时酒类走私犯路易（Louie）和奥托·林肯（Otto Linken）遭遇了暴风雪，路易的脚趾被冻伤了。由于害怕生坏疽，兄弟俩凭借朗姆酒（用于麻醉和壮胆）和斧头砍下了路易的脚趾。为了纪念这一事件，他们将断趾放入了一罐酒里。

几十年后，迪克·史蒂文森（Dick Stevenson）船长发现了这个罐子，并把它带到了酸面团酒吧（Sourdough Saloon）。在那里，那些够胆加入酸趾鸡尾酒俱乐部的人将有幸尝到用这截脚趾泡过的饮料。如今，只要游客能一口吞下一杯放有该脚趾的酒（嘴唇必须触碰到脚趾），就能即刻成为俱乐部的一员。

酸面团酒吧位于小小的道森市，就在Queen St和Second Ave的交叉路口。

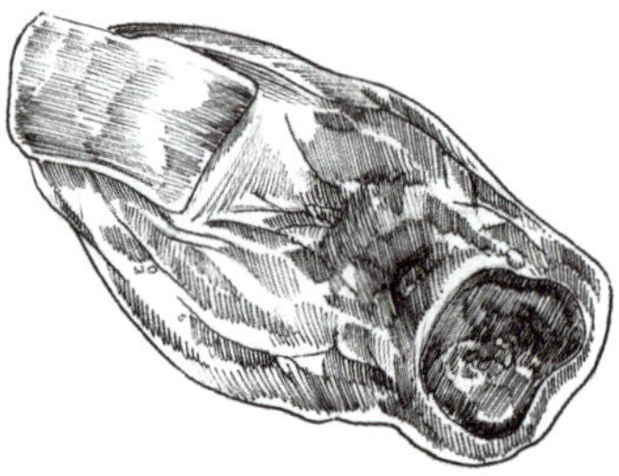

VANCOUVE 温哥华，加拿大

49.2641°N，123.0965°W

哥们儿放松公园

2015年的一天，温哥华一处小公园内出现了一块新的标志牌。这块标志牌看上去与这个不列颠哥伦比亚省城市用来显示每个公园名字的官方标志牌没什么两样，只是表明小小的圭尔夫公园（Guelph Park）更名为“哥们儿放松公园”（Dude Chilling Park）。

许多当地居民认为，这一换名的举措只是为了显示这座城市在逐步承认周边地区日益增长的“潮人”人口。实际上，这块标志牌是由当地艺术家维克多·布里埃斯滕斯基（Viktor Briestensky）创作的。然而，当市政府将这一标志牌移走时，社区居民却提出了抗议，而布里埃斯滕斯基则提出要捐出他的作品。这件“艺术作品”现在被永久地放在了公园之中，在阳光灿烂的日子里，它见证着一众哥们儿在此放松，享受人生。

公园位于East 7th和8th Aves之间的Brunswick St上。

© Michael Wheatley / Alamy

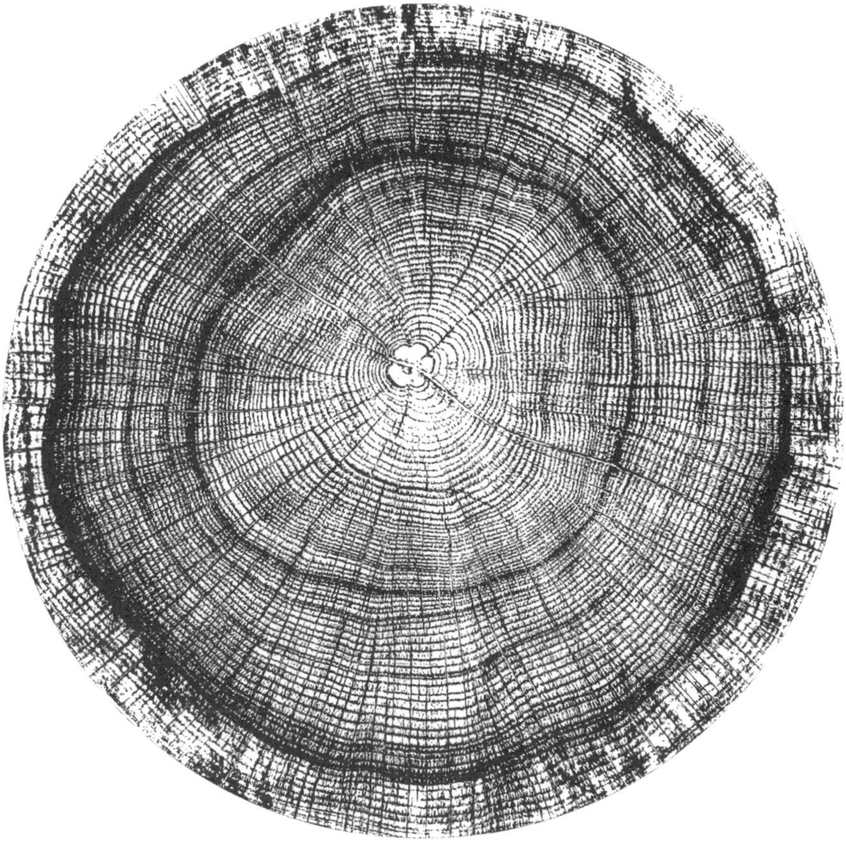

BRITISH COLUMBIA 不列颠哥伦比亚省，加拿大　　53.6367°N, 132.2096°W

被砍的金色云杉

从前有一棵与众不同的树，它的树枝呈亮黄色，仿佛阳光从其枝头倾泻而下，使其从不列颠哥伦比亚省海达瓜依（Haida Gwaii）的原始森林中脱颖而出。这种奇怪的颜色是一种罕见的基因突变的结果，这种基因突变导致该树缺失了云杉通常具有的叶绿素。在全绿色的背景下，50米高的金色云杉无疑是一幅不同寻常的景象。

这棵树很受游客的欢迎，在土著居民的传说里也是主角，海达人管它叫K' iid K' iyass（意为"老树"）。直到1997年，这棵拥有300多年树龄、直径达2米的树被一位名为格兰特·哈德温（Grant Hadwin）的环保活动人士砍倒，以抗议对附近森林的破坏。

但金色云杉依然存在。从原树上取下的插枝被带到不列颠哥伦比亚省各地种植。在被砍的金色云杉以北约10公里处的克莱门茨港（Port Clements），一根1米高的插枝从带刺的铁丝网后面探出头来，以微弱的力量呼应着倒下的老树。就在城外，金色云杉小径把徒步者带向亚康河（Yakoun River）边，从那里曾经可以看到这棵老树。现在，金色云杉的腐朽树干就静静地躺在河岸边。

16号公路将克莱门茨港与海达瓜依主要的交通枢纽斯基德盖特兰丁（Skidegate Landing）连接起来。取道Bayview St出城，向南行驶6公里，金色云杉小径入口处就在右边。

“我在狂风肆虐的国王山脉国家保护区的海滩上徒步，在废弃的度假小屋中过夜，在马托勒河河口和庇护湾之间40公里长、散布着漂流木的沙滩上徘徊。”

CALIFORNIA 加利福尼亚州，美国

39.9428°N，123.9640°W

加利福尼亚的迷失海岸

我还记得，我曾经痴迷于一个小游戏——在地图上探索那些最阴暗、最偏僻的小路。在我20岁出头时，我对加州的迷失海岸（Lost Coast）很感兴趣，这是一段位于加州北部的100公里长的未经开发的海岸线，极富魅力。在这里，传奇的1号公路硬生生地告别太平洋，转向内陆，以避开一系列崎岖的海岸悬崖，也为纵横交错又坑坑洼洼的伐木道路腾出了地盘。

我决定亲眼去看看。在1月一个寒冷的周末，我的朋友基斯利（Keasley）和我一起执行了一次侦察任务。开着他那辆老旧的普利茅斯猛士（Plymouth Valiant），我们冒险进入了未知的世界。结果令人极为失望。在经历了倾盆大雨、车轮深陷、陡峭泥泞的斜坡和刹车失灵之后，我们的死亡探险之旅早早地终结于离海岸仅几公里远的一个荒凉河谷中——一座倒塌的桥挡住了去路。

但失败并未让我们气馁。几个月后，我们又试了一次。经过一条没有任何标记的土路，我和基斯利抵达了一处几乎要冲进海里的陡峭斜坡——我们终于到了！

这次探险还有一个意外发现。辛基那荒野州立公园（Sinkyone Wilderness State Park）如同一片寂静的天堂，立于风暴肆虐的太平洋的壮丽悬崖之上。与加州的马里布（Malibu）、蒙特利（Monterey）、门多西诺（Mendocino）和大瑟尔（Big Sur）之类的经典海滩一样，这里也蔚为壮观，却只吸引了一小部分游客前来。我高兴坏了，把帐篷搭在一棵巨大的老桉树底下，在海浪声中睡着了。之后，一群吃草的驼鹿将我吵醒，鹿蹄离我的头不过几英寸远。

在接下来的几年时间里，我开始步行探索迷失海岸的其余部分。我在狂风肆虐的国王山脉国家保护区（King Range National Conservation Area）的海滩上徒步，在废弃的度假小屋中过夜，在马托勒河（Mattole River）河口和庇护湾（Shelter Cove）之间40公里长、散布着漂流木的沙滩上徘徊。再往南，迷失海岸小径也拥有同样迷人的风景：沙丽贝尔树林（Sally Bell Grove）里那些古老的红杉树、安德森悬崖（Anderson Cliffs）上炫目的海岸景观，以及针岩（Needle Rock）那棵被闪电击中后留下的幽灵树干。

几十年后，这片沿海荒野地带仍旧生机勃勃，因为地处偏远而远离大众旅游路线。驼鹿仍然泰然自若地在孤独的悬崖上吃草，而通往此地的道路依旧颠簸不平。与此同时，在东面30公里的地方，一群想要欣赏红杉树的人正沿着加州的巨人大道（Avenue of the Giants）巡游，丝毫不知他们错过了这些沿海奇景。——格雷戈尔·克拉克

想要到达迷失海岸，你可以在加伯维尔（Garberville）驶离101号美国公路，向西朝庇护湾开。然后朝北或朝南开都可以到。

**“突然间，在森林的正中央，
我们发现自己正身处于一个街头艺术画廊里……
7节残破的火车车厢以诡异的角度排列着，
每节车厢都被反复刷上了鲜艳的颜色。”**

BRITISH COLUMBIA 不列颠哥伦比亚省，加拿大　　50.0815°N，123.0555°W

惠斯勒的火车残骸遗迹

我和丈夫艾伦（Alan）正在不列颠哥伦比亚省的惠斯勒（Whistler）附近徒步，寻找一条新路前去一个不同寻常的景点：由火车残骸组成的户外装置艺术。

1956年，在温哥华以北120公里处的这片加拿大山区附近，一列货运火车在岩石峡谷间因行驶速度过快而脱轨了。为了清理铁路，一家伐木公司把损坏的火车车厢拖进了树林，列车从此被遗弃在此地。

后来，当地的涂鸦艺术家在原始森林中发现了这些残骸，随即开始将废弃的火车车厢作为画布进行创作。

多年来，到达这个地点的唯一方法就是沿着一条正在使用的铁路线徒步前来，这可谈不上安全。不过，艾伦和我正试图另辟蹊径，这条路线需要经过切卡穆斯河（Cheakamus River）上一座新近建成的吊桥，这座吊桥的存在令这个意想不到的艺术地点更容易抵达。

前提是你没错过这条路上的岔道。

重现一遍我们走过的路：我们找到了通往海天小径（Sea to Sky Trail）的入口，这是一条穿越惠斯勒、通向不列颠哥伦比亚省荒野地带的长途徒步路线。我们沿着小径进入树林，很快就发现了一块标志牌，上面写着“Train Wreck Site and Suspension Bridge”（火车残骸遗址和吊桥）。沿着这条小路就能到达波涛汹涌的切卡穆斯河，你将看到河上那座摇晃的木吊桥。

突然间，在森林的正中央，我们发现自己正身处于一个街头艺术画廊里。在阳光斑驳的小树林里，7节残破的火车车厢以诡异的角度排列着，每节车厢都被反复刷上了鲜艳的颜色。我们在一节车厢上看到了一幅辛普森风格的卡通画，另一节车厢上则全是混搭的设计，这些涂鸦几乎遮住了它那“加拿大太平洋铁路公司”（Canadian Pacific）的标识。探头往里看，我们发现了一个菩萨头像和一个类似宙斯的、有飘逸白胡子的人物。

这处火车残骸遗址不仅是为涂鸦艺术家独家定制的，山地自行车手们还在几个车厢周围搭起了跳台和轨道，创造了一个无拘无束的自行车游乐场。

我们拍了很多照片，然后回到桥上，穿过树林。这里距离北美最大的冬季运动胜地不远，感觉就像是我们发现了一个秘密的艺术画廊。当然，这里并没那么隐秘——但你至少要知道怎么找到它。——卡洛琳·B.海勒

在惠斯勒以南，沿着海天小径走30分钟就能到达火车残骸遗迹，小径入口在Hi Whistler Hostel后方。

CALIFORNIA 加利福尼亚州，美国　37.8085°N, 122.4402°W

海浪风琴

每个来旧金山的人都会去看一看海湾，但又有多少人会听一听海湾呢？独特的海浪风琴（Wave Organ）是一件兼顾视觉和听觉的艺术作品，到访者可以通过周围的环境来充实自己的感官。这里坐落在海滨区（Marina District）的一个小码头上，在此可将金门大桥（Golden Gate Bridge）、恶魔岛（Alcatraz）、梅森堡（Fort Mason）和更远的海湾美景尽收眼底。

海浪风琴的概念来源于艺术家彼得·理查兹（Peter Richards）听到的一段录音，那声音是从澳大利亚悉尼的一个码头的通风管中发出的。与旧金山备受喜爱的互动式科学博物馆——探索博物馆（Exploratorium）合作，理查兹和雕塑大师乔治·冈萨雷斯（George Gonzales）携手创造了这一作品。

码头上搭建了25个高度不同、位置不同的混凝土风琴管，涨潮时，海水在其中冲进冲出，此时声音最为明显。这件装置本身也是道风景线，用于建造它的多层花岗岩和大理石是从一个被拆除的墓地回收来的。从管子中发出的低吟声很微妙，所以，花点时间深呼吸，让大脑平静下来，仔细聆听大海所奏响的音乐吧。

☛ **海浪风琴是一个公共区域，靠近圣弗朗西斯游艇俱乐部**（St Francis Yacht Club；www.exploratorium.edu/visit/wave-organ）。

NEVADA 内华达州，美国
39.2872°N，118.0270°W

鞋 树

对进行公路旅行的人来说，鞋树（Shoe Tree）是一个受欢迎的文明标志，树上挂满了运动鞋，被鞋带绑在了一起。这棵普普通通的树靠近内华达州中部的50号公路。50号公路被称为“最孤独的路”，跨越数英里的沙漠空旷地带，将西部的法伦（Fallon）与东部的大盆地国家公园（Great Basin National Park）连接起来。有传言称，这棵鞋树的诞生源于一对在树下露营时起了争执的新婚夫妇。愤怒的新娘声称她要步行回家，新郎则把她的鞋扔到了树上，让她尽管一试。小两口是和解了，但扔鞋的传统随之诞生。2010年，破坏者砍倒了原来的树，但名为“小鞋树”的一棵杨树已经顺利接班。

从法伦沿着50号公路往东行驶80公里可达。

OREGON 俄勒冈州，美国
45.3825°N，122.7612°W

巨型南瓜赛舟会

人类在整个历史进程中已经取得了众多成就：掌握取火技术、发展农业以及登陆月球。但这些成就都不如把巨型南瓜雕刻成一艘船并使用这么有趣。

西海岸巨型南瓜赛舟会（West Coast Giant Pumpkin Regatta）在俄勒冈州图拉廷（Tualatin）举办，是人类工程学的一幅奇景，而且场面非常滑稽。在挖出巨型南瓜的中间部分后，桨手们穿上奇装异服，跳进南瓜里，随后在湖上竞赛，只为争得荣耀。这些南瓜下水后的表现可不怎么样，它们在水面上碰撞、翻滚，很多时候桨手们得使出浑身解数来保证自己还能待在里面。由此衍生的节日还包括巨型南瓜测重、最佳戏服奖、吃馅饼比赛以及其他活动。

节日每年10月在俄勒冈州的图拉廷举办，就在波特兰以南。

弗里蒙特公共雕塑

WASHINGTON 华盛顿州，美国
47.6494°N，122.3495°W

欢迎来到位于西雅图弗里蒙特（Fremont）的这个怪异而奇妙的社区，该社区的口号是“特立独行的自由”（libertas quirkas），街道上装饰着不寻常的公共艺术：一尊16英尺高的布尔什维克青铜像，一只隐藏在桥下的巨魔，一发未能发射的冷战时期的火箭，以及一排用水泥浇筑的上班族在等待一列永远都不会到来的电车。

弗里蒙特位于西雅图市中心以北3英里处，是一个荒诞不经的地区，以自由精神而闻名。这里毗邻联合湖（Lake Union），树木林立的街道经常遭受“艺术攻击”：自发性的雕塑和一夜之间出现而后消失得无影无踪的匿名展览。相比这些而言，更为永久的是6座公共雕塑。

弗里蒙特大桥附近有一组“等待电车”雕塑，它见证了弗里蒙特对机智和幽默的热爱——五个以水泥浇筑的上班族和一只狗凄惨地站在一个虚构的有轨电车站。用衣服或其他装饰来为这五座雕像打扮，以庆祝体育胜利、讽刺政治事件，或者仅仅只是做一个艺术声明，已经成了弗里蒙特的传统。不用说，人们很少让这些雕像光溜溜的。

几个街区之外，另一个著名创作是“弗里蒙特巨魔”（见右图），这是只用拳头压碎了一辆大众甲壳虫的独眼怪物。1990年，在当地艺术委员会的比赛中，这尊雕像[由艺术家史蒂夫·巴丹内斯（Steve Badanes）、威尔·马丁（Will Martin）、唐娜·沃尔特（Donna Walter）和罗斯·怀特海德（Ross Whitehead）共同创作]获得了一等奖，成为体现弗里蒙特辛辣的反叛主义精神的早期样本，并自那时起就一直在乔治·华盛顿纪念大桥（George Washington Memorial Bridge）下各处轮流摆放。

想要重新获得方向感，那就先找到“路标”（Guidepost）——作为弗里蒙特的社区图腾，这一路标指向多个方向，并宣称自己是“已知宇宙的中心”（根据一份未经证实的弗里蒙特声明）。路标将指引你走向下一个令人挠头的古怪之物：“列宁”雕像——天鹅绒革命后不久，一名西雅图教师在前捷克斯洛伐克的一处垃圾场中捡到了这座面容严厉的苏联铁腕人物的雕塑。严格来说，这具雕像是可以出售的——如果你真那么喜欢的话。

列宁似乎在匆忙地大步走向“弗里蒙特火箭”——

© Wolfgang Kaehler / Getty Images

这个在冷战时期未被使用的硬件部分现在被移到了一家鞋店的一侧。如果你把一枚硬币推到槽里，过一会儿它就会调皮地排出蒸汽。如今它最炫的时刻是在夜晚被点亮的时候。

更接地气的是弗里蒙特的“雷龙”，它位于运河边，是由常春藤修剪而成的两只等身大的灌木恐龙。就像弗里蒙特的大多数雕塑一样，这些恐龙也是从别处弄来的——社区团队在1999年以1美元的价格从太平洋科学中心（Pacific Science Center）买下了它们。你可以在这里坐一会儿，沉浸在它们那宜人（和古怪）的绿色里，然后再快乐地上路。

弗里蒙特位于西雅图中心以北3英里处。5路、40路和62路公共汽车往返于弗里蒙特和西雅图市中心。

"她每天晚上都在不同的卧室过夜，这样鬼魂就找不到她。
房子和不断进行的建设工程是为了构建一个迷宫，以保护她的安全。"

CALIFORNIA 加利福尼亚州，美国
37.3182°N，121.9511°W

温切斯特神秘之屋

温切斯特神秘之屋（Winchester Mystery House）是一个未解之谜，其曲折程度堪比杰森·伯恩（Jason Bourne）的惊险历程，但在这里，情节却转变为了现实生活中的隐秘通道和没有出路的门。这座房子在38年间全天候不间断地在建，拥有超过160个房间和数不清的古怪之处，包括柜子暗门、先上后下的楼梯以及没有伸出屋顶的烟囱。这座房子的确让人感到心神不宁，但它同时也是19世纪晚期建筑的典范之作，包括蒂凡尼彩色玻璃窗和精雕细琢的门把手。

莎拉·温切斯特（Sarah Winch-

ester）曾是这个神秘之家的唯一幕后策划者。

作为“打下西部的枪”——温切斯特步枪——的财产继承人，据说莎拉在孩子和丈夫不幸过世后就开始对神秘学感兴趣。一位灵媒告诉她，厄运是由那些被温切斯特枪杀而死之人的鬼魂引起的，它们想要报仇雪恨。于是她的后半生都在试图战胜这些鬼魂。

莎拉离开了她在康涅狄格州的家，在加利福尼亚州圣何塞（San Jose）买下了一座尚未完工的农舍。她本人极为神秘，因而我们对其人其事的了解都是道听途说。据说她总是用面纱遮住脸，如果员工看见她没戴面纱的脸就会被解雇（可惜了这笔丰厚的薪水）；一座钟塔除了在午餐和晚餐时间报时，还会在午夜和凌晨2:00响起——分别象征着灵魂离开和抵达之时。她每天晚上都在不同的卧室过夜，这样鬼魂就找不到她。房子和不断进行的建设工程是为了构建一个迷宫，以保护她的安全。一些员工声称她会举办夜间集会。

当你在屋子和花园里游荡时，你无法不去回想莎拉和她的迷信观点。每一次转角遇到的墙、一个接一个的房间、安装在地板上的天窗，这些令人不寒而栗之处不断地提醒着人们：这是一个被无人能了解之物缠身的女人。员工们曾经提到过咯吱作响的地板、厨房里飘来的鸡汤味道，还有一些人称看到过很像温切斯特老员工的人出现过，甚至是温切斯特本人。想要在参观期间始终脊背不发凉怕是不可能的。

开车前来，或是从圣克拉拉站（Santa Clara Station）搭乘60 VTA路公共汽车。这里每天都会组织导览游。登录www.winchestermysteryhouse.com查看更多详情。

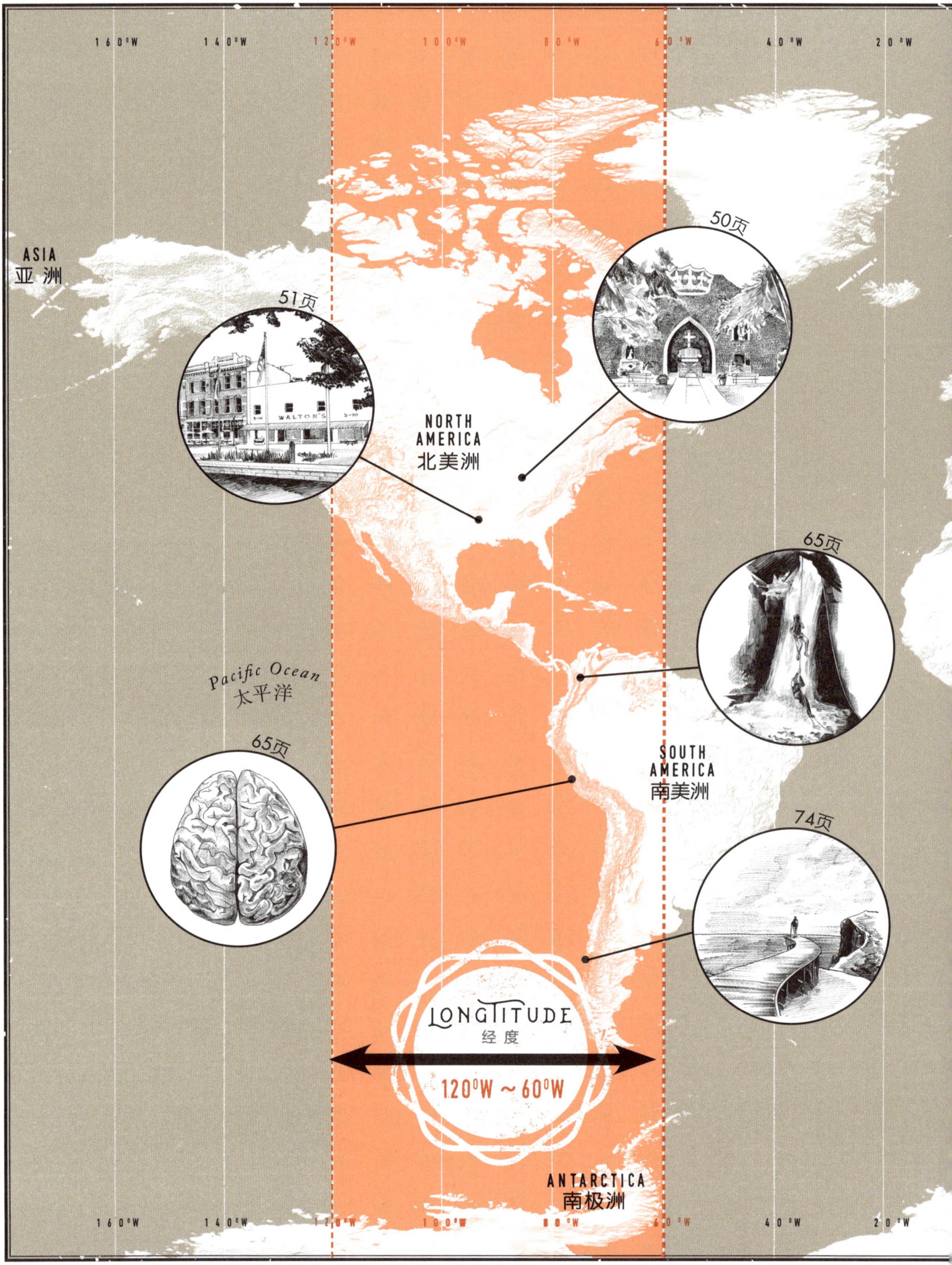

160°W
140°W
120°W
100°W
80°W
60°W
40°W
20°W
ASIA
亚洲
51页
WALTON'S
NORTH AMERICA
北美洲
50页
65页
Pacific Ocean
太平洋
65页
SOUTH AMERICA
南美洲
74页
LONGTITUDE
经度
120°W ~ 60°W
ANTARCTICA
南极洲

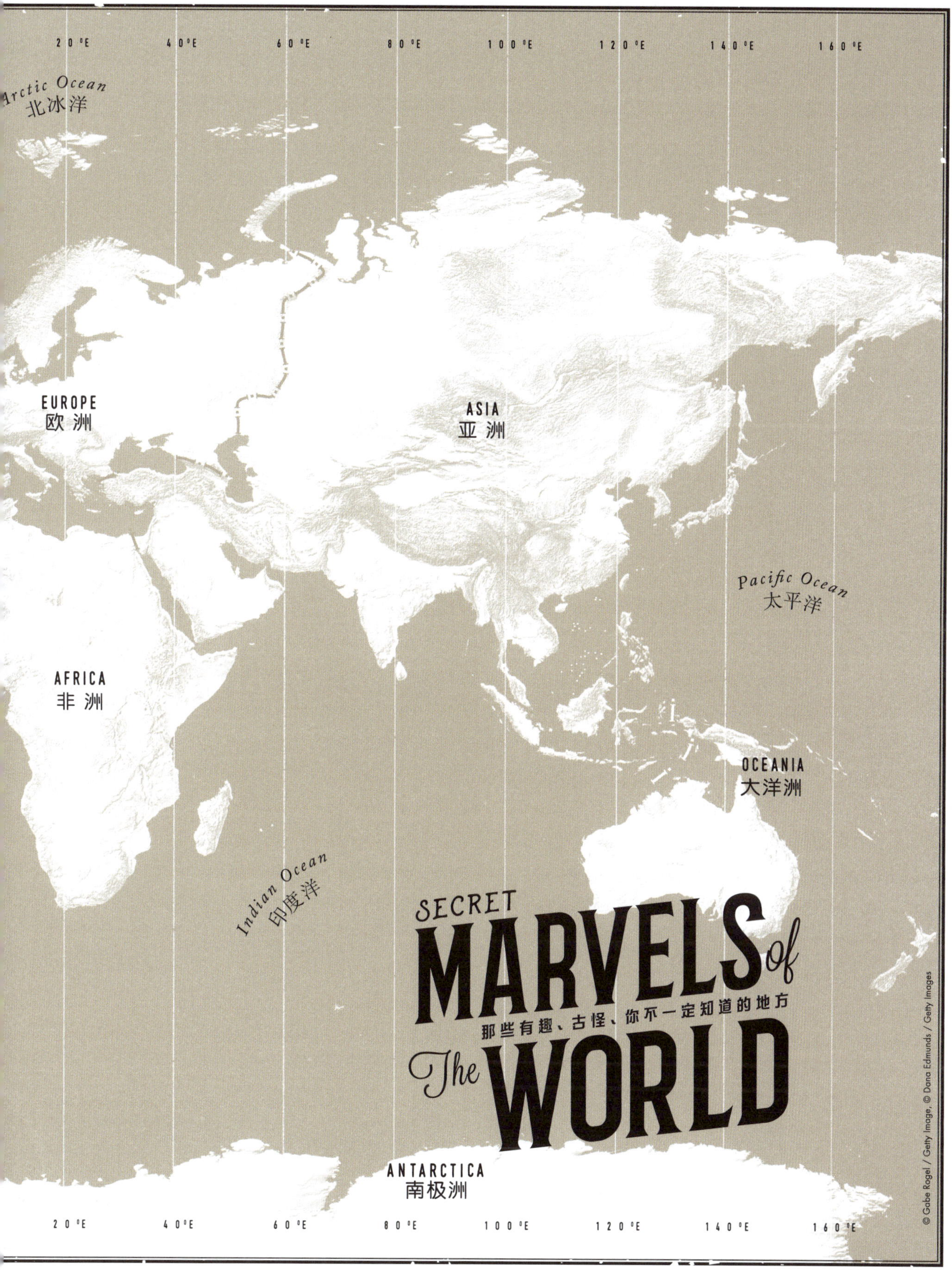

SECRET MARVELS of The WORLD

那些有趣、古怪、你不一定知道的地方

“在我面前，大石块点缀着干旱的土地，它们身后是一条满是尘土的小路。这些岩石究竟是如何移动的？有些石头的重量甚至超过了600磅。”

CALIFORNIA 加利福尼亚州，美国 36.6813°N，117.5627°W

跑道干湖

死亡谷国家公园（Death Valley National Park）的跑道路（Racetrack Road）上满是搓板式的车辙，当我的吉普“自由人”在其上颠簸时，我得很努力才能不让自己的骨头嘎吱作响。前方还有好几英里的搓板路，四周则是空旷的沙漠，让人感到无助和孤单。但话说回来，这才是此行的重点。

我此行的目的就是观察跑道干湖（Racetrack Playa）里那些会移动的神秘岩石，这个湖是公园北部荒野中一处干涸的湖床。当时，我住在洛杉矶，想要成为一名编剧，但成功遥不可及。作为一个目标明确的人，我决定进行一系列具有挑战性的户外探险活动，小小的成功能让我充满激情。

然后我就开到了跑道路。在一个被幽暗山脉环绕的沙漠山谷里，在未铺设的路面上行驶20英里简直是一场噩梦。究竟有多可怕？公园推荐使用四驱车，准备一个备用轮胎也是明智之举。还在找手机信号？别指望了。我有没有提到过一件事？在罗曼·波兰斯基妻子的谋杀案发生之后，查尔斯·曼森（Charles Manson；美国邪教组织“曼森家族”的首脑）及其追随者就曾躲在死亡谷的南部。在这里，不合群和不满现状的人是常客。

茶壶交叉路口（Teakettle Junction）终于出现在眼前，这是个孤零零的里程标志牌，被各式各样的茶壶层层包围。干湖就在前方6英里处。此时，期待已经超越了恐惧。在到达南干湖停车场后，我下车走到湖床上。

在我面前，大石块点缀着干旱的土地，它们身后是一条满是尘土的小路。这些岩石究竟是如何移动的？有些石头的重量甚至超过了600磅。几十年来，这个问题一直困扰着人们。是外星人吗？还是超自然力量？抑或是反常的天气造成的？科学家们在2013年终于解开了这个谜团：冬天的某些时候，一层薄薄的冰会覆盖住干湖。当天气变暖，冰就裂开了。风把这些流冰推入那些自周围山脉滚落的岩石之间。浮冰被风吹动，再把岩石推挤到光滑的湖床上。温度上升后，冰融化蒸发，只留下了被移位的石头。

我边走边拍，醉心不已。但回程还很长，所以我没有逗留。我的回报是什么？这段路途的确颠簸，但很有趣。我完成了自己的目标，更棒的是，我看到了一些罕见的东西，它给我带来了一种轻盈和惊奇的感觉。或许世间仍然存在魔法。尽管谜团已经解开，但是这一美丽的场景和罕见的现象仍让这个地方显得非常不可思议。——艾米·贝尔福

大石块分布在干湖的南端。湖中有水时切勿步行穿过，任何时候都不得驾车或骑自行车穿越。公园的西部边界距离洛杉矶370公里。

“这位退休的殡仪员从加拿大西部的各个殡仪馆中收集废弃的防腐液玻璃容器，用来建造他梦寐以求的林地小屋。”

BRITISH COLUMBIA 不列颠哥伦比亚省，加拿大

49.4052°N，116.7415°W

玻璃屋

如果你是一名殡仪员，你会怎么处理成千上万个曾用于盛放尸体防腐液的废弃玻璃瓶呢？如果你是加拿大殡仪员大卫·H.布朗（David H Brown），你就会选择用它们来建造你的房子。

我在不列颠哥伦比亚省东部的3A公路上向北行驶，只为寻找这个被称为“玻璃屋”（Glass House）的古怪之物。当时我的雨刮器已经超时工作了，库特奈湖（Kootenay Lake）和树木繁茂的山丘在倾盆大雨中变得越发朦胧。沿着绿树成荫的曲折道路向前开，一片片的雾气让这个画面带着一丝恐怖电影开篇的邪恶气息，尽管这也许只是我的想象。

20世纪50年代，布朗使用了超过50万个防腐液空瓶来建造这座玻璃屋。这位退休的殡仪员从加拿大西部的各个殡仪馆中收集废弃的防腐液玻璃容器，用来建造他梦寐以求的林地小屋，他认为这是对这种殡葬业副产品的最佳利用。

当我来到玻璃屋、踏进俯瞰着库特奈湖的森林花园时，我惊讶地发现它看起来就像一座童话中的城堡。它有塔楼、圆弧形的墙壁和锯齿状的屋顶矮墙。它的外部似乎是由成千上万的方形玻璃砖组成的，即使在这个灰暗的日子里也闪闪发光。窗框用明亮的红色油漆刷过，窗玻璃上的格条交叉形成钻石形。五彩缤纷的花朵一簇簇开在窗台下，色彩鲜明、栩栩如生的地精从灌木丛中偷偷打量着路人。

这座111平方米房子的内部装饰比较平淡，与50年前相比并无太大改变。一台旧缝纫机放在一张木桌上，一辆老式的婴儿车放在一旁的编织地毯上。用松木护墙板装饰的厨房里有黄色的防火胶板工作台和白色的Frigidaire牌炉子。只有一系列展示其建造工程的照片，透露出这栋房子并非典型的20世纪50年代的郊区平房，照片里是松树间不断升起的玻璃墙。

回到花园里，又仿佛踏入了仙境。树林里有许多桥梁和小径，使用了更多的防腐液瓶。玻璃屋是大卫·布朗的梦想之家，是对一个人所拥有的古怪又惊人的愿景的证明。对这位殡仪员来说，使用这种原材料并不可怕，而是明智、实用甚至有点异想天开的举措。可爱的花园地精和这里的一切都在这么向我诉说着。——卡洛琳·B.海勒

玻璃屋的地址是11341 Highway 3A，就位于不列颠哥伦比亚省克雷斯顿（Creston）以北40公里处、博斯威尔（Boswell）以南。5月至10月每天都开放参观。

“我爬上了山的十字架底座，领略了绵延150英尺的救赎山的全景，以及围绕着它的废弃车辆。”

CALIFORNIA 加利福尼亚州，美国 33.2541°N，115.4726°W

救赎山

救赎山（Salvation Mountain）是存在于孤寂荒野中的虔诚祷告地。它是如此独特、如此不合时宜，以至于你难以抗拒它的诱惑。有些人在看到它的第一眼就流下了眼泪，而另一些人则双膝跪地开始祈祷，甚至那些本出于好奇而去拜访它的人也常常以朝圣者的神态离开。

这是伦纳德·奈特（Leonard Knight）的毕生心血之作。他于1931年出生在佛蒙特州，在1967年经历宗教顿悟之前一直是一个四处漂泊的人。1984年，在南加利福尼亚靠近索尔顿湖（Salton Sea）的炙热沙漠中，他开始在一块低地之上徒手建造一座土坯稻草山。通过在这座山上用颜料绘制图案的方式，他想与世界分享他的宗教热情，这个行为一直持续到2011年他去世。你现在看到的就是山与祈祷书的超现实融合的杰作。

山的正面宣称“上帝是爱”，其下是一颗巨大的红心，在50英尺高的山的顶部是一个闪闪发光的白色十字架。山的外围绘以波浪，伦纳德把它称作自己的“加利利海”（耶稣的许多神迹都发生于此）。在无数的祈祷文之间，这座山上画满了树木、花朵和瀑布，用去了大约10万加仑的油漆，如彩虹般绚丽。

我沿着一条黄色的小路经过一堵高墙，上面有罪人的祈祷文和各种圣经语录，还有一间圆形的泥盖木屋，里面装饰着沙漠里各种各样的碎石，这间屋子是为了表达对当地原住民的敬意。接下来，我参观了伦纳德那拥有高耸墙壁的“博物馆”，其周围是由一些扭曲、多彩的超现实树木所组成的树林，它们全像巨大的手指一样蜿蜒伸向天堂，刷着大胆的幻彩荧光漆。我在迷宫般的死胡同里徘徊，伦纳德曾说，这些路最终总会把你带回上帝身边。

最后，我爬上了山的十字架底座，领略了绵延150英尺的救赎山的全景，以及围绕着它的废弃车辆，每一辆车上都写满了祈祷文。位于正中的是伦纳德·奈特那辆锈迹斑斑的卡车，在31年的时光里，这就是他的家。

救赎山在《国会记录》（*Congressional Record*）中被列为国宝，并曾出现在大约6部电影中。它现在由志愿者维护，有些志愿者就住在现场，他们都很欢迎游客的到来，会回答你的各种问题，同时也会鼓励捐赠，以筹集不断粉刷救赎山的费用。——詹姆斯·多西

☛ 救赎山就位于111号公路旁的尼兰德（Niland）镇外。请查看www.salvationmountain.us。

GOD
IS
LOVE
SAY JESUS I'M
A SINNER PLEASE
COME UPON MY
BODY AND INTO
MY HEART
GOD
IS
LOVE
JESUS I'MA
SINNER PLEASE
COME UPON
AND INTO
MY

ARIZONA 亚利桑那州，美国
32.7655°N, 114.4141°W

暂停-休息-祈祷小教堂

从尤马（Yuma）往北开入亚利桑那州西部炎热的沙漠，很容易就会让人感到绝望。在你身后，有一座通向无人之境的孤桥，还有尤马领土监狱（Yuma Territorial Prison），它曾被称为“西部的地狱之洞”。前方呢？是圆顶城堡（Castle Dome）的鬼城和神秘的尤马演习场（Yuma Proving Ground）——一个军事研究机构。不过，等等，看到那座特别小的教堂了吗？是的，这就是暂停-休息-祈祷小教堂（Pause-Rest-Worship Chapel）。1995年，为了纪念已故的妻子，一位农夫建造了这座8英尺宽、12英尺长的建筑。2011年，一场风暴摧毁了它，但社区又将它重建。蓝白相间的小教堂能坐下12个人，甚至还有彩色玻璃窗。

☛ 小教堂位于尤马东北部24公里处的95号公路旁。

ARIZONA 亚利桑那州，美国　　31.5395°S, 110.7562°W

特列斯家族神龛

当我第一次盯着特列斯家族神龛（Telles Family Shrine）打量时，我实在无法理解它。在亚利桑那州巴塔哥尼亚（Patagonia）以南4公里处的路边，一小截台阶的顶端有一个小洞穴，里面有一组燃烧的蜡烛，而这个孤独洞穴的墙壁已经被蜡烛的烟熏成了黑色。这是个什么地方？我了解到，胡安妮塔（Juanita）和胡安·特列斯（Juan Telles）在1941年设立了这个神龛。他们承诺，如果他们的儿子们能从第二次世界大战中安全归来，他们就会一直点着蜡烛。儿子们幸运地活了下来，于是这个承诺得以实现。今天，特列斯一家已经离去，但当地人仍在继续点燃蜡烛。——艾米·贝尔福

☛ 巴塔哥尼亚位于亚利桑那州图森市（Tucson）以南96公里处。

UTAH 犹他州，美国　　39.8107°N，110.3386°W

九里峡谷

在犹他州崎岖、炽热的砂岩山脉中，隐藏着世界上最大、最古老的户外艺术画廊之一。九里峡谷（Nine Mile Canyon；实际长46英里，但最初是因为九里溪形成的）内包含了成千上万的古代岩画，它们是由当地的弗里蒙特（Fremont）和尤特（Ute）部落在公元600~1300年雕刻而成的。岩画散布在整个峡谷中，通过穿越峡谷的道路很容易就能到达，它们描绘了从战争和献祭到畜牧业和家庭动态的各种场景。

最好和当地向导一同探索这些壮观的视觉故事，他们会帮你拨开层层迷雾（这里指的是历史迷雾，而非岩画本身——到处都有标识提醒人们不要触摸脆弱的岩石艺术）。向导也会为你指出你可能会错过的岩画，还有一些（非常完整的）古民居，叫作“坑屋”。不管怎样，你都需要交通工具来这里。峡谷是很好的一日游之选，从普赖斯（Price）镇过来，来回要走160公里，途中有许多风景如画的野餐点。不过，建议旅行者为这次旅行打包大量补给（沿途没有商店或餐馆），再带上详细介绍峡谷主要景点的小册子——从普赖斯的卡本县游客中心（Carbon County Visitors Centre）就能免费获取。

九里峡谷可以经由普赖斯到达，先沿着美国6号公路向东南方向行驶，再往北转到Soldier Creek Rd。

EASTER ISLAND 复活节岛，智利

27.0800°S, 109.3105°W

世界的肚脐

用不了几天时间，复活节岛——在当地被称为Rapa Nui——就会让你意乱情迷、神魂颠倒。

作为地球上最与世隔绝的地方之一，这一小块土地上拥有大量不可思议的考古遗址。除了在怪异的风景中四散分布的标志性摩艾（moai）巨石像外，你也会被所谓的“世界的肚脐”（Navel of the World）所吸引，这是一块位于该岛北海岸的浑圆形石头。传说中，霍图马图阿（Hotu Matua）国王亲自把这块石头带到了这里，称其象征着世界的肚脐。石头本身具有磁性，指南针放在上面会失灵。

☛ 你可以从岛上的主镇安加罗阿（Hanga Roa）骑自行车、小摩托车或者开车前往。无须门票。

NEW MEXICO 新墨西哥州，美国

36.3021°N，106.0453°W

拉波莱特的砂岩洞穴

建造这个洞穴花去了四分之一个世纪。美国艺术家拉·波莱特（Ra Paulette）把成年后的大部分时间都花在了新墨西哥州的沙漠里，身边只有宠物狗陪伴。他在柔软的砂岩地下洞穴内挖掘、雕刻和凿切，只使用手工工具，却创造了十多个洞穴，分布在圣达菲（Santa Fe）附近。

波莱特作品的规模和细节都令人惊愕。他挖出了房间、隧道、门道、楼梯、凹座、壁架和壁龛。在墙上，他雕刻出了浅浮雕和檐口，有些类似植物，有些则光怪陆离。所有的洞穴都通过宏伟的天窗来照明，天窗之上就是沙漠地面。

其中一些洞穴是由当地居民委托波莱特建造的，并配备了现代化生活设备。现在这些洞穴的售价是几十万美元。这并不是说经济收益成了动机——在许多委托项目中，他的报酬只有每小时12美元。相反，是艺术冲动在驱使他。

“洞穴位于地下，你会感觉被土地包围着，然而阳光却在不断地涌进来，这正是我们生活中并列的两个隐喻。”他在《挖洞者》（*Cave Digger*）里解释道，这是一部关于他毕生作品的纪录片，“这就好比一种认知上的戏法，带来从内部到外部的深刻的、全面的感受。”

洞穴的确切位置并不对外宣传，但Origin (originnewmexico.com) 提供游览服务，费用为25美元。

MARIETAS 玛丽埃塔，墨西哥
20.7006°N，105.5687°W

隐秘海滩

玛丽埃塔（Marietas）神秘的海滩本身就是一个受欢迎的景点，而所谓的隐秘海滩（Hidden Beach）则是其点睛之笔。从双体船的一侧滑进水中，我跟随着潮水游动，直到到达海面和岛屿间的一条细缝，这条缝就像紧闭的蚌壳张开的小口。我躲在海浪下，迅速地在一个岩石裂口处重新浮出水面。海岛就像一个甜甜圈，中间有一个大洞，四周围着一圈上好的沙滩，我就是从甜甜圈的洞口下方钻出来的。考古学家和火山学家根据古代神灵崇拜的证据和现代社会的炸弹实验，对这个岛的奇怪形状进行了理论分析。今天，游客们在Instagram上尽情晒着这里的照片。——布兰登·普莱瑟

☛ 巴亚尔塔港（Puerto Vallarta）的国际机场提供到达里维拉纳亚里特（Riviera Nayarit）的交通服务，你只需乘坐一小段船，就能从玛丽埃塔到达此处。

NEBRASKA 内布拉斯加州，美国
42.1423°N，102.8580°W

车阵

没人知道是谁、因为何种原因建造了巨石阵，但我们确实知道是谁[美国艺术家吉姆·莱因德（Jim Reinders）]以及因为什么（向他父亲致敬，还有它很酷）建造了车阵（Carhenge）。车阵于1987年夏至建成，这些内布拉斯加州的汽车巨物正迅速成为一个受到狂热追捧的目的地。车阵由39辆经典的美国汽车组成，被漆成灰色，完全模仿了巨石阵的形状（扮演“脚跟石”的荣誉归属于一辆1962年的卡迪拉克）。莱因德在自己内布拉斯加州的农场上建立了这一装置，他承认为建设它曾耗费大量的劳动、汗水和啤酒。

☛ 车阵位于内布拉斯加州阿莱恩斯（Alliance）以北5公里处。每天开放，无须门票（carhenge.com）。

© Education Images / Getty Images

SOUTH DAKOTA 南达科他州，美国
45.7406°N，102.2322°W

休·葛雷斯纪念碑

拓荒者休·葛雷斯（Hugh Glass）的故事令人难以置信，甚至让人分不清事实与虚构。1823年，他出发去进行一场毛皮交易，却在靠近今天的北达科他州和南达科他州边境处被一只灰熊袭击了。葛雷斯血流如注并且失去意识，没人认为他能活下来。他的同伴们无法把他抬到安全之处，只好就地挖了个浅坑将他埋了，他就这样被孤零零地留了下来。

然而葛雷斯奇迹般地活了下来。尽管已经无法行走，但他在复仇心的驱使下爬了200英里，来到了基奥瓦堡（Fort Kiowa）。不过，真实的故事版本并没有一个高潮的结局：后来葛雷斯是否改变了主意，或者根本没有机会实施他的复仇计划，谁也说不清楚，人们只知道他在1833年被印第安人杀害了。

☛ 南达科他州的桑德希尔（Sandhill）有一处纪念标志。附近的莱蒙（Lemmon）则有一座他的雕像。

CHIHUAHU 奇瓦瓦，墨西哥
27.8509°N，105.4966°W

晶体洞

向地球中心进发300米，就能到达这个宛如科幻小说场景的半透明巨型晶体洞穴。在像埃舍尔阶梯（Escher staircases）这样的洞穴里，闪闪发光的柱子纵横交错，其中一些直径足有4米，令人叹为观止。其他更短的柱体形似方尖碑，沿着洞壁排列。有人说这个洞穴看起来像座大教堂，其他人则联想到了超人的母星，但来过这里的每个人都同意这是地球上最令人惊叹的景象之一。

想要在这里生存，你需要准备一顶头盔、一个呼吸器和一身可降温的防护服，来抵御50℃的高温和高湿度，但即使全副武装，为确保安全，参观也仅能持续20分钟。2000年，在这个洞穴被发现之后不久，一名矿工偷偷溜了进去并被活活烤熟，洞穴随之对公众关闭。

据估计，洞中的一些晶体约有50万年的历史，而且很可能是人类所发现的最大的晶体标本。这种矿物是亚硒酸盐，一种容易被损坏的软物质，用指甲都能划出痕迹。这些洞穴内本来充满了水，但已被采矿公司抽干。当（或者说如果）水再次淹没洞穴时，晶体将重新开始生长，但这里可能就永远消失在人们的视野中了，也不会再有人来进行研究。

洞穴不对公众开放，但如果提前安排，科学家们可以进洞。登录www.naica.com.mx查看最新信息。

INDIANA 印第安纳州，美国 41.5577°N，87.4895°W

圣母玛利亚的洞穴

开车经过印第安纳州蒙斯特（Munster；芝加哥附近的一个工人阶级社区）整洁的绿色草坪，你几乎不会注意到位于一丛丛树木后方卡梅尔山圣母修道院（Our Lady of Mount Carmel Monastery）的低矮建筑。但是，那些赤足的加尔默罗牧师在此地照看迷幻荧光岩石洞穴已经有60多年了。

这些被世人称作“赤脚僧侣”的人是在第二次世界大战后由波兰来到这里的。其中一位修士也是一位地质学家，所以当他们决定在1954年为圣母玛利亚建造一个独一无二的圣坛时，这个人知道该怎么做。首先，人们运来了250吨珍珠岩，用于搭建黑暗、扭曲的三层洞穴；然后用鲜艳的玫瑰石英、蓝色萤石和其他矿物作为点缀，它们在墙上如繁星般闪烁。然而，真正吸引人的是荧光祭坛（Fluorescent Altar）。打开电灯开关，玛利亚雕像周围的石头骤然间显得栩栩如生。最开始你可能还无法领会其意，但接着，岩石开始发出黄色和绿色的光芒，“神圣女王万岁”的字样以一种迷幻的方式出现。

附近的纪念小教堂（Memorial Chapel）里散发着更多的紫色光芒，那里有一个供奉复活的耶稣的神龛。牧师们在黑暗的岩石上展示了日落、从地上伸出的手、布满天花板的黄色十字架，就算米开朗琪罗看到这一切，估计也会惊讶地揉揉眼睛。

4月至10月，修道院周日开放，你可以预约参观。这里距离芝加哥市中心有50公里，只能自驾前往。请查看carmelitefathers.com/shrine-visits/。

ARKANSAS 阿肯色州，美国
36.3728°N, 94.2094°W

沃尔玛博物馆

沃尔顿（Walton's）曾经是一个典型的20世纪50年代的廉价商店，位于阿肯色州的本顿维尔（Bentonville）小镇上，它是如何摇身一变成了无处不在的零售巨头沃尔玛的？来沃尔玛博物馆（Walmart Museum）参观这一帝国开始创业的地方吧，它就在本顿维尔主街的原建筑里。保存完好的天花板和地砖等细节让游客得以一窥山姆·沃尔顿（Sam Walton）的世界，他就在这里开创了大幅折扣、朴实无华的商业模式。博物馆中精心策划的展览为参观者提供了多方位的角度，让人们了解沃尔顿是如何转变理念，将这家杂货店变为红遍全球的沃尔玛，并永远地改变了美国零售业的面貌。

博物馆免费，每天开放。请查看www.walmartmuseum.com。

ALABAMA 亚拉巴马州，美国 34.6733°N, 86.0445°W

失物招领中心

斯科茨伯勒（Scottsboro）的失物招领中心（Unclaimed Baggage Center）以多种方式运送货物。这里有一部分是巨型的二手商店，其余则是由各种不同寻常的遗失物品所组成的博物馆，这个旧物迷宫不仅在规模上令人惊叹，还是个买便宜牛仔靴的好地方。

这个地方的逻辑很简单：航空公司一边向乘客支付行李丢失的赔偿金，一边需要处理掉那些无主的行李。在商店里等待着被挑选的是一堆（洗过的）衣服、成堆的电子设备和足够古怪的物品，人们可以愉快地在此闲逛半天。员工们还把拆开的包进行了富有洞察力的艺术展示，并决定什么东西需要特价出售。

失物招领中心距离纳什维尔（Nashville）2小时车程，周一至周六营业。请查看www.unclaimedbaggage.com。

CAYO 卡约，伯利兹
17.1175°N，88.8905°W

石墓洞穴

洞穴很黑，我头灯的微弱光线仅够照亮我要迈出的下一步。但是，当我们的向导胡安·卡洛斯（Juan Carlos）用他那强劲的手电照亮我们周围的环境时，空间突然被打开了。这是个巨大的洞穴，有壮观的钟乳石和石笋。原来这就是这个地下世界的样子。在伯利兹的卡约（Cayo）地区，我们跟随古老的玛雅人足迹，步行了近1英里进入石墓洞穴（Actun Tunichil Muknal）。一千年前，古玛雅人经常光顾这个洞穴网络，寻找通往地下世界的途径以及与神沟通的方式。我们这一小群旅行者正是来看看他们留下了什么。

经过一个小时的涉水和攀登，我们聚集在一块干燥的岩石上。“你们必须走我走过的地方，站在我告诉你们可以站的地方，”胡安·卡洛斯指示道，“这里到处都是文物，可不要踩到它们。”他用手电照向地面，一个破罐子就在我们脚边，还有其他文物散落在洞穴里。胡安·卡洛斯解释说，这些罐子是用来盛放食物供品和进行放血仪式的。学者们认为，玛雅统治者会割开自己的舌头或阴茎的前端，将血液和熏香混合在一起，然后再将其焚烧，作为献给神灵的祭品。

在洞穴内探险并探索过上千年前的文物之后，很难想象接下来会发生什么。但胡安·卡洛斯把最好的留到了最后：他的手电照亮了一个1500年前的头骨，其他骨头散落在附近，所有的骨头都属于一个40岁的男性。他们不知道他是如何被杀的，但几乎可以肯定他是活人祭祀的牺牲品。

这是我们在石墓洞穴里发现的众多骨架中的第一具，洞穴内共有14具遗骸，这些人都是献祭的祭品，其中包括一具年轻女子的完整骨架。被碳酸钙包裹的骨架在光束中闪闪发亮，被称作“水晶少女”。

在我们离开之前，胡安·卡洛斯为我们创造了一个场景。“想象一下，这个房间里点着火把。”他将手电光照在钟乳石和石笋上，在墙上投下阴影。“想象一下，空气中充满了吟唱的声音。”——我们在外面所看到的迷幻场景可以作为参考。“现在，想象一下你的情绪越来越高涨。渐渐地，你就能理解玛雅人为什么选择在这个神秘的地方与神沟通了。”诚然如此。——玛拉·佛西斯

☛ 只有参加经过认证的导览游才能进入洞穴。请查看www.pacztours.net**或者**www.cavesbranch.com。

“他的手电照亮了一个1500年前的头骨，其他的骨头散落在附近……
几乎可以肯定他是活人祭祀的牺牲品。”

ROATÁN 罗阿坦岛，洪都拉斯 16.3107°N，86.5453°W

海湾群岛水下博物馆

厌倦了一成不变的常规博物馆？受够了语音导览器、排长队和密集的人群？那就脱下工装短裤和运动鞋，换上泳衣和脚蹼，前往海湾群岛水下博物馆（Bay Islands Underwater Museum）吧。这个独特的博物馆坐落在罗阿坦岛（Roatán）的海岸边，该岛属于洪都拉斯风景如画的海湾群岛。它并不提供传统意义的展品展示，而是通过浮潜的方式将游客带入这个闪闪发光的加勒比海水域。整个过程充满了挑战，在那里，你会发现一些相当独特的沉没的宝藏：玛雅雕像、帕亚（Paya）文物、加利福纳人（Garifuna）的独木舟、老锚，甚至还有西班牙的大帆船。向导会在你开始水下寻宝游戏之前为你解说这些物品的背景，让你稍微了解美洲这一地区的殖民背景以及随后为争取独立而进行的战争。

但是，这种体验并不纯粹是为了回顾历史。海湾群岛被认为是世界上观赏珊瑚礁的重要地点之一，丰富的野生动植物在博物馆中茁壮成长。色彩鲜艳的鱼在沉没的文物周围游来游去，金色海星和条纹虾则在多沙的海底移动，珊瑚点缀着海景，螃蟹们在藏身之处进进出出。

博物馆位于罗阿坦岛西部，可以通过主路到达。数家团队游运营商都能安排参观。

KENTUCKY 肯塔基州，美国　　39.0810°N，84.8486°W

废弃的幽灵船

在肯塔基州彼得斯堡（Petersburg）的俄亥俄河（Ohio River）南岸，停放着186英尺长的萨沙姆号（Sachem），船体微微倾斜在泥泞的河岸上，锈迹斑斑的船头在周围的植被中异常醒目。然而，这艘船郁郁寡欢的现状与其丰富多彩的过去大相径庭。1902年，这艘船作为一艘豪华游艇首次启航，它载过托马斯·爱迪生（Thomas Edison），训练过海军士兵，在两次世界大战中参战，还出现在流行音乐录影带中，最后才被遗弃到目前所在的偏远地方。

这艘船最初被称为“凯尔特人号”（Celt），由富有的特拉华铁路公司高管J.罗杰斯·马克斯韦尔（J Rogers Maxwell）委托建造。它于1917年被出售，并被租给了美国海军，后者为它配备了深水炸弹，用于在“一战”中击沉潜艇。被重新命名为“萨沙姆号”之后，它迎来了全新的军事生命——为了改善反潜技术，海军把它交给了托马斯·爱迪生，后者用它在纽约港进行实验并航行到佛罗里达和加勒比海。战争结束后，这艘船被出售，成了一艘渔船，直到在“二战”期间再次执行任务。它被再次命名为“硅铍石号”（Phenakite）美国军舰，主要作为一艘训练和巡逻船，守卫基韦斯特港（Key West Harbor）和长岛海峡（Long Island Sound）。“二战”结束后，这艘船在纽约城作为观光船航行了40多年。它曾出现在麦当娜的《爸爸别说教》（*Papa Don't Preach*）这首歌的音乐录影带中，后经历了最后一次转手，这次的买家是一个辛辛那提（Cincinnati）本地人，他把船开向内陆，直到它最后的安息之地，至今又过去了30多年。

☛ 该船位于私人土地上，所以步行前往属于擅自闯入。你可以经由俄亥俄河和泰勒小溪（Taylor Creek）支流划皮划艇前去看看曾经的“萨沙姆号”。

GRANADA 格拉纳达，尼加拉瓜
11.9313°N，85.9628°W

圣胡安德迪奥斯

1886年，圣胡安德迪奥斯医院（Hospital San Juan de Dios）破土动工，这是格拉纳达（Granada）新古典主义建筑的光辉典范。然而今天，这家医院更像是一部恐怖电影里的场景：它那带格子图案的走廊里再也没有了病人和医生的身影，庭院里杂草丛生，装饰性的外墙已经坍塌，树木枝条攀上了无人打理的墙壁。该建筑于1905年正式开放，于1998年关闭，尽管有计划对其进行翻修，但没有取得任何进展。最近去过的参观者表示，该区域现在有保安保护，但其中有些保安很乐意带着城市探险人士四处转转。

医院位于Calle La Libertad路上，从中央公园（Parque Central）向西步行15分钟可到。出租车司机都管它叫老医院（el antiguo hospital）。

GEORGIA 佐治亚州，美国 34.2696°N，84.7518°W

老旧汽车城

在狂爱汽车的美国，得克萨斯州的凯迪拉克牧场（Cadillac Ranch）并不是唯一一个值得参观的乡村汽车展示基地。佐治亚州怀特市（White）的老旧汽车城（Old Car City）是露天经典汽车博物馆和自然保护区的迷人混搭。你可以花一个下午的时间走在6英里长的自然小径上，穿过世界上最美的废旧车场之一，这里拥有4000多辆完整的汽车，年头都不晚于1972年。许多汽车的车身上已经“长出了森林”，营造出一种不似尘世的、世界末日的氛围。这里由迪安·刘易斯（Dean Lewis）经营，他将其视作自己的爱好。这片占地34英亩的土地最初由他的父母在1931年购入，为的是开一家杂货店。而刘易斯已经将这一传统保持了几十年。

从亚特兰大开车前往老旧汽车城需要1小时，汽车城周三至周六的9:00～16:00开放（www.oldcarcityusa.com）。

DIQUÍS DELTA 迪奎斯三角洲，哥斯达黎加 8.8689°N, 83.4710°W

迪奎斯石球

在哥斯达黎加西海岸的迪奎斯三角洲（Diquís Delta）周边散落着巨大的石头球体，它们是公元前300年至公元1500年存在的神秘的迪奎斯文明所留下的唯一遗迹。石球体的作用依然未知，尽管有理论猜测，那些以某种特定方式排列的球体可能被用作太阳历，而其他的一些则被作为个人权力的象征（球体越大，首领就越强大）。

你可以在Palmar Sur和Sierpe的公园里看到它们，但是最适合观赏它们的地方是位于二者之间的考古遗址基金会6号博物馆（Sitio Arqueológico Finca 6 museum），在那里，球体完全按照原样排列。

博物馆在周二至周日的8:00～16:00开放。在Sierpe和Palmar Sur之间有公共汽车往返。

GEORGIA 佐治亚州，美国
32.4525°N，84.9791°W

午餐盒博物馆

有些年龄段的读者可能还记得那些用金属饭盒装着午餐去上学的日子，没想到再次见到这些老伙计竟然是在佐治亚州的哥伦布市（Columbus），这里收藏着全世界最多的午餐盒。

这里位于一家古董店的后室，并不是通常意义上的博物馆，但其收藏更为随性而广泛，里面有各式各样的午餐盒，带着当时美国流行文化的标志，从星际迷航到花生漫画，再到草莓女孩和吃豆人，应有尽有。

☛ 每天开放，门票价格为5美元。你可以查看www.lunchboxmuseum.com。

© Rex Features

CORDILLERA 科迪勒拉，哥斯达黎加
10.1845°N，84.3918°W

弗朗西斯科·阿尔瓦拉多公园

如果你正在哥斯达黎加中部旅行，那就绕道去一次扎尔切罗（Zarcero），这是一个位于科迪勒拉（Cordillera）西部的小镇。在那里，你会看见弗朗西斯科·阿尔瓦拉多公园（Parque Francisco Alvarado），它可能是这个国家最不寻常的公共绿地。公园坐落在庄严的17世纪圣拉斐尔教堂（Iglesia de San Rafael）前，最初只是个普普通通的绿色雕塑花园。直到20世纪60年代，园丁伊万盖里斯多·布兰科（Evangelisto Blanco）决定施展创造力，把树木修剪成梦幻的达利风格。由于布兰科不懈的努力，今天，这个地方得以继续作为一个可以互动的植物艺术展览地。不妨随性逛逛，穿过“融化的”拱门所组成的隧道，或者与异想天开的“舞者”“小动物”和“恐龙”一起拍一张照片。

☛ 从圣何塞（San José）、葛雷西亚（Grecia）、阿拉胡埃拉（Alajuela）和圣勒蒙（San Ramón）都有开往扎尔切罗的长途汽车。

© Carol Barrington / Alamy

GEORGIA 佐治亚州，美国
33.7984°N，84.3272°W

疾病控制中心博物馆

灾难片和美剧《行尸走肉》的粉丝对位于佐治亚州亚特兰大（Atlanta）的疾病控制中心（Center for Disease Control）一定很熟悉。无论何时，在任何一种重大流行性疾病（无论是虚构的还是真实的）横扫整个地球时，所有的目光都会转向疾病控制中心，寻求其对全球健康安全的指导和保证。疾病控制中心博物馆重点展出该机构在研究、治疗和预防疾病方面所取得的成就，并突出展示其历史上的重要文物。除永久收藏品之外，这里还有关于糖尿病预防等课题的不定期展览，以及可以让你参与其中的互动展览（比如试穿一件防护服），还有诺曼·洛克威尔（Norman Rockwell）等艺术家举办的与健康主题相关的艺术和摄影展。

☛ 这个隶属史密森学会（Smithsonian）的机构周一至周五开放，入场免费。你可以查看www.cdc.gov/museum。

GEORGIA 佐治亚州，美国
34.8890°N, 84.2207°W

美国坦克镇

如果你身在佐治亚州的摩根敦（Morgantown），而且有一种永不满足的、想要用重型机械摧毁东西的冲动，那就去美国坦克镇（Tank Town USA）吧。它的座右铭简单而准确地描述了这里的乐趣：“开坦克，轧汽车。”最大的亮点是坦克驾驶课程，你可以在课程结束时学以致用，开始碾轧汽车。

如果你想体验一把建筑工地的工作，你也可以在这里实现梦想——坐在20吨重的建筑挖掘机上，尽情挖洞。

在4月至11月大部分周末的11:00～18:00开放。你可以查看www.tanktownusa.com。

© Epa European Pressphoto Agency B.V. / Alamy

GRAND CAYMAN
大开曼岛，开曼群岛
19.3792°N, 81.4064°W

地狱

当你访问大开曼岛（Grand Cayman）时，“去地狱走一遭再回来”这句俗语完完全全就是字面意思。地狱（Hell；真是个奇特的名字）隐藏在一片热带天堂之间，是位于西湾（West Bay）的一组古老的石灰岩岩层。这些黑色的岩石尖锐、贫瘠，让人联想起地狱般的世界，但是这个地点还有一片欣欣向荣的热闹区域，与此地幽灵般的氛围形成反差。当地的邮局和礼品店被刷上了鲜艳的红色，上面印着“欢迎来到地狱”的字样。建议在这里待上一会儿，会会居民“撒旦”，他的真名是伊万·法灵顿（Ivan Farrington），喜欢创作各种“地狱”双关语。你还可以从这里给所有朋友寄一张带有地狱官方邮戳的明信片。

地狱位于Hell Road上，距离7英里海滩（Seven Mile Beach）15分钟车程。参观免费。

© Hank Shiffman / Shutterstock

TUNGURAHUA 通古拉瓦，厄瓜多尔
1.4158°S, 78.4262°W

在世界尽头荡秋千

在厄瓜多尔的丛林高处，有一间树屋矗立在峡谷边缘。Casa de Arbol（意为“树屋”）实际上是一个地震观测台，用来监测它旁边的活火山——通古拉瓦（Tungurahua）。这里的秋千比较粗糙——仅仅是从树枝上悬挂下来的两根绳子绑着一块木板而已，吸引着那些愿意铤而走险的游客。这里没有安全设施——没有绑带，没有保护网，所以那些选择在峡谷边缘荡秋千的人等于将生命掌握在了自己手中。奖励是什么？你可以欣赏到令人头晕目眩的峡谷景观，荡到高处时兴许还能瞧见正在喷发的火山。

从附近的Baños镇过来，需要爬一段10.5公里长的陡峭崎岖的山路才能到达秋千。

© Kalypso World Photography / Alamy

“……重头戏还是弗斯特本人的房子，一件由壁画、拱门、骇人的面孔、旋转的陶瓷树和花朵组成的复杂艺术品。”

HAVANA 哈瓦那，古巴 23.0898°N，82.4831°W

弗斯特城

古巴最引人注目的艺术作品不是一尊雕塑或一幅绘画，而是整个城市街区。弗斯特城（Fusterlandia）是贾曼塔斯区（Jaimanitas）的非官方名字，它是一个安静的哈瓦那郊区，有着悠久的捕鱼历史。如今，它以令人眼花缭乱的马赛克、壁画和由才华横溢的古巴艺术家何塞·弗斯特（José Fuster）创作的古怪的高迪式街头艺术而闻名。

弗斯特的项目始于20世纪90年代中期，最初只是作为家庭装饰，但很快就演变成了一种更有野心的作品。到了21世纪的前10年，他的装饰陶瓷和富有想象力的画作已经覆盖了好几个城市街区，包括街道标识、公共空间和80多座当地房屋。沐浴在明亮的加勒比阳光下，错综复杂的瓷砖花纹、曲线动人的护墙和千变万化的颜色营造出了一幅壮丽的景象，相比之下，巴塞罗那的桂尔公园（Park Güell）倒显得安静内敛了。

贾曼塔斯的社区标志欢迎你加入这场“色彩秀”，上面用生动的马赛克图案排列着“向高迪致敬”（Homenaje a Gaudí）的字样。西班牙现代主义之父并非唯一影响弗斯特的人。旁边一道波浪形墙壁前的一张长凳上铺着画有类似毕加索头像的瓷砖。

不过，虽然拥有现代主义倾向，但弗斯特城仍然充满古巴风情。在一个街区之外的一个街道路口，一幅巨大的壁画描绘了1956年在古巴登陆的格拉玛号（Granma）游艇。你可以认出船上的菲德尔·卡斯特罗（Fidel Castro）、切·格瓦拉（Che Guevara）和卡米洛·西恩富戈斯（Camilo Cienfuegos）等人。同样令人头晕目眩的是古巴国旗的复制品、以古巴守护神慈善圣母（Virgin of Charity）为原型的超现实主义作品，以及一排装饰着“古巴万岁”（Viva Cuba）字样的连排屋（弗斯特和邻居们的家）——每家的烟囱上标着不同的字母。

整个社区内都流动着艺术家的气息，弗斯特的作品遍布长椅、公交车站、路边邮筒，甚至医生的手术室。在弗斯特家旁边的一面墙下方有一个国际象棋公园，棋子足有真人大小，其中几个貌似爱丽丝梦游仙境里的国王、王后和骑士。

然而，弗斯特城的重头戏还是弗斯特本人的房子，一件由壁画、拱门、骇人的面孔、旋转的陶瓷树和花朵组成的复杂艺术品。这个多层的建筑群以一个小水池为中心，水池以神秘的海洋主题（让人回想起贾曼塔斯的捕鱼背景）装点，整座房子都因为美人鱼、渔夫和一只巨大的章鱼而生动起来。

想要一览全景，就爬上一个小观景台，在那里你可以俯瞰一切并享受幻想、热情和最重要的——阳光。弗斯特的工作室就在这栋房子里，你也许可以从那里获得一件大师的艺术作品。如果你幸运的话，还可以观看他是如何工作的。——布伦丹·塞恩斯伯里

贾曼塔斯位于哈瓦那市中心以西20公里处。P4路公共汽车停靠在附近，你也可以打车过去。进入弗斯特的房子免费。

El Viejo y el Mar

FLORIDA 佛罗里达州，美国

25.5005°N, 80.4443°W

珊瑚城堡

这个巨大的雕塑公园是近30年爱之劳作的结晶，或者更准确地说，是心碎的劳作。这些神奇的雕塑完全是用最简单的工具徒手建造的，由拉脱维亚移民爱德华·莱德斯卡宁（Edward Leedskalnin）花了28年时间创作，使用的是他在佛罗里达的家附近发现的珊瑚石。莱德斯卡宁的雕塑由1100多吨珊瑚石组成，这些都是为了纪念那个在他们婚礼举办的前一天离开了他的女人。莱德斯卡宁从未结过婚，他所爱之人也从未来看过他为她建造的纪念场所。

莱德斯卡宁的建筑方法有很多神秘之处。他是一个小个子，身高只有150厘米，体重不到50公斤，但他独自工作了近30年，所建造的雕塑高达7.5米，其中大部分是用一整块石头雕刻而成的。他还在雕塑园周围筑起了一道墙，高2.5米，宽1.2米，厚1米。

莱德斯卡宁从来没有透露过他的工程秘密，他只在晚上工作，使用灯光照明，所以没有人可以观看他工作，或者观察他的方法。他来自拉脱维亚的一个石匠世家，但现代学者仍不确定他是如何独立完成如此大量的建造工作的。1984年，这个位于迈阿密以南约45分钟车程处的雕塑园被列入美国国家历史名胜名录。

珊瑚城堡每天开放。门票包括参观雕塑园的费用（www.coralcastle.com）。

LIMA 利马，秘鲁 12.0453°S, 77.0271°W

圣方济会修道院的地下墓穴

位于利马的圣方济会修道院（Franciscan monastery）隐藏着一个可怕的秘密——地下埋葬着大约25,000人的骸骨。在约10米深的圆形凹坑中，头骨、胫骨和股骨被以艺术化的方式排列成几何形状，同心圆的形状尤其让人印象深刻。这些大概是由僧侣摆的，效果引人注目，暗示了其仪式性的目的。它们既令人毛骨悚然又带有美感，可以通过修道院的地板格栅看到。

圣方济会的墓穴拥有一系列迷宫般的拱顶隧道，其历史可以追溯到16世纪。从那时起直到19世纪早期，这个墓穴一直是圣方济会和兄弟会成员的埋葬地，尸体沿着通道的墙壁堆在一起，上面覆盖着石灰以加速分解过程。在肉体分解了之后，骨头就被转移到藏骨堂，并以一种艺术化的方式进行摆放。这种把死者埋葬在教堂下面的习俗一直持续到1808年，之后地下墓穴被一纸法令禁止，这些遗骸也随之与外部世界隔绝开来。

在被世人遗忘了百十来年后，地下墓穴于1943年被重新发现，并在1950年对公众开放。人们相信，地下通道将地下墓穴与附近的主教座堂以及其他教堂连接在一起。

修道院位于利马的历史中心，9:30～17:30开放。只能通过导览游参观地下墓穴。你可以查看www.museocatacumbas.com。

CORDILLERA 科迪勒拉，秘鲁
6.8640°S，78.1426°W

塞伦尼的草帽

在秘鲁北部郁郁葱葱的中科迪勒拉山脉（Cordillera Central）的高地上，塞伦尼镇（Celendín）以其手工制作的草帽而闻名，名气甚至大到连小镇某个广场的凉亭都已经被改造成了巨大的帽子造型，人们聚集在宽阔的帽檐下躲避阳光。标志性的高顶草帽本身就是一件真正的工艺品：它们是用托奎拉（toquilla）稻草制成的（这种稻草也被用于制作厄瓜多尔著名的巴拿马草帽），由当地的工匠们用单线编织和加固。制作一顶定制的帽子需要几周到几个月的时间。

塞伦尼位于卡哈马卡（Cajamarca）东北约100公里处，两个城市之间有长途汽车来往。

© Diego Grandi / Getty Images

NARIÑO 纳里尼奥省，哥伦比亚 0.8056°N，77.5859°W

拉斯拉哈斯教堂

拉斯拉哈斯（Las Lajas）主教座堂几乎悬于深渊之上，下方100米就是瓜达拉河（Guáitara River）峡谷，有一座桥将其与峡谷的一侧相连。这座罗马天主教的宏伟建筑模仿城堡建造，其选址源于奇迹。据说在1754年，一位当地的印第安妇女和她的聋哑女儿在这里遭遇了暴风雨。她们在峡谷中避难时，在石头上看到了圣母玛利亚的形象，接着这个女孩就能够听和说了。之后又有一个盲人在这里恢复了视力，于是寻找医治奇迹的朝圣者接踵而至。1949年，围绕着这一圣母形象建立的简陋小教堂终于变成了一座真正的教堂。

教堂在伊皮亚莱斯（Ipiales）城外2公里处，你可以搭出租车前往。下车后需要走10分钟陡峭的下山路才能到达教堂。

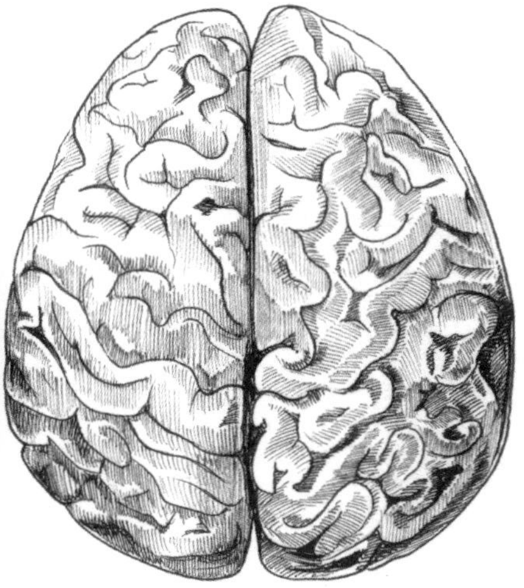

LIMA 利马，秘鲁
12.046026°S，77.015925°W

大脑博物馆

在利马的神经科学研究所（Institute of Neurological Science）后面的一条破旧街道上，一幢不起眼的建筑内拥有不同寻常的藏品。3000多个贴着标签的福尔马林罐子沿墙排列，罐子里的大脑展示了由各种疾病造成的损伤，包括神经系统紊乱、药物滥用、肿瘤、中风、阿尔茨海默病，甚至还有疯牛病。神经病理学家戴安娜·里瓦斯（Diana Rivas）负责管理这些藏品，并在同一栋楼里进行尸检，以获取更多的样本。虽然大多数游客是神经学的学生和学者，但里瓦斯也会让公众近距离观察疾病所造成的影响，以此来教育他们预防疾病。

☛ 博物馆位于城中较乱的区域，最好搭乘出租车前往。

ANTIOQUIA 安蒂奥基亚，哥伦比亚 5.6396°N，75.8096°W

壮丽之洞

在哈尔丁（Jardín）小镇背后的绿色山脉中，一条河流由壮丽之洞（Cave of Splendour）中穿过。几个世纪以来，这个洞穴的顶部已经被奔流不息的水流侵蚀，一道耀眼的瀑布从岩石洞里倾泻而出。近年来，这个洞穴已经成为徒步者和骑马者的热门目的地，汗流浃背的旅行者络绎不绝地来到瀑布底部的深水池享受清凉，作为对他们辛苦跋涉的回报。徒步前往洞穴的过程也充满乐趣，沿途群山环绕、景色优美，在爬下陡峭的河床小径后，才能到达洞穴。

☛ 洞穴距离哈尔丁12.5公里，你可以搭乘吉普车到达小径起点，然后在当地向导的带领下骑马或徒步前往。

“一位嚼着古柯叶的神秘巫医慢慢地把一只豚鼠放在一个俯卧在桌上的女人的身体上，然后把它拿到自己耳边，好像在听它说些什么。”

LIMA 利马，秘鲁 12.0464°S，77.0428°W

利马的女巫市场

一群妇女在黎明时分到达这里，许多人是从山区乘夜车过来的。她们身着传统的分层衬裙和圆顶礼帽，这是神秘巫医（curanderos）的打扮。她们每周都聚集在利马的女巫市场（witches' market），在那里，数百名信徒都在等待着被治愈。

她们来自山区也属于山区，数百年来都过着一成不变的生活。她们将天主教、萨泰里阿教（Santeria）和民间迷信融合在一起，同时兼有现代世界的元素。她们聚集在一顶巨大的帐篷里，帐篷的横幅上写着她们的网站和手机号码，还有展示她们治疗项目的照片。名片上列出了她们的治疗工具：鸡蛋、古柯叶，甚至是活的豚鼠。她们声称这些东西可以帮助治愈从骨折到癌症的任何疾病。每个摊位都展示了一些崇拜物和图腾，它们会施放魔法或击退邪恶之眼，在这里，这是一种被认真对待的信念。

一位嚼着古柯叶的神秘巫医慢慢地把一只豚鼠放在一个俯卧在桌上的女人的身体上，然后把它拿到自己耳边，好像在听它说些什么。这个女人抱怨胃痛，而巫医则向她保证，这只豚鼠已经发现了她的问题——是癌症。不过，不要担心，因为巫医现在在她感到痛苦的地方放了一枚鸡蛋，同时吟唱咒语。然后，这个女人被告知要站起来，自行离开。她离开了，并相信自己已经痊愈了。另一名断腿男子前来求助，巫医将治疗之手放在断腿上，之后他走出门去，不再一瘸一拐。还有一位女士称，她未出生的孩子受到了邪恶的诅咒，所以巫医手持磁铁来吸走这个讨人厌之物。一排病人都在绝对虔诚的信仰中等待着，每当一位病人被治愈离开时，他们就会鼓掌。

神秘巫医世代践行着这种极为纯粹的传统民间医学。利马是一个拥有现代化医疗设施和西方理念的世界之都，这里的人民并非没受过教育、没见过世面，但是他们对新旧事物都抱有信仰。一个穿着时髦、脚蹬高跟鞋的女人抱着孩子，在离开时握住我的手，眼泪从她的脸上滑落。“Gracias a Dios，”她说，“感谢上帝。”——詹姆斯·多西

☛ 女巫市场位于利马的La Victoria街区，属于横跨20个街区的大市场（mercado）的一部分。

Big Major Cay 大沙洲，巴哈马群岛　　24.1836°N, 76.4564°W

猪海滩

巴哈马群岛由一组迷人的岛屿组成，四周被亮晶晶的蓝绿色海水环绕，是在明媚的加勒比阳光下晒太阳、和彩虹鱼一同浮潜的理想之地。如果你又恰好喜欢和一些不同寻常的当地海滨迷——会游泳的猪——一起逛沙滩，那就更完美了。位于这个无人居住的大沙洲（Big Major Cay）最南端的海滩是埃克苏马群岛（Exuma Cays）的一部分，是一个猪的天堂，一群野猪把这里当作家园，它们什么都不爱，只喜欢每天泡在大海里。

你可以问问巴哈马人这些猪水手是如何到达这个地方的，答案可能千奇百怪。一些当地人认为，装载着牲畜开往拿骚（Nassau）的船只在该岛的海岸失事，于是动物们就游到了沙洲的岸上；另一些人则认为它们是由探险家（甚至是哥伦布本人）和海盗特意带来此地的。不管它们来自何方，都深受想在海滩上以非传统方式打发一天的游客的欢迎。虽然这些动物确实是野生的，但它们以友善的天性而闻名。它们还养成了一种习惯——游去迎接过往的船只，抽动的猪鼻子会从柔和的波浪中伸出来。

埃克苏马位于拿骚以南60公里处，你可以经由飞机或渡轮到达（www.bahamasferries.com）。

SANTA CATAL 圣卡塔利娜岛，哥伦比亚
8.8608°N，76.4181°W

埃尔托图莫泥火山

如果你曾经幻想过要和一群半裸的陌生人在一大摊泥浆中打滚（说实话，你想过吧），哥伦比亚的泥火山就跃升到了你的人生清单之首。埃尔托图莫泥火山（Volcán de Lodo El Totumo）位于卡塔赫纳（Cartagena；就在美丽的加勒比海岸边）东北50公里处，是一座15米高的火山形状的小山丘，火山口里没有熔岩，而是奶油状、微温、富含矿物质的泥浆，能够提供非常令人满意的泥疗快感。根据当地的传说，一位牧师相信该“火山”是魔鬼的化身，他把火焰和灰烬的混合物变成了有治疗功效的泥浆。如果这事是真的，那么这处充满乐趣的、黏腻而性感的泥堆堪称上帝的杰作！

卡塔赫纳有来这里的团队游。火山的开放时间为日出到日落。

© Matthew Micah Wright / Getty Images

VIRGINIA 弗吉尼亚州，美国 38.2476°N，75.1545°W

阿萨提格岛的野马

阿萨提格（Assateague）是一个位于弗吉尼亚州海岸外的堰洲岛，以其成群的野马而闻名。关于这些野马是如何抵达岛上的，众说纷纭，有种说法认为它们是一次弗吉尼亚海难的幸存者；更为可信的一种解释是，这些野马最初是被它们的内陆主人留在岛上的，目的是逃避牲畜税。这些马看上去美丽而迷人，组成了多达12支马群，在岛上共同漫步。你可以通过参观阿萨提格岛国家海岸公园（Assateague Island National Seashore）来观看这些马，该公园横跨37英里长的原始海岸线，被马里兰州和弗吉尼亚州的边界分割开来。

公园全年开放。更多详情可查看www.nps.gov/asis/learn/nature/horses.htm。

© FOTOS593 / Shutterstock

ANTIOQUIA 安蒂奥基亚，哥伦比亚

6.2236°N, 75.1783°W

瓜塔佩之石

在瓜塔佩（Guatapé）小镇，一块巨石从青翠的丘陵上拔地而起，直升到650多英尺的高度，石头表面部分被稀疏的绿色植物覆盖。这一庞然大物被原住民塔哈米人（Tahamies）崇拜了好几个世纪，但直到1954年，世人才知道它究竟有多大。一伙人花了5天时间登山，一路上把木板楔进光滑岩石的裂缝里，才测得了它的尺寸。今天，游客们可以由649级砖石楼梯爬上岩石和位于顶部的瞭望塔，并从那里欣赏这一地区令人惊艳的景色：20世纪70年代该地区修筑了大坝，水位降低后，一众原本藏身水下的岛屿冒出头来，并隔出了片片湖泊。

你可以从麦德林（Medellín）坐长途汽车到瓜塔佩（2小时）。从岔道到岩石需要步行20分钟。

WELLINGTON ISLAND 惠灵顿岛，智利　　49.1390°S，74.4530°W

伊登港村

这里是整个地球上雨水最多的地方吗？很有可能。伊登港村（Villa Puerto Edén）是位于智利南部峡湾的一个小渔村，每年都有将近6000毫米的降水量。如此大的降水量会冲毁道路，所以，当地的全部176位居民（根据最近的人口普查）都使用人行栈道或驾船在村里活动。

这个村庄距离南美洲的最南端不远，也是地球上最与世隔绝的地方之一，只有通过海路才能到达。通过公共交通前往颇为曲折：一家当地的轮渡公司Navimag开辟了一条为期4天的穿越峡湾的航线，中途停靠伊登港村。

当你到达巨大的惠灵顿岛（Isla Wellington）的这片东海岸时，这段漫长的旅程似乎是值得的。当然，前提是雨水没有大到看不清这里的景色。一眼望去，岸边那些摇摇欲坠但色彩明亮的房子和小屋能瞬间击中人心。在它们身后隐约可见贝尔纳多奥伊金斯国家公园（Bernardo O' Higgins National Park）的群山，即使在夏季，山顶依然积雪皑皑。

让伊登港村声名远播的原因是：这里是世界上仅存的卡瓦卡人（Kawesqar）的家园。少数存留的族人是其语言和文化最后的载体。

Navimag提供为期4天的轮渡服务，周五从蒙特港（Puerto Montt）出发，周二从纳塔莱斯港（Puerto Natales）出发，目的地都是伊登港村。船票每人550美元起，可查看www.navimag.com。

© Age Fotostock / Alamy

“方才所见的景象仍在脑海中挥之不去。是谁画下了这些巨大的动物？又是谁把这些直线蚀刻在荒漠的表面？他们是如何做到的？又为何而做？”

NAZCA DESERT 纳斯卡沙漠，秘鲁

14.6939°S，75.1139°W

纳斯卡地画

小型飞机沿着小小的纳斯卡（Nazca）机场的短跑道滑行，颤抖着腾空而起。飞机上有8个人：2名飞行员和6位乘客。没过多久，我们就飞越了环绕纳斯卡尘土飞扬的街道的绿地，飞过了光秃秃的山丘和广阔的荒原。这可不是一片普通的荒原。往下看，视野中突然出现了许多笔直的线条，像是深深刻在褐色岩层上一样，有些线条会相交后消失在远处。从空中俯瞰，这些不知通往何处的道路比任何飞机跑道都要长。

接着，动物和植物进入了我们的视线：一只有弯曲尾巴的猴子、一只有长嘴的蜂鸟、一只相当于帝国大厦大小的巨型蜘蛛、一只鸟、一棵树、一只蜥蜴。它们的形态匀称而完美，线条平直且精密。飞机环绕着，在每个巨大的图形上方盘旋，确保每个人都能看清楚，我们则充满敬畏地趴在窗户上。回到地面后，方才所见的景象仍在脑海中挥之不去。是谁画下了这些巨大的动物？又是谁把这些直线蚀刻在荒漠的表面？他们是如何做到的？又为何而做？

20世纪30年代，民用飞机开始在秘鲁空中飞行，纳斯卡地画才有机会为世人所知。在方圆500公里的干燥的纳斯卡平原上，四处分散着一系列数英里长的直线、几何形状和巨大的动物图案，这给考古学家和阴谋论者出了个难题。人们相信，这些印痕是由古代纳斯卡人创造的，他们于公元前200年至公元600年在此地蓬勃发展。通过从荒漠表面移除泥土和铁锈色的岩石、露出30厘米宽的浅色沙子，这些线条随之产生。由于没有受到雨水和风的侵蚀，这些设计基本上被完好无损地保存了2000年。

然而，古代的设计师如何创造出如此笔直的线条和比例完美的动物图案，仍然是一个谜，他们的目的也不为人知。有各种各样的理论来解释这一现象，其中不乏脑洞大开者：比如，直线是外星飞船的古老跑道；又或者，动物是巨大的天文历法的一部分。最近的一些理论认为，这些非写实的动物和鸟类图案，要么和占星有关，要么是纳斯卡各部落的图腾；至于线条和梯形，可能用于祈雨仪式，别忘了这里可是秘鲁最干旱的地区之一。——安娜·卡明斯基

☛ 欣赏纳斯卡地画的最佳方式就是搭乘飞机；除此之外，你还可以从纳斯卡城外20公里处的观景塔观看。

CHILOÉ 奇洛埃，智利　42.7137°S，74.1563°W

灵魂码头

古希腊神话中摆渡人卡戎（Charon）的传说众所周知，他在冥河上摆渡，把死去的灵魂送往冥界。智利也有一位没那么出名的摆渡人坦佩尔卡西（Tempilcahue），根据古代马普切人（Mapuche）的传说，他负责将死去的灵魂运送到来世。

智利艺术家马塞洛·奥雷拉娜·里维拉（Marcelo Orellana Rivera）在智利南部奇洛埃岛（Chiloé）的一处海岬上建造了一个码头和一尊巨大的木制雕塑，并取名“灵魂码头”（Muelle de las Almas），以此向这个传说致敬。这是一个曲线形的码头，从悬崖的边缘延伸而出，眺望着整个太平洋。日落时分坐在这里，你会忍不住想跳上渡船前往来世。

从Cucao村一直往南开，尽量把车停得近一点。最后的45分钟需要步行。

© Fotos593 / Shutterstock

ZIPAQUIRÁ 锡帕基拉，哥伦比亚
5.0194°N，74.0095°W

盐教堂

世界上只有三座盐教堂（Catedral de Sal），哥伦比亚的这座就是其中之一。这听起来散发着旅游陷阱的味道，但是，当我下到地下180米处，进入由25万吨盐雕刻而成的超凡脱俗的礼拜场所时，我立即修正了自己的想法。这座令人惊叹、灯火辉煌的圣所坐落于锡帕基拉（Zipaquirá），是一个沐浴在发光晶体中的动人奇迹，令人如痴如醉。缓步经过14个让人容易伤感的小教堂（每一个都代表着耶稣最后旅程的苦路受难处），这段奇妙的旅程令人一边欣赏精美绝伦的神圣造像，一边感慨人力之伟大。如果真有上帝的话，他肯定曾经参与了中殿的创作，在这座世界上最大的地下教堂里，一个巨型十字架通体明光锃亮，散发着隽永、优雅的圣洁之光。——凯文·罗布

有长途汽车从波哥大开往锡帕基拉。教堂每天9:00～17:30开放。你可以查看www.catedraldesal.gov.co。

SAN ANTONIO DEL TEQUENDAMA 圣安东尼奥德尔特肯达马，哥伦比亚 4.5761°N, 74.2967°W

特肯达马瀑布博物馆

这家幽灵酒店兼博物馆（Tequendama Falls Museum）俯瞰着157米高的同名瀑布，多年来备受赞誉。它建造于1923年，是由建筑师卡洛斯·阿图罗·塔皮亚（Carlos Arturo Tapias）设计的“世纪末”风格的法式奢华别墅，多年来以其优越的地理位置和豪华的环境吸引着波哥大来自上流社会的客人。20世纪50年代，它差点被改造成一座18层的度假酒店，不过扩建计划被搁置了。后来，随着首都（未经处理的）污水被排入瀑布源头的波哥大河，河水污染日益严重，酒店顾客的数量逐渐减少至寥寥无几。到了20世纪90年代早期，酒店带着最后一丝优雅关门停业，在这个被世人遗忘的角落独自衰败。再后来，它拥有了一个“鬼屋”的名号。这个风雨飘摇又美得令人心碎的背景，显然成了很多郁郁寡欢之人寻求解脱的地方，他们从悬崖上一跃而下，以摆脱尘世烦恼。

近年来，在哥伦比亚国立大学自然科学研究所（Institute of Natural Sciences of the National University of Colombia）和波韦尼尔生态农场基金会（Ecological Farm Foundation of Porvenir）的合作之下，这座建筑得以修复。2013年，它被改造成了一个关于生物多样性和文化的博物馆。与此同时，为了恢复波哥大河的活力并保护建筑周围脆弱的生态系统，河流清理工作也在进行当中。

瀑布和博物馆位于波哥大西南32公里处。最方便的参观方式是参加旅行社一日游。

“沿着碎石步道、不规则的石阶和布满煤渣的小路，在黑暗中踉跄而行，你会经过一些或美名远扬或臭名昭著的墓地。”

NEW YORK 纽约，美国　　41.0970°N, 73.8616°W

沉寂山谷公墓

哈得孙河（Hudson River）和波坎蒂科河（Pocantico River）之间连绵起伏的群山满载着历史和鬼怪传说。打着手电，心快跳到嗓子眼儿了，走在沉寂山谷公墓（Sleepy Hollow Cemetery）中，你可能会遇见纽约和新阿姆斯特丹的灵魂，徒步的终点是虚构的伊克博德·克兰（Ichabod Crane）被传说中的无头骑士杀死的地方。

沿着碎石步道、不规则的石阶和布满煤渣的小路，在黑暗中（22:00至午夜为灯光步行游）踉跄而行，你会经过一些或美名远扬或臭名昭著的墓地。洛克菲勒家族两层楼高、希腊风格的佛蒙特州花岗岩陵墓，与苏格兰钢铁大亨安德鲁·卡内基（Andrew Carnegie）简朴的凯尔特十字架形成了鲜明的对比。卡内基的慈善遗赠换来的是墓碑前的鲜花、硬币和纸币，洛克菲勒家族的墓前则空空如也。

洛克菲勒标准石油公司的竞争对手兼合作伙伴约翰·达斯汀·阿奇博尔德（John Dustin Archbold）的安息之所拥有新现代主义风格，混合了凯尔特、俄罗斯、希腊甚至波斯（孔雀）的元素，这些都是为了吸引不同神灵的注意，无论如何总有一种会保护他。就在这条路上，“吝啬的女王”——酒店老板利昂娜·赫尔姆斯利（Leona Helmsley）——与丈夫哈里合葬在一起，安息在彩色玻璃后面，但身旁没有那只她遗赠了1200万美元的狗。

过去的流行偶像也在这里徘徊。在为改编自史蒂芬·金的《宠物坟场》（*Pet Sematary*）的电影录制视频时，雷蒙斯合唱团（Ramones）曾短暂地被埋葬在这里的一处起伏的山顶上（乐队成员现在也确实去世了）；电视剧《黑暗阴影》（*Dark Shadows*）中的吸血鬼巴纳巴斯·科林斯（Barnabas Collins）在地穴中密谋的片段也取景于此。在现实生活中，当纽约的冬天冻结大地时，这里也成了停尸处（威廉·洛克菲勒夫人在这里停放了两年时间，其家族墓穴当时正在建造中）。

无数生灵潜伏在这片90英亩土地的各个角落和缝隙中：郊狼和狐狸在这片荒野的阴影中奔跑，尖叫的猫头鹰在菩提树上徘徊，扭曲的榆树和鹅掌楸挡住了毫无防备的徒步旅行者的去路。

这次游览终结于一条马车小路，这条路隔开了由华盛顿·欧文（Washington Irving）自己建立的新沉寂山谷墓地与老的荷兰墓地（Dutch Burying Ground）。欧文是参加了1812年战争的老兵，他得到了一枚荣誉勋章，上面装饰着美国国旗。不过，别在塔利镇（Tarrytown）逗留，因为就在一片松树林的后面，在荷兰归正教会（Dutch Reformed Church）的墓地里，埋葬着某个被斩首的黑森（Hessian）佣兵，据说他仍然准备在月夜骑马而出。——布莱恩·克罗普菲尔

墓地位于地铁哈得孙线（Hudson Line）North's Tarrytown站以北2.5公里处。这段路步行需要30分钟。团队游于11月进行（www.sleepyhollowcemetery.org）。

WASHINGTON IRVING
BORN
April 3, 1783.
DIED
Nov. 28, 1859.
HELEN DODGE
WIFE OF

PATAGONIA 巴塔哥尼亚，智利　　51.5696°S, 72.6050°W

磨齿兽洞穴自然纪念地

有许多理由值得我们千辛万苦到达智利巴塔哥尼亚（Patagonia）地区，比如在这里的一个洞穴中发现了一只磨齿兽（mylodon）的皮肤和毛发。对不了解情况的人来说，这简直是无稽之谈。但是，正是这块皮肤激发了布鲁斯·查特文（Bruce Chatwin）那著名的巴塔哥尼亚之旅的灵感。既然这里藏着令世界上最伟大的旅行家追逐的好东西，你是否也相信它值得探索呢？

这段旅途会非常辛苦：要么搭乘颠簸的航班，要么搭乘长途汽车，要么是乘坐摇晃的渡轮经过引人注目的峡湾到达北方，这样你才能抵达距离洞穴最近的城镇——纳塔莱斯港（Puerto Natales）。

尽管入口处的磨齿兽复制品运用了明显的现代干预手段，你仍能从这里了解公元前6000年在这附近狩猎和生活的早期人类的日常生活。这里有好几个洞穴，还有不同寻常的岩层，以及可以眺望巴塔哥尼亚那恍若世界尽头风景的瞭望台，你可以在瞭望台上想象此地居民飘摇不定的生活。你的思绪可能会从洞内磨齿兽的遗骸游走到剑齿虎、剑齿猫等其他外来野生动物，想象它们的命运，以及它们古怪的名字。

磨齿兽洞穴靠近通往百内国家公园（Torres del Paine National Park）的主路，通常人们会一并安排两地的行程。你可以查看www.cuevadelmilodon.cl。

莫瑞梯田

在山峦起伏的圣谷（Sacred Valley）中，一个完美的圆形露天剧场静坐一隅，上面已被茂盛的绿草覆盖，如同梯田一般。印加人（Incas）将其抛弃之后，它的确切建造目的一直困扰着考古学家。与印加人在其他地方留下的复杂砖石和精致石头城市相比，这些同心梯田看起来很简单，但实际上很巧妙。它们的造型、深度、大小和定位与太阳及风的关系，似乎都表明它们可能是一个农业研究站。每个梯台上微妙变化的气候条件导致了不同的微气候，这些气候条件对应着印加帝国各地不同的生长条件。在其鼎盛时期，印加帝国包括了南美洲的大片地区，从厄瓜多尔的海岸和丛林以及秘鲁的高地，到智利的湖泊、沙漠和山脉，而成千上万的人民需要食物来维持生计。

梯田顶部和底部之间的温度相差15℃，土壤样品还证明其来自秘鲁的不同地区。作为非凡的农学家，印加人很可能利用梯田来试验不同作物在不同气候条件下的生长力，通过变异和杂交来改良马铃薯、玉米、藜麦、甘薯和苋菜等作物，使它们更适合人类食用。

你可以从马拉斯（Maras）村乘坐出租车前往5公里以外的莫瑞梯田（Moray），或是直接在库斯科参加带向导的一日游旅行团。

PROVIDENCIALES
普罗维登西亚莱斯岛，特克斯和凯科斯群岛
21.8126°N，72.1378°W

凯科斯海螺农场

当适宜游客游览的农场主要圈养毛茸茸的或带羽毛的动物时，特克斯和凯科斯（Turks & Caicos）却把事情向前推进了一步，也因此成就了其最不寻常的吸引力：世界上第一个致力于饲养海螺的农场，准确地说，饲养的是著名的女王海螺。海螺是加勒比菜单上不可或缺的食材，烹饪的方式多种多样：油炸、炒、烤，或者切碎后放入新鲜的酸橘汁腌鱼或沙拉中。一趟参观下来，你将了解到这些美味的腹足类动物是如何从农场被端上餐桌的。参观者也有机会近距离看到当地的吉祥物莎莉（Sally）和杰瑞（Jerry）——两只成年的海螺。

☛ 农场位于普罗维登西亚莱斯岛（Providenciales）东端，可以开车前往。请查看www.caicosconchfarm.net。

CUSCO 库斯科，秘鲁 13.5163°S，71.9778°W

豚鼠最后的晚餐

历史悠久的库斯科主教座堂（Catedral del Cusco）坐落于库斯科主要的殖民广场上，于1654年完工。这里的一幅画描绘了一个经典的圣经场景，并融合了独特的秘鲁风格。在原画里，耶稣和他的门徒享用的是面包和红酒大餐，但在1753年由盖丘亚族（Quechua）画家马科斯·萨帕塔（Marcos Zapata）创作的这幅《最后的晚餐》中，桌子正中央的盘子里竟有一只煮熟的豚鼠。原产于秘鲁的豚鼠被印加人作为食材，至今仍能在库斯科餐厅里点到。天主教会竟能容忍这幅画的存在，当真有些不同寻常。人们认为也许这种入乡随俗的手段是改变土著居民信仰的有效方式。

☛ 主教座堂是库斯科武器广场（Plaza de Armas）上的亮点，每天10:00~18:00开放。

VALPARAÍSO 瓦尔帕莱索，智利 32.5094°S, 71.4721°W

蓬塔皮特

这是与众不同的沿海人行道，还是精心打理的私人庭园，又或者是一个完全失控的艺术项目？随便你怎么定义吧，蓬塔皮特（Punta Pite）是智利中部海岸的一个迷人之处，它展示了艺术是如何向自然屈服的。这个占地11公顷的项目是景观设计师特蕾莎·莫勒（Teresa Moller）的心血，她将位于萨帕拉尔（Zapallar）和帕普多（Papudo）两个海滩城镇之间的一个突向太平洋的海岬改造成了漫步者的梦想之地，其中有狭窄的通道和精心设计的观景点。

这条全长1.5公里的路线从卵石滩开始，沿着海岸蜿蜒而行，到达一个天然深水潭，从这里可以安全地进入大海。然后，小径沿着石梯（没有栏杆）向上攀升，到达一个位于悬崖顶端的瞭望台，艺术家杰拉多·阿里斯特（Gerardo Aristía）创造的雕塑就藏在一片柏树中。莫勒雇用了40个石匠，他们用手工切割的花岗岩建造了蓬塔皮特的道路，这种材料和构成悬崖的石材一模一样。她想要在沿海地带创造一种人行道的有机混合体，这种方式不会扰乱景观，与其说这是挑战人们对自然的传统观念，不如说是在提高人们对自然环境的感知。最终的结果是，在智利的这段海岸线上，人们拥有了一种粗糙而又强烈的空间体验。

☛ 蓬塔皮特免费向公众开放，从海滨小镇帕普多轻松步行（或驾车）3公里就能到达。

CANAS 卡纳斯省，秘鲁
14.3813°S，71.4841°W

奎斯瓦恰卡草绳桥

600多年前，印加人经常使用一种手工编织的桥——用一种名为ichu的当地的草编织而成的绳子（q' oya）做成。如今，这座桥是同类草绳桥中唯一留存下来的。奎斯瓦恰卡草绳桥（Q' eswachaka Rope Bridge）高悬于轰鸣的阿普里麦克河（Apurímac River）之上，跨度将近36米。每年6月，它都由奎韦（Quehue）附近的4个盖丘亚族（Quechua）社区重新编织，作为与过去的象征性联系。由当地妇女制作的细编织绳被收集起来，并由工程师（chakarauwaq）编织成更粗、更坚固的绳子，然后他们让旧桥倒塌。伴随着音乐和传统食物，人们通过感谢山灵（apus）的仪式来庆祝新桥的诞生。

想要过桥的话，就在7月或8月前来，此时桥刚刚重建而成，最为牢固。

MÉRIDA 梅里达，委内瑞拉　　8.5944°N，71.1488°W

HELADERÍA COROMOTO冰激凌店

这里有美味的大蒜冰激凌。据《吉尼斯世界纪录大全》记载，Heladería Coromoto是世界上拥有口味最多的冰激凌店。在上千种冰激凌中，有一些名字比较搞怪的，比如"委内瑞拉小姐"（Miss Venezuel）、"爱的眼泪"（Tears of Love）、"侏罗纪公园"（Jurassic Park）和"伟哥的希望"（Viagra Hope；蓝色，加了蜂蜜），但很多味道真的很不错，试试"红酒虾仁"（Prawns in Wine）、"芝麻葡萄干"（Sesame Raisins）、"冷鸭"（Cold Duck）或"莫吉托"。最初的"鳄梨"口味仍然拥有大批拥趸，而以委内瑞拉菜Pabellón Criollo（豆类炖牛肉，配上奶酪、大蕉和米饭）命名的口味也颇受褒奖。点上1个或10个圆筒吧！

你可以从梅里达的玻利瓦尔广场出发，沿着Av 3 Independencía向西走，直到和Calle 29的交叉路口。周一关门。

© Ricardo Ribas / Alamy

ARUBA 阿鲁巴　　12.5470°N, 70.0557°W

摩根岛阿鲁巴水上乐园

废弃的游乐园总让人感到不安，明快的色彩掩盖不住无聊的气氛，云霄飞车如同幽灵一般，乐园亦变成了“失乐园”。摩根岛阿鲁巴水上乐园（Morgan Island Aruba Waterpark）也不例外，孤独的水滑梯在热带的微风中孤零零地矗立着，扭曲的管道通向空空如也的水池——只有开裂的混凝土缝隙中还有点积水，原本干净的墙上如今画满了水平各异的涂鸦，烧毁的屋顶遮蔽着剩余的结构。这个公园只开放了2年时间，在2010年就停止了运营，但是今天再次成为城市探险者的乐园，人们为的就是那份令人毛骨悚然的荒凉。

☛ 摩根岛阿鲁巴靠近老鹰海滩（Eagle Beach），目前无人管理。

© Vladimir Melnik / shutterstock

UYUNI 乌尤尼，玻利维亚　　20.4786°S, 66.8335°W

火车墓地

一列火车被抛弃在世界上最大的盐滩上，受到无情的时间和来自乌尤尼盐沼（Salar de Uyuni）冷酷盐风的共同侵蚀，与沙漠景观的背景共同构成了一幅诡异荒凉的画面。火车墓地（Great Train Graveyard）位于乌尤尼镇外围，乌尤尼是个安第斯高原之上的小镇，是连接几个主要城市的交通枢纽，也是一个采矿公司的配送中心。19世纪，英国的工程师修建了连接乌尤尼和太平洋港口的铁路，但20世纪40年代采矿业的崩溃以及与智利的紧张关系导致这些火车被遗弃于此，逐渐生锈。“墓地”在清晨或日落时分特别带感。

☛ 火车墓地位于乌尤尼的西南外围，距离镇中心几公里。你可以乘坐出租车过去，最好不要独自前往。

10 TOP 十大怪异灾难发生地

BOSTON 波士顿，美国　　42.3684°N, 71.0554°W

① 糖浆洪灾

死神有一种令人讨厌的幽默感。毁灭和死亡会以奇怪的方式出现，比如遭遇鸸鹋大军或是违反了皇室礼仪，发生这些意想不到的灾难的地点也因此而变得残酷。美国最奇怪的悲剧之一发生在1919年，当时，230万加仑糖浆在一个储存罐中爆炸，喷流至波士顿，造成21人死亡，多人受伤。

☛ 波士顿北角区（North End）的朗格尼公园（Langone Park）有一块纪念牌匾。

© Chronicle / Alamy

RAKHINE STATE 若开邦，缅甸
19.0598°N, 93.7715°E

② 兰里岛的鳄鱼大屠杀

第二次世界大战中最意想不到的恐怖事件发生于此，当时，日本士兵被逼退进红树林沼泽，接着被鳄鱼迅速吞噬。

☛ 兰里岛（Ramree）位于缅甸的西部海岸。《吉尼斯世界纪录大全》中记载了这次事件。

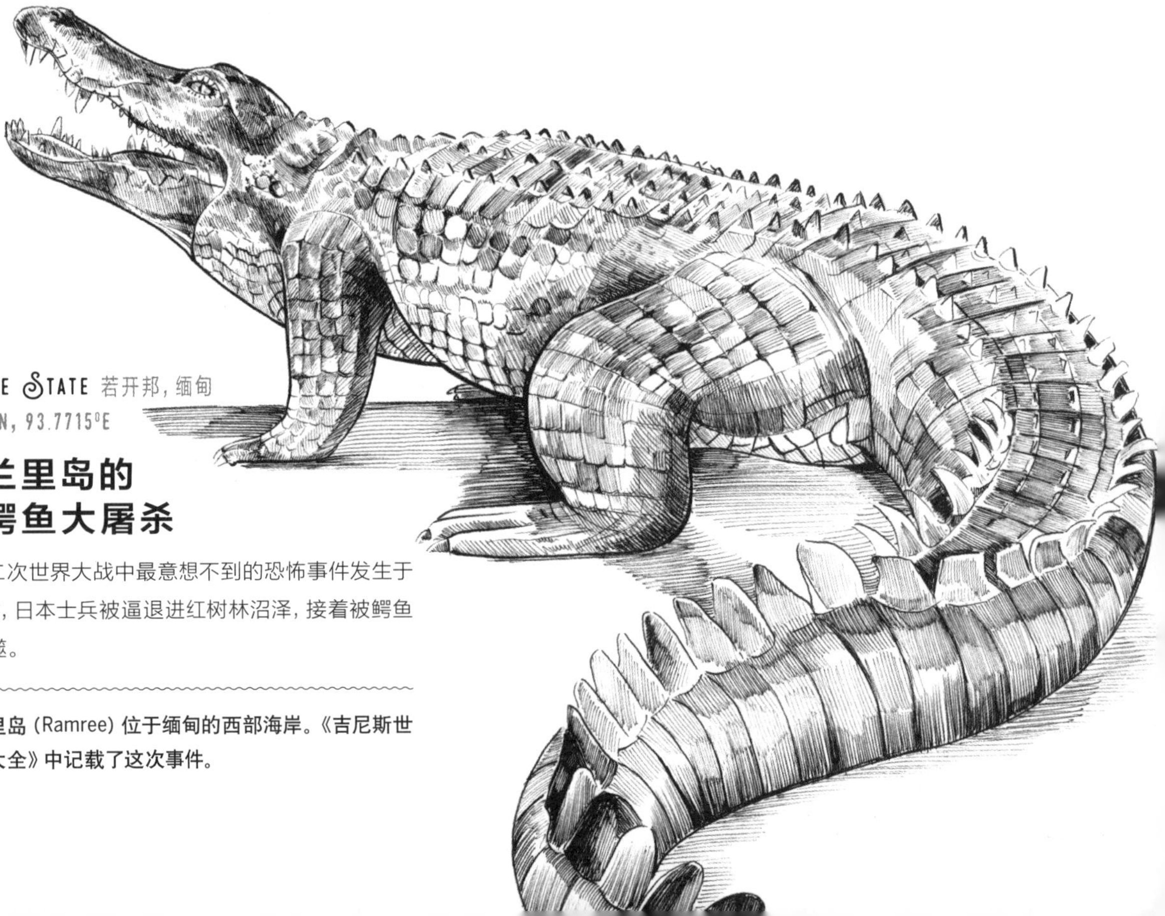

DERBYSHIRE 德比郡，英国　　53.2871°N, 1.6776°W

③ 亚姆的黑死病

1665年，一名裁缝无意中把黑死病带入了亚姆（Eyam）村中心。他购买了一块布料，而携带病菌的跳蚤就藏在包裹里，由此引发的瘟疫导致数百人死亡。

☛ 亚姆博物馆（Eyam Museum；www.eyam-museum.org.uk）详细记录了该村这次不幸的疾病大爆发。

AYUTTHAYA 大城，泰国 14.2326°N, 100.57890°E

④ Sunandha Kumariratana之死

暹罗皇后Sunandha Kumariratana于1880年溺水而死。惊恐的旁观者并没有试图救她，因为当时平民被严格禁止接触皇室成员。

☛ **Sunandha Kumariratana溺水当日是要前往曼谷以北60公里处的邦芭茵宫（Bang Pa-In Palace）。**

SUMBAWA 松巴哇岛，印度尼西亚
8.2454°S, 117.9953°E

⑤ 无夏之年

1815年坦博拉火山（Mt Tambora）爆发，是有记录以来最严重的火山爆发之一，导致了亚洲乃至更远地区出现降雪，庄稼被毁。

☛ **坦博拉火山位于松巴哇岛（Sumbawa），有渡轮开往龙目岛（Lombok）。**

LONDON 伦敦，英国 51.5167°N, 0.1302°W

⑥ 伦敦的啤酒洪灾

1814年，一个酿酒厂的啤酒桶发生爆炸，一场“洪酒”随之淹没了伦敦市中心，8人被淹死。有报道称，当地人兴高采烈地舀起了啤酒，但这一消息遭到了广泛的质疑。

☛ **酿酒厂已经关闭，位于其原址的是伦敦的多米尼剧院（Dominion Theatre）。**

ZANZIBAR 桑给巴尔岛 6.1607°S, 39.1894°E

⑦ 40分钟战争

历史上耗时最短的战争发生在1896年英国和桑给巴尔苏丹国（Zanzibar Sultanate）之间。在遭遇炮击不到40分钟后，苏丹降下了旗帜并逃离了宫殿。

☛ **你可以在桑给巴尔城首府石头城（Stone Town）的奇迹屋（House of Wonders）了解这段短暂的冲突。**

NEW YORK 纽约，美国 40.7413°N, 74.0096°W

⑧ 泰坦尼克靠岸点

1912年，泰坦尼克号向着纽约全速前进，却葬身海底，船上的幸存者最终被皇家游轮卡帕西亚号（RMS Carpathia）带到了纽约54号码头。码头上只有一个模糊不清的标志，上面写着“冠达-白星”（Cunard-White Star），标示出了这个地方。

☛ **码头属于纽约曼哈顿哈得孙河公园（Hudson River Park）的一部分。**

AUSTRALIA 澳大利亚 31.6475°S, 116.4821°E

⑨ 鸸鹋大战

1932年，澳大利亚军方试图将鸸鹋的大本营堪培奥（Campion）置于人类的控制之下。但是，尽管火力全开，这些机敏的、不会飞的鸟却绕着圈避开了它们的潜在征服者。

☛ **你可以在全世界最古老的鸸鹋农场（www.emufarm.iinet.net.au）拜访这些友好的澳洲鸸鹋。**

KRASNOYARSK KRAI 克拉斯诺亚尔斯克边疆区，俄罗斯 60.9645°N, 101.8598°E

⑩ 通古斯小行星撞击

1908年，一颗直奔地球而来的小行星在到达地面之前发生了剧烈爆炸，其冲击力点燃了2000平方公里的西伯利亚森林。

☛ **切科湖（Lake Cheko）位于克拉斯诺亚尔斯克（Krasnoyarsk）东北750公里处，被认为是由于这次撞击而形成的。**

ARUBA 阿鲁巴 12.4858°N, 69.9722°W

法国人山口

加勒比海的过去被鬼魂缠身：欧洲探险者的到来导致原住民被大量屠杀，海盗在海岸肆虐扫荡，而贩卖奴隶的船只在恶劣的条件下将数百万人运送到这一地区，使他们陷入悲惨的命运。阿鲁巴岛（Aruba）的历史和它的邻居并无二致：这里本是卡克蒂奥（Caquetio）印第安人[属于阿拉瓦克（Arawak）部落]的居所，于1499年被西班牙占领。1513年，原住民被作为奴隶带到海地岛（伊斯帕尼奥拉岛，Hispaniola）。当西班牙人发现这里没有黄金之后，就把它抛弃了，随后，来自委内瑞拉大陆的原住民开始迁居到阿鲁巴岛上。到了1636年，荷兰西印度公司接管了该岛。

法国人山口（Frenchman' s Pass）指的是西班牙潟湖（Spanish Lagoon）上的一小片狭窄土地，这是一个风景优美的地方，与它血腥的历史不太相称。根据岛上的传说，法国海盗在1620年试图入侵阿鲁巴，但遭到了当地人的激烈抵抗。海盗试图把他们的对手从附近的一个山洞里用烟熏出来，但是烟雾却使洞里的人窒息而死。当地人说，晚上仍能听到原住民的哭喊声。这里还有各种关于超自然现象的报道，比如发光的球和失灵的汽车。通往法国人山口的道路被树冠遮盖，穿过它的时候，没准儿你也会遇到一个鬼魂。

☛ 从奥腊涅斯塔德（Oranjestad）出发，取道1号公路，在4号公路左转，然后在经过鲁伊博萨尔（Rooi Bosal）之后右转。

CULEBRA 库莱布拉岛，波多黎各

18.3287°N，65.3175°W

弗拉门戈海滩的坦克

波多黎各的弗拉门戈海滩（Flamenco Beach）位于库莱布拉岛（Culebra）上，被誉为该国沐浴阳光的完美之地。但这片小天堂并不总是一个悠闲轻松的地方，在20世纪30年代，美国海军占领了库莱布拉所有的公共土地，并开始在此进行轰炸演习和军事训练，这类军事活动在20世纪60年代的越南战争期间变得更为密集。1971年，库莱布拉当地人开始抗议岛上的美国海军，并最终使美军军事训练中断。今天，这一时代的记忆仍然有迹可循，两辆生锈的美国坦克陷在柔软的波多黎各沙滩上。波多黎各人在其中一辆上画满了涂鸦，于是这个本来冰冷的占领标志摇身一变，成了一个色彩鲜艳的国民抵抗的象征。

你可以从位于波多黎各大陆的法哈多（Fajardo）搭乘渡轮前往库莱布拉岛。从杜威（Dewey）走到海滩需要30分钟。

USHUAIA 乌斯怀亚，阿根廷
54.8077°S，68.3052°W

乌斯怀亚时光胶囊

你可能认为世界尽头会让人感觉十分孤寂，但世界最南端的城市、阿根廷的乌斯怀亚（Ushuaia）港口附近总是很忙碌。乌斯怀亚位于火地群岛（Tierra del Fuego）上，介于比格尔海峡（Beagle Channel）和马舍尔山脉（Martial mountain range）之间，它不仅是探险旅行者的活动中心，也是通往南极洲的门户。旅行者从游轮上下来，在镇上闲逛，渴望品尝当地的特产，比如刚刚打捞上岸的鳟鱼和帝王蟹。穿着“北脸牌”（North Face）夹克的游客来来往往，参加各种划船和徒步活动。

当我第一次看到乌斯怀亚不同寻常的时光胶囊时，我也在做同样的事情。我整个上午都在船上，探索群岛上的鸬鹚群落，为儒勒·凡尔纳（Jules Verne）的小说《世界尽头的灯塔》（*The Lighthouse at the End of the World*；1905年）里提及的那座孤独的灯塔拍摄照片。回到陆地上，开始下雪了。我正沿着人行道急匆匆地走，这时一尊奇怪的雕塑引起了我的注意。这是块纪念碑，用复古风和几何图案设计，上面被刷成深绿色，就像一座微型的金字塔置于广场上。但是，让我停下脚步的是这段文字：“在2492年10月2日之前不要打开。”

“2492年？”这怕不是个错误吧。我走近时光胶囊以便读到整块牌匾。该胶囊于1992年被密封，并计划于2492年开放，那将是克里斯托弗·哥伦布（Christopher Columbus）抵达美洲1000周年的纪念日。

文中解释说，在密封的容器内，有6张阿根廷电视节目光盘，以及数百条写给乌斯怀亚未来公民的文字信息。不过在胶囊打开的时候，激光技术肯定已经过时了。我想，更有趣的似乎是那些文字信息中所表达的想法。

我想知道，20世纪90年代初的阿根廷人对未来的期望是什么？对火地岛的原住民来说，过去的几百年是动荡不安的。欧洲殖民者的到来标志着最初居住在这一群岛上的游牧民族亚格汉（Yaghan）或亚马纳（Yámana）部族时代的终结。事实上，就在那个时候，最后一个纯正的亚马纳人仍然健在，她就是克里斯提娜·卡尔德隆（Cristina Calderón），当时她住在智利边境上的威廉斯港（Puerto Williams）。

卡尔德隆是最后一位会说亚马纳语的人。当她死后，那些不为人知的故事也将随她而去，现在的某一章将正式成为过去。乌斯怀亚的当代居民会对那些数百年后在这里生活的人说些什么呢？我永远不会知道——唯有时光才会解开这道谜。——布里奇特·格林逊

胶囊位于Plaza 25 de Mayo广场，就在出租车站和艺术市场之间的小船港附近。

“在密封的容器内，有6张阿根廷电视节目光盘，以及数百条写给乌斯怀亚未来公民的文字信息。”

"El Tio……被彩带装饰着，周围是献给它的啤酒罐、香烟和随处可见的古柯叶（这可是矿工们在这个地狱里的宝贝）。"

POTOSÍ 波托西，玻利维亚

19.6183°S, 65.7498°W

赛罗里科山

赛罗里科山（Cerro Rico）的矿井入口被涂上了大羊驼的血，仪式虽残酷，却并不令人震惊，成千上万的人曾在此丧生，在西班牙帝国的机器下被碾碎。在4000米的高度，让我们呼吸困难的不只是高海拔，还有历史的重量。

我们套上类似于潜水服的橡胶服、重靴，戴上有头灯的头盔。即便在零海拔的地方穿着这身行头行走也十分困难。在这个被掠夺的天堂里，在令人绝望的每一天，矿工们租用这种装备以及铁棒和锤子，寻找某种矿脉——或者说任何矿脉。

我们在旅游办公室签下生死状："危险之地……不对任何事故、受伤或死亡负责……"我潦草地签上自己的名字，在胸前画了个十字，希望任何神明，无论是属于基督教的还是其他宗教的，能够保佑我平安回来。

这里氧气稀薄，我们在高海拔的阳光下眯着眼，挪步到染血的矿井入口。入口很窄，尤其是对非玻利维亚人来说。我们弯下腰，进入了这座"会吃人的山"。

这里潮湿、寒冷，陈旧的设备四处散落：生锈轨道上的金属车，用来敲打、挖掘、探宝的铁锤和凿子。未老先衰的男人们埋头苦干，围绕着一个给人以希望的矿苗（矿藏露出地面的部分）。10岁出头的孩子跟在一旁劳作，面孔有如岩石一般刚毅、冰冷。

我们也被要求献出祭品，这是件好玩的事。El Tio（意为"叔叔"）是一个头上长角的、邪恶的红色人像，被好生供养着。它负责守卫各种各样的门户，被彩带装饰着，周围是献给它的啤酒罐、香烟和随处可见的古柯叶（这可是矿工们在这个地狱里的宝贝）。我为这个掌管地下世界的神灵献上了一枚玻利维亚硬币，并向它鞠躬致敬。

我们在这里进进出出，上上下下，陪同我们的还有一个在此仍然拥有开采权的向导。之后，我们走出矿洞，暴露在安第斯山脉严酷的阳光下，我们这些外国佬伸展着四肢，感谢幸运星让我们再次回归大地。就在前一周，7名不幸的玻利维亚人被致命的毒气击倒，这些气体通过石头裂缝悄无声息地渗出。赛罗里科仍然是座会吃人的山。—— 布莱恩·克罗普菲尔

乘坐从拉巴斯（La Paz）汽车总站开出的过夜长途汽车经9小时到达。拉巴斯的埃尔阿尔托机场（El Alto Airport）每天都有航班前往此地。

CÓRDOBA 科尔多瓦省，阿根廷

33.8679°S，63.9869°W

森林吉他

这是一座巨大的吉他“雕塑”，长1公里，由数千棵柏树和桉树制作而成，但当初提出设想的年轻夫妇却未能看到这一成果。因为在1977年，25岁的格雷西拉·伊莱佐茨（Graciela Yraizoz）死于脑动脉瘤，而正是她最早有了这一念头。为了向已故的妻子致敬，农夫佩德罗·马丁·乌莱塔（Pedro Martin Ureta）自己承担了这项任务。在孩子的帮助下，他有计划地种植了7000棵树。为什么选择吉他？因为这是格雷西拉最喜欢的乐器。那为什么我们说他从来没有见过该雕塑呢？因为乌莱塔害怕坐飞机，但他对该杰作的航拍照片很满意。

森林吉他位于科尔多瓦省（Córdoba）。在往来布宜诺斯艾利斯和门多萨（Mendoza）的航班上偶尔也能看见这一“雕塑”。

© AIZAR RALDES NUNEZ / Getty Images

SUCRE 苏克雷，玻利维亚　　19.002138°S，65.236308°W

恐龙公园

6800万年前，今天位于内陆玻利维亚的苏克雷（Sucre），曾经就在一个巨大的海湾岸边，像霸王龙、鸭嘴龙和角龙这样的恐龙曾在柔软的黏土海岸上留下它们的印记。今天，在一处接近垂直的卡尔奥克（Cal Orck'o）悬崖上可以看到5055个已经变成石头的恐龙脚印，其中最让人印象深刻的还属霸王龙幼崽的脚印。参观小径沿着悬崖延伸，近到足以清楚地看见这些脚印，同时还能保护游客不从悬崖顶部滑落。除了该小径之外，这一世界上最大的恐龙足迹场地还包括一具霸王龙和一具食肉牛龙的骨架，以及被摆放成戏剧性战斗姿势的其他恐龙雕塑。

恐龙公园（Parque Cretácico）距离苏克雷5公里，你可以乘坐公共汽车或出租车到达。请查看www.parquecretacicosucre.com。

MONTSERRAT 蒙特塞拉特岛，英国 16.7103°N，62.1773°W

苏弗里埃尔火山

1995年，居住在加勒比海东南部英国海外领地蒙特塞拉特岛（Montserrat）岛民的生活被永远改变了。7月18日，苏弗里埃尔火山（Soufrière Hills Volcano）爆发，大量的火山碎屑流过岛屿南部，掩埋了首府普利茅斯（Plymouth）的大部分地区，以及周围的城镇和森林。这次火山爆发使蒙特塞拉特三分之二的土地被火山泥和火山灰覆盖，永久地改变了岛上的地貌。1997年，这座火山再次苏醒，摧毁了机场。受其影响的区域是岛上人口最多的地区之一，在火山爆发后的几年里，人口大幅减少，现在只有5000人。

今天，这一地区就像一个现代版的庞贝，倾斜的灰色火山坡一直延伸到深蓝色的加勒比海里。普利茅斯成了一个被困住的城市，它的屋顶和教堂的尖塔从凝固的灰烬中往外窥探，曾经存在于热带天堂中心的熙熙攘攘的城市如今只剩下幽灵。然而，就在这令人震惊的灾难中，蒙特塞拉特发现了火山带来的一线希望——火山地带已经成了岛上最大的旅游景点。游客可以在许多观景点看到火山爆发带来的后果，还可以参观蒙特塞拉特火山观测站以了解更多关于1995年火山爆发的信息，在那里还能听到仍然活跃的火山发出的隆隆声。

你可以乘坐Fly Montserrat或ABM/SVG航空公司运营的小型飞机从安提瓜（Antigua）飞往蒙特塞拉特。

“这些男女的居住地不过是一对筒仓：两个白色的金属圆筒，直径4米，高6米……”

VIRGIN ISLANDS 维尔京群岛，美国　　18.3201°N，64.7272°W

特克特水下栖息地

20世纪60年代末，美国政府派遣了一组“潜航员”在维尔京群岛（Virgin Islands）圣约翰（Saint John）海岸附近的水下栖息地生活，以研究在极端环境下工作所造成的心理影响。几乎没人描写过这个奇异的、科幻式实验，这就是为什么我要去世界上唯一能让你知道发生了什么事的地方参观：位于拉斯胡尔湾（Lameshur Bay）的小小的特克特水下栖息地博物馆（Tektite Underwater Habitat Museum）。

正是在这里，在圣约翰一个鲜有人光顾的角落里，潜航员们于1969年2月第一次聚集在一起，参加一个为期58天的海洋科学家项目，这类项目之前从未被尝试过。该项目希望模拟未来太空任务的持续时间，并在此过程中为饱和潜水创造新的世界纪录。

在这两个月的任务中，4名潜航员在减压舱里待了超过19个小时，呼吸着92%的氮气和8%的氧气，之后再返回地面。1970年，一个全部由女性组成的团队接管了这套设施，进行由美国国家航空航天局（NASA）赞助的10个时间更短的任务。这些女性为女宇航员参与未来的外太空任务铺平了道路。

在博物馆里漫步时，我了解到，这些男女的居住地不过是一对筒仓：两个白色的金属圆筒，直径4米，高6米，被固定在一个15米深的矩形底座上，中间由一根灵活柔软的管道相连。在展示的200多张照片中，我看到这个类似外太空的栖息地设备齐全，从淋浴器到炉子、冰箱和工作用的电视，应有尽有。

为了更好地了解这些潜航员曾经进行过两个月研究的环境，我戴上潜水面罩，游进了大拉斯胡尔湾。在前往曾经的海底舱所在地的路上，我先后经过了一群梭鱼、一群色彩鲜艳的天使鱼和一只孤独的海龟。工程师们在几十年前拆除了特克特，但现在仍然可以在海床上看到它的地基。这证明了在太空竞赛的巅峰时期，美国所进行的这一奢侈实验并不仅仅是科幻小说里的东西，它确实存在过，在一个无与伦比的田园牧歌式的环境中。——马克·乔纳森

☛ 位于维尔京群岛国家公园的博物馆免费开放，时间为9:00~17:00。你可以查看www.islands.org/tektite。

“1985年，湖上的天气状况导致了一次湖啸，
也被称为驻波，大坝随之崩塌。
盐水慢慢地吞噬了整个城镇……”

CARHUÉ 卡尔韦，阿根廷

37.1342°S，62.8111°W

埃佩昆村

这里被比作亚特兰蒂斯或庞贝，但还是让我们从头说起吧。从地理位置上说，埃佩昆（Epecuén）从来都不像是一个奢侈的度假胜地之选。这个村庄位于布宜诺斯艾利斯省的外围，距离首都几百英里，途经这里的道路也并不通往任何重要的地方。但是这个度假村坐落在世界上最咸的湖泊之一的岸边。从20世纪20年代村庄建立到70年代的全盛时期，埃佩昆湖（Lago Epecuén）的疗愈性湖水吸引了度假者源源不断地前来。夏天，他们乘火车到达，入住酒店，享受悠闲的午餐，然后会在湖里泡个澡。

那是在那场罕见的、灾难性的自然事件发生之前的情景，而这一事件永久地改变了这个曾经是和平静养之地的村庄的命运。1985年，湖上的天气状况导致了一次湖啸，也被称为驻波，大坝随之崩塌。盐水慢慢地吞噬了整个城镇，淹没了街道，数百个商铺和家庭沉入深深的咸水湖湖底。

埃佩昆村被水淹没了，每个人都草草收拾了少量能够打包带走的东西，然后离开。时间快进到2009年，湖水终于退去，露出了一个潮湿的鬼城，城中满是破碎的建筑物和枯树。这个不似凡尘俗世的水下村庄遗迹令考古学家和摄影师为之着迷，但没有一个原居民回到此地，除了80多岁的巴勃罗·诺瓦克（Pablo Novak）。他最喜欢的冰激凌店和夜店现在都只剩下混凝土的空壳子，但这个孤独小镇的唯一公民对过去仍然怀有美好的记忆。——布里奇特·格林逊

☛ **埃佩昆村的废墟靠近卡尔韦（Carhué），从布宜诺斯艾利斯坐长途汽车到卡尔韦需要8个小时。**

MATADERO

BEQUIA 贝基亚岛，圣文森特和格林纳丁斯 12.9921°N，61.2767°W

月 洞

月洞（Moonhole）最初就是两位美国退休人士汤姆（Tom）和格莱迪·约翰斯顿（Gladdi Johnston）的加勒比之梦。他们在20世纪50年代搬到贝基亚岛（Bequia），准备经营一家酒店。他们被一处叫“月洞”的独特岩石结构迷住了，这块岩石所形成的天然“拱门”有时能将月亮框在其中。这两人开始定期在那里露营，尽管没有任何建筑师背景，他们还是努力在那个地方建造了新家。他们用船运来材料，在沙地上画蓝图，建造出了一个迷宫般的结构，该结构融合了自然元素，以形成曲折的空间和不规则的楼层，避免建造出传统的房间和地板；墙壁、地板和其他建筑结构都是由火山岩、硬木、从海洋中发现的物体甚至是鲸骨的残留物建造的。由于地处偏僻，屋里没有自来水，只能依赖收纳雨水的蓄水池取水。

这个生态友好之家成了一处热门地点。汤姆在2001年去世前设计了另外16座房子，它们都拥有与最初的月洞一样的美感。不幸的是，月洞公司剩余成员的内部摩擦导致了对同名房屋的忽视，今天它已被禁止入内，因为从拱门上掉落的岩石对建筑物的残留屋顶造成了损坏。现在只能从过往的船只上看到月洞，它宛如一具理想主义冒险幽灵的骨架。

每天有数班渡轮从圣文森特（St Vincent）开往贝基亚岛，很方便。单程票价约为EC$25。

CAPE BRETON 布雷顿角，加拿大

45.9620°N，60.7615°W

岛屿节日

“岛屿节日”（Féis An Eilein）以盖尔语（Gaelic）命名，这正是这个特别节日的核心意义。充满乡土气息的布雷顿角（Cape Breton）拥有一处令人惊喜的角落，在漫长、宁静的冬天到来之前，圣诞岛（Christmas Island）会举办一场初秋庆典，用为期一周的歌声、音乐和舞蹈来庆祝凯尔特人（盖尔人属于凯尔特人的一支）的一切。届时有讲故事的环节和歌曲工坊、音乐会与联欢会、漫游，还有很多机会可以听到小提琴手施展他们的音乐魔法。如果你从未参加过传统的民谣节，那就好好把握住这个机会。

为了保护该地区苏格兰先祖的语言和文化，新斯科舍省（Nova Scotia，意为“新苏格兰”）一整周都会使用盖尔语来说话和歌唱。但别被这吓跑了！这里每天都有语言课，欢迎新人参与。

全世界共有三个圣诞岛，另外两个也各自拥有属于自己的奇观（本书中也有提到）。传说中，这个圣诞岛的名称源于当地的米克马克（Mi’kmaq）部落首领的埋葬地。他与法国殖民者有着紧密的联系，他的名字就叫诺埃尔（Noel，法语中的圣诞节之意）。

岛屿节日每年8月举办。你可以飞到新斯科舍省的悉尼（Sydney），从那里租辆车开60公里就能到达圣诞岛。请查看feisaneilein.ca/feis/。

ANTARCTICA 南极洲

62.940930°S，60.555375°W

奇幻岛

在遥远的、位于南极半岛北部边缘的南设得兰群岛（South Shetland Islands）上，奇幻岛（Deception Island）闪耀着光芒。奇幻岛在很多方面都很奇特，它的秘密港湾就位于一个“不安分”火山的火山口中，火山随时都有可能喷发。穿过狭窄的港口，进入一个被黑色沙滩和灰烬覆盖的冰雪斜坡所包围的马蹄形海湾，里面藏着帽带企鹅的栖息地。暗中打量一番这些吵吵嚷嚷的家伙后，去考察岛上的工业考古学站点——废弃的捕鲸站，这里的一部分被一次火山爆发所引发的泥石流和洪水摧毁。当然，别忘了带上你的泳衣，因为你可以跳进热乎乎的地热流中进行终极的极地探险。

从阿根廷搭乘南极洲游轮可到达奇幻岛。请查看www.deceptionisland.aq。

“他从后视镜里看着我。‘白铁电厂，’他说，‘你知道它闹鬼，对吧？’……‘那里的人都死了。’”

BAHÍA BLANCA 布兰卡港，阿根廷 38.7903°S，62.2649°W

白铁电厂

我想坐公共汽车。但是，主广场周围所有的售票亭——出售你需要在公共交通系统上使用的磁卡——都关门了。那是个星期天，布兰卡港（Bahía Blanca）春末一个安静的下午，大多数人要么刚刚享用完家庭烧烤，要么就沉浸在那之后不可避免的午睡中。

我叫了一辆出租车，车上没有计价器。“到港口要多少钱？”我问。司机犹豫了一下，给了个价格，我点了点头，系上了安全带。

“港口很大，”他说，我们正离开市中心，“你想去哪里？博物馆吗？”

“不，”我说，“带我去白铁电厂（Ferrowhite）。”

他从后视镜里看着我。“白铁电厂，”他说，“你知道它闹鬼，对吧？”

“我听说了一些闹鬼的事情。”我说。我们正开在一条乡间小路上，牛群在田野里吃草，粪便的气味和咸海的空气穿过敞开的窗户，飘来飘去。布兰卡港是一个重要的港口，但这座城市本身并不靠海。

“是的，那里有鬼，还有关于外星人活动的报道，”他说，“那里的人都死了。”

20分钟后，车窗外的风景从田地变成了密集的铁皮房子，在远处的铁丝网和海草后面，可以看到巨大的驳船漂浮在海湾里。司机在红绿灯处向左急转，开上了一座桥。接着，就在我们经过谷物升降机和一排废弃的货运列车厢之后，我看到了白铁电厂——一座位于水边的混凝土城堡，其宏伟隐约可见，有如幽灵一般。

这座电厂是20世纪30年代由意大利移民建造的。此处从来都不是一个安全的工作场所，而是一系列令人毛骨悚然的死亡事件的发生地点。在1997年被最终拆除之前，这座电站已经废弃了好几年。今天，一个小小的博物馆和文化中心占据了入口通道，但大型建筑物的大部分是空着的，仅剩一个优雅而怪异的建筑外壳，玻璃窗都是碎裂的。没人阻止你绕着整栋建筑走一走，你甚至可以从废墟边缘爬到里面去。

即使你不相信有鬼魂存在，这也是一幅迷人而又可怕的景象。还有几个小时才日落，但周围已经没有了其他人影。在我下车之前，我问司机：“你能在1小时后回来接我吗？”——布里奇特·格林逊

博物馆每天开放，你可以从布兰卡港搭乘公共汽车或坐出租车过来。请查看ferrowhite.bahiablanca.gov.ar。

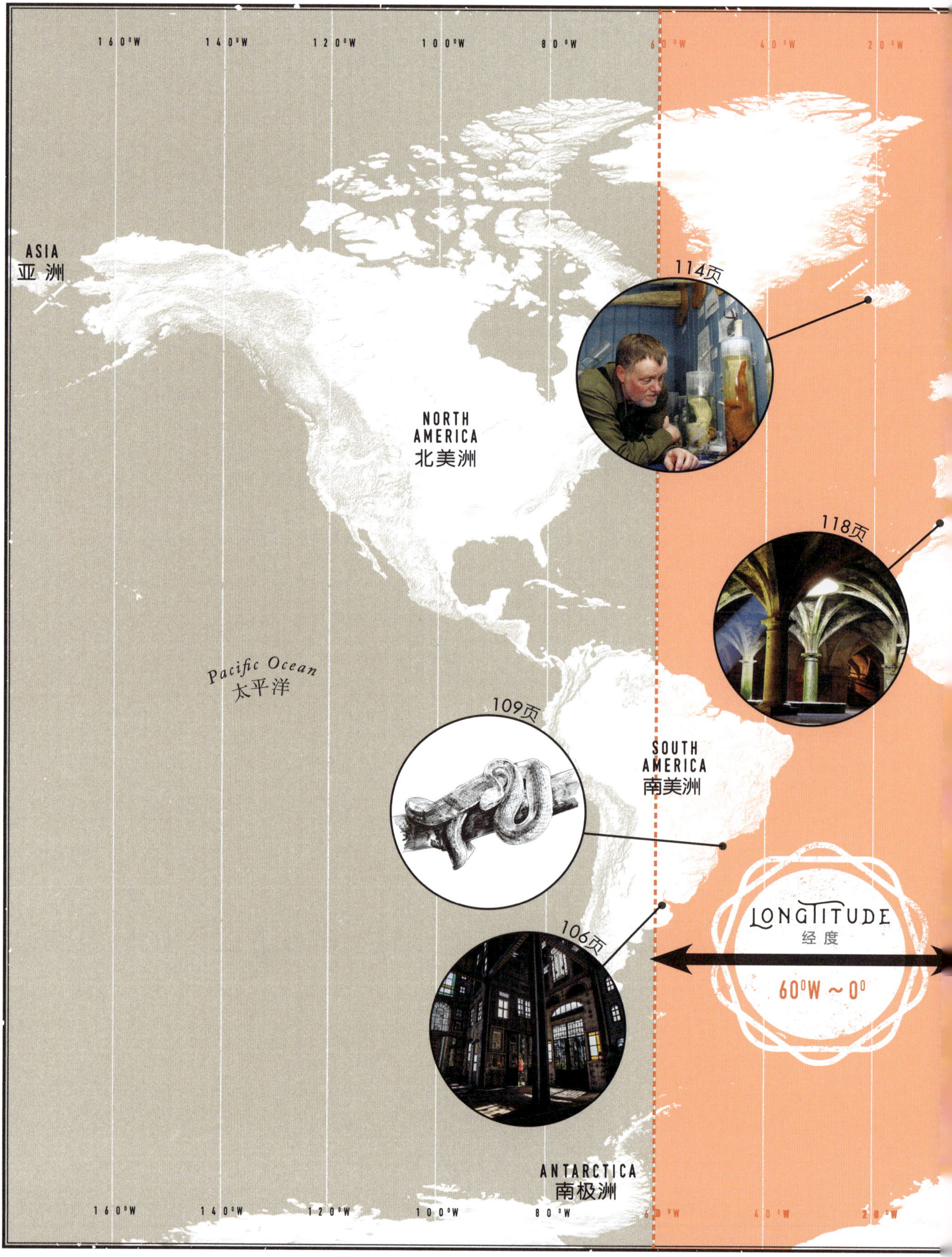
160°W
140°W
120°W
100°W
80°W
60°W
40°W
20°W
ASIA
亚洲
NORTH
AMERICA
北美洲
114页
118页
Pacific Ocean
太平洋
109页
SOUTH
AMERICA
南美洲
106页
LONGTITUDE
经度
60°W ~ 0°
ANTARCTICA
南极洲

SECRET MARVELS of The WORLD

那些有趣、古怪、你不一定知道的地方

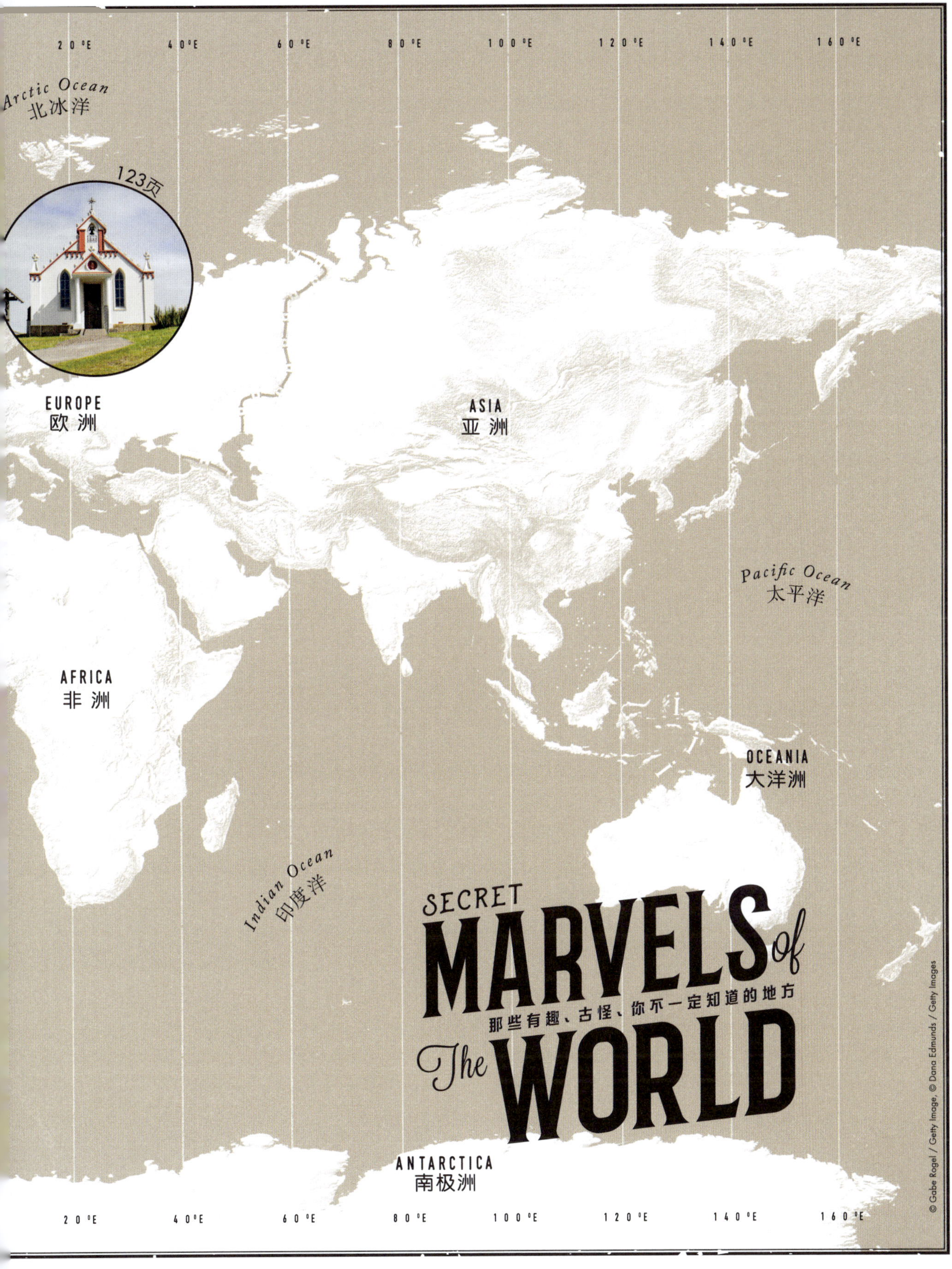

BUENOS AIRES 布宜诺斯艾利斯，阿根廷
34.5612°S, 58.5167°W

科罗索

电塔通常外观很丑陋。然而在布宜诺斯艾利斯，一个艺术家团体Doma颠覆了这个概念，把一座电塔变成了形如机器人的雕塑。科罗索（Coloso，意为“巨人”）是一个45米高的巨物，是Doma在2012年科技城博览会上的参展艺术作品。到了晚上，它会在霓虹灯中活过来，拥有一张生动活泼的脸和一颗跳动的心脏。多亏了先进的照明系统，科罗索可以展示一系列不同的情绪：有时它会眨动眼睛，心脏似乎也变得更大；有时它面无表情，有时则笑得像个恶魔。2012年的科技城博览会来了又去，但科罗索被保留了下来，作为一个异想天开的装置艺术立在原地，默默俯瞰着地面上永无休止的艺术、音乐和美食节，以及聚集的人群。

☛ 科技城位于维森特洛佩斯（Vicente Lopez）的郊区，从布宜诺斯艾利斯的雷蒂罗（Retiro）火车站有频繁的车次开往科技城。

GONZÁLEZ CATÁN 冈萨雷斯卡坦，阿根廷　　34.7890°S, 58.6066°W

坎帕纳波利斯

对阿根廷来说，1976年是艰难的一年。这一年标志着残酷的军事独裁统治的开始，在近十年的时间里，它牢牢地控制了这个国家。也是在这一年，阿根廷商人安东尼奥·坎帕纳（Antonio Campana）被诊断出患有晚期喉癌。在严酷的事实面前，似乎是顺理成章地，这位白手起家的百万富翁决定放弃现实，并在布宜诺斯艾利斯城外的80公顷土地上建立了一个幻想世界。在超市生意上赚得盆满钵满的坎帕纳从没接受过建筑方面的培训，但这并没有阻止他为一个异想天开的、童话般的村庄制订梦想计划，他想购买的土地所牵涉的法律纠纷也未能阻止他让自己的愿景成真。他从旧物拍卖中采购材料：从房门、大门、栅栏到打字机、旧电梯和废弃铁路线上拆卸下来的金属废料，还亲自在坎帕纳波利斯（Campanópolis）的建筑工地工作。

医生给了坎帕纳5年的时间，但他又活了24年。他把余生都献给了他的事业：一个中世纪风格的村庄，有鹅卵石街道、喷泉、塔楼、风车和一个人工湖。在他去世之前，坎帕纳继续延展着自己的梦想，种植了超过10万棵树，并添置了无数稀奇古怪的古董。今天，他的儿子们还保留着他未完成的杰作。你可以在周六进入参观，需预约。

坎帕纳波利斯位于冈萨雷斯卡坦（González Catán）**。最好开车或乘坐出租车前往。请查看**www.campanopolis.com.ar。

BONITO 博尼图，巴西　　21.1442°S，56.5880°W

蓝湖洞

当我们沿着粗糙的石头阶梯进入镶嵌着钟乳石和石笋的地下深处时，导游解释说，很有可能直到1924年才有人类踏足这个洞穴——当时，泰雷诺（Terena）部落的一名成员无意间发现了这一洞穴。我们接着往下走，面前出现了一池惊人的蓝水。我难以置信地凝视着它，这池水如水晶般清澈，却似乎深不见底。这是地球上最大的水洞之一。1992年，一支由法国和巴西共同组成的潜水队潜至70米深处探索，发现池底有丰富的史前动物遗骸，从剑齿虎到大地懒，种类齐全。——安娜·卡明斯基

蓝湖洞（Gruta do Lago Azul）距离博尼图19公里，7:00～14:00可以参加时长2小时的团队游。博尼图多数住处都能组织游览。这里不允许穿露脚趾的鞋子。

ALTO PARAÍSO DE GOIÁS 戈亚斯州上帕莱索，巴西　　14.1867°S, 47.7897°W

月亮谷

大自然用了数百万年的时间和数万亿升的水，才在巴西的圣米格尔河（São Miguel River）上蚀刻出了月亮谷（Vale da Lua）的美丽岩石地貌。山谷位于猎鹿人高地国家公园（Parque Nacional da Chapada dos Veadeiros）的南部边缘，水流经过了一组一公里长的奇异的自然岩层、洞穴、瀑布、水池和裂缝。这里有点像水上乐园，但没有尖叫的游客或花哨的泳裤。根据巴西利亚大学地球科学研究所（Brasilia University's Instituto de Geociencias）的研究，这些无穷无尽的曲线都是河流冲刷磨蚀造成的。在几千年的时间里，沙子所产生的压力和持续不断的流水打磨出了这些石臼——呈现出杯形、碗形和光滑的线条，就是今天你所看见的样子。打磨还在不断进行，所以，可以说它实际上是不断进化的自然雕塑。

这里的整个地貌都让人仿佛置身于月球之上，因而得名"月亮谷"。旅行者可以在岩石上行走，在岩石池中沐浴，并在众多水道中跋涉（除了大雨时节，届时暴发的山洪将使行进变得非常危险）。但最令人惊奇的是嵌在岩石中的石英晶体。多亏了这些晶体，一些旅行者称他们在此感受到了一种额外的能量和治愈的力量。

月亮谷位于私人领地上，在圣乔治（São Jorge）村东南4公里处。最后一段需要步行。

BRAZIL 巴西 24.485156°S, 46.6756°W

蛇岛

如果你害怕蛇，你可能现在就想把目光移开。位于巴西海岸边的大凯马达岛（Ilha da Queimada Grande）是世界上所有金矛头蝮蛇的家园——事实上，这里有数千条蛇。这个岛的面积仅有43公顷，平均每平方米大约就有一条蛇，而每条蛇都带有致命毒液，能腐蚀人体。难怪巴西政府禁止所有人进入此岛——除了海军和经过认证的研究人员。非法野生动物走私贩有时会偷偷潜入，寻找蛇的身影，以便在黑市上出售。（这是否让你联想到了《侏罗纪公园》？）

几千年前，蛇岛（大凯马达岛的绰号）与大陆相连，直到海平面上升，最终将其隔绝在了32公里之外。金矛头蝮蛇由此大量繁殖，并进化出致命的毒液，自此它们就依靠爬上树捕食鸟类而生。

这个岛的巴西名字翻译过来大意为“燃烧的巨岛”，因为曾经有人试图为建立香蕉种植园而在此清理土地。在20世纪初，这里建造了一座灯塔。几年后，岛上最后一个灯塔看守人及其全家都被发现死于非命——毒蛇爬进了他的家，并咬了很多人。从那时起，灯塔就实现了自动化，这实在是个明智的举措。

你需要在icmbio.gov.br获得研究许可证才能登岛（距离圣保罗150公里）。

CARAGUATATUBA 卡拉瓜塔图巴，巴西
23.7388°S，45.5494°W

巴西国家石油公司高架桥

这就是白象工程的终极版吗？20世纪60年代，在里约热内卢和桑托斯（Santos）之间曾计划修建一条高速公路。其中的一段，即370米长的巴西国家石油公司高架桥（Viaduct Petrobas）业已完工，但之后政府官员改变了路线，因此该桥两端的道路都未再继续修建。现在，这截已被废弃的巨大的混凝土高架桥赫然耸立在丛林地面上方40米处，植物正逐渐将其掩藏。它最初是为机动车辆设计的，但现在这里吸引了许多攀岩和蹦极爱好者，他们在寻找不同寻常的地方练习。丛林与高架桥间有梯子相连。

☛ 高架桥就位于卡拉瓜塔图巴（Caraguatatuba）西南。小路可以将你带到附近，但最后一段需要步行或乘坐四驱车。

VARGINHA 瓦尔任阿，巴西　21.5594°S，45.4399°W

瓦尔任阿的宇宙飞船

巴西的瓦尔任阿就相当于南美版的新墨西哥州罗斯韦尔（Roswell）。1996年1月，当地人报告曾看到UFO和一个外星生物（“5英尺高，有一个大脑袋，身体很瘦弱，有V字形的脚和红色的眼睛”），自那以后，这个小镇就变成了UFO的朝圣之地。商人们从关于外星人造访的谣言中获利，商店里堆满了各种各样的外星人纪念品，而当地媒体也热衷于让这些故事延续下去。2001年，镇政府制订了一个绝妙的计划。他们建造了一座水塔，并决定用一个巨大的飞碟形状来伪装它。它被命名为瓦尔任阿的宇宙飞船（Nave Espacial de Varginha），挺拔地立在城镇上空20米处，夜晚灯火通明时，它吸引着来自四面八方的UFO专家。

☛ 瓦尔任阿位于里约东北400公里处。水塔位于Praça Getúlio Vargas和Praça Mal Floriano的交叉路口。

PIAUÍ 皮奥伊州，巴西　　　8.8366°S, 42.5553°W

卡皮瓦拉山国家公园的岩画

1300平方公里的卡皮瓦拉山国家公园（Parque Nacional Serra da Capivara）是联合国教科文组织评定的世界遗产，有非凡的红色石拱和悬崖之间生长的茂盛植物，但真正使它闻名的是由大约4万块史前岩画组成的地球上最密集的岩石艺术。约300个考古遗址中的大部分都是由公元前5万年到公元前3万年的岩画组成的。这是人类在美洲存在的最古老、最具说服力的证据，相比其他考古发现多存在了约3万年。

公园内有4条主要的车行环路，还有步行小径和木栈道，游客可以借此参观大约170个向公众开放的遗址，岩石墙壁上和石制庇护所内展现的艺术让我们得以窥见南美最早期居民的生活场景。许多图像描绘的是动物、狩猎、庆祝和舞蹈的画面，以及性爱场景。人们相信公园最早的居民是狩猎-采集者，之后他们才进入更为复杂的制陶-农业社会。

Boqueirão da Pedra Furada是最重要的景点之一，里面是有5万年历史的古灶台遗迹，在夜晚时分会被照亮。当游客们在岩石艺术景点之间穿行时，幸运的人可能会看见公园里那些数量虽多却很害羞的野生动物，包括美洲豹、野猫和犰狳。

必须跟随当地向导入园，35公里外的圣雷蒙多诺纳图（São Raimundo Nonato）的大部分住处都能安排向导。

“从空中俯瞰，这片广阔的风景看上去就像是滚动的床单，铺在全世界最美丽的床上。”

MARANHÃO 马拉尼昂州，巴西

2.4859°S, 43.1284°W

拉克伊斯·马拉赫塞斯国家公园

乍一看，这似乎是海市蜃楼。一片半透明、如明信片风景般完美的潟湖蓝如蓝莓，清澈如水晶，在触目所及的四处都被高耸的沙丘包围着。但随后，四溅的水花证明这一超凡脱俗的景象远非幻想。当我泡在湖水之中——可能是世人所能想象到的最令人神清气爽的池水，一种清凉而镇定的感觉油然而生，这正是我们环游世界所追求的旅行高光时刻之一，它难以捉摸、如梦似幻，我仿佛经历了一次心灵的洗礼。

巴西的拉克伊斯·马拉赫塞斯国家公园（Parque Nacional dos Lençóis Maranhenses）占地1500平方公里，拥有大片电影画面般的沙丘景致，是一块自然的宝藏。公园位于巴西最东北的马拉尼昂州（Maranhão），是无数旅行者的梦想之地，一个非凡的受保护的公园。在每年的3月到9月，连绵不绝的白色沙丘间点缀着诱人的天蓝色潟湖（这里几乎没有任何植被）。从空中俯瞰，这片广阔的风景看上去就像是滚动的床单，铺在全世界最美丽的床上（拉克伊斯在葡萄牙语中意为“床单”）。从地面上看，这片无须使用滤镜的沙漠景观一望无际。

拉克伊斯·马拉赫塞斯可以经由附近的巴雷里尼亚斯镇（Barreirinhas）到达，从列入联合国教科文组织《世界遗产名录》的城市圣卢埃斯（São Luís）到巴雷里尼亚斯需

要驾车5个小时，圣卢埃斯有敞篷四驱巴士团经常前往公园最大的几个潟湖：蓝色潟湖（Lagoa Azul）和美丽潟湖（Lagoa Bonita）。其实，这并不是体验公园的最好方式。我的选择是与布纳（Buna）一起进行私人旅行，他是一个性情温和的人，在迷人的沙丘之村阿特金斯（Atins）拥有并经营Rancho da Buna。从巴雷里尼亚斯沿着布雷吉卡斯河（Rio Preguiças）航行90分钟才能到达阿特金斯，这里是公园里最风景如画并且可以入住的村庄。

无论你看向何处，风景都是惊人的相似，但布纳能清楚地辨别方向（如果要在公园内辨别方向，一个值得信赖的向导必不可少）。就这样，布纳把我送至一系列宁静的潟湖边，远离从巴雷里尼亚斯来的一日游团队和游客，让我有机会把自己沉浸在这个曾经被误认为是海市蜃楼的水上伊甸园里。当我重新浮出水面时，我迷失了，周围没有任何东西和任何人。我仿佛找到了天堂。——凯文·罗布

Cisne Branco经营从圣卢埃斯到巴雷里尼亚斯的公共汽车，后者是进入公园的门户（www.cisnebrancoturismo.com.br）。

REYKJAVÍK 雷克雅未克，冰岛　　64.1430°N, 21.9158°W

冰岛阳具博物馆

“别像个孩子一样傻笑，他们会拒绝你入内的。”我当时的男朋友——一个喜欢说风凉话的澳大利亚人——正在嘟囔着帮我拍照：在冰岛偏远的北海岸的胡萨维克（Húsavik），我随意地用手臂环绕着一个巨大的阴茎雕塑。但是，当我们进入阳具博物馆（Phallological Museum）时，我们俩都忍不住笑出了眼泪——我们观看了世界上最全的阴茎收藏（从仓鼠到蓝鲸）、对冰岛奥林匹克手球队的生殖器崇拜，以及人类捐赠者的“候补”名单。博物馆在2011年搬到了一个不那么隐秘的地方，它现在就明目张胆地（还有些扬扬得意地）位于雷克雅未克的大街上，馆内还有它的第一个人类捐赠者——一位95岁冰岛人的腌制阴茎。——卡林·诺贝尔

☛ 博物馆位于雷克雅未克主要的商业大街上，地址是116 Laugavegur，每天10:00~18:00开放。更多信息可查看www.phallus.is。

NEAR DAKAR 达喀尔附近，塞内加尔　　14.8388°N，17.2341°W

玫瑰湖

湖如其名的玫瑰湖（le Lac Rose，意思是粉红色的湖）离塞内加尔不断扩张的沿海首都不远。在旱季炎热、阳光灿烂的日子里，这个位于达喀尔（Dakar）东北仅30公里处的闪闪发光的湖看起来更像是火星景观，而不是西非的乡村地带。泛着柔和涟漪的每一寸透明湖面似乎都折射出饱和的粉红色——一种令人惊叹的、像火烈鸟一样的颜色，几乎让你怀疑自己的眼睛。

这一华丽粉色的来源是什么？这个湖的含盐量非常高，这使它成为杜氏盐藻的理想繁殖环境。为了更好地吸收来自太阳的光线，这些微小的盐藻反过来又产生了一种红色的色素，使湖水呈现出一种充满活力的、超凡脱俗的色彩。这里的地貌看起来更像是虚构的科幻小说中的场景，四周是高耸、炫目的白色盐堆，沿着湖岸堆放（辛勤劳动者的工作成果，他们靠采盐为生），起伏的沙丘将湖边与不远处的大西洋海浪隔开。

就像在约旦的死海或犹他州的大盐湖（Great Salt Lake）一样，游泳的人可以毫不费力地在玫瑰湖高盐度的湖水中自由漂浮。那些不那么喜欢沉浸式体验的人可以租一艘木船（pirogue）在湖上划。附近的民宿为过夜的游客提供了不错的住宿条件，还可以安排骑马和在湖周围进行其他游览。

建议11月至次年5月前来。达喀尔的旅行社可以安排前往玫瑰湖的一日游，你也可以包车前往，每天约€60。

SENEGAL & GAMBIA 塞内加尔和冈比亚 13.6917°N, 14.8731°W

塞内冈比亚石圈

死亡令人困惑、充满神秘，在塞内加尔和冈比亚发现的这些石圈和坟冢也是如此。这些石碑诡异而美丽，安静而不起眼地立于该地区的草原上。它们由巨大的土红色柱子组成，围绕着一个墓地，有一块或多块石头正面朝向东方。尽管石碑数量很多——在33,000平方公里的土地上分布着约17,000块——而且这些石碑的制作已经持续了大约2000年的时间，但令人惊讶的是，人们对石圈的起源知之甚少。

考古学家不确定第一个石圈是何时建造、由谁建造的。他们不知道这些排列意味着什么，埋葬仪式又是如何在文化中发挥作用的，或者它们是如何融入伊斯兰教的——伊斯兰教在石圈制作的鼎盛时期传播到了这个地区。埋葬方式完全是个谜：头骨和其他骨头以精心设计的方式在石圈中排列，骨头好似栅栏一般直立于大地之上，腿骨放置的方式也很有讲究，而一层下颌骨上则盖着倒置的罐子——没人知道这是为什么。哦，当地人还说，石头偶尔会在夜里发出光亮，这没什么大不了的。

也许是因为这些神秘东西的存在（或者这里是葬礼仪式的举办地，那可能是个更大的谜团了），这些石头所在的田野给人一种很神奇的感觉，仿佛它们是各个世界之间的结界。这些遗址仍然是活生生的纪念碑：冈比亚人并不在这里举办我们所说的葬礼或宗教仪式，但在去工作、去市场或回家的路上经过这里时，他们会在一块大石头上放一块小石头或蔬菜，然后花点时间反思，并许个愿。

冈比亚的瓦苏石圈（Wassu Stone Circles）最方便到达参观，现场还有一个博物馆。你可以从詹江布尔（Janjanbureh）出发进行一日游，二者相距25公里。酒店能够安排游览。

SINTRA 辛特拉，葡萄牙　　38.7961°N, 9.3960°W

雷加莱拉宫天井

这些螺旋楼梯不仅令人生畏，它们还代表着从死亡到重生的旅程。在由联合国教科文组织保护的雷加莱拉宫（Quinta da Regaleira）中，你处处能感受到黑暗炼金术的气氛，这里将哥特、摩尔和文艺复兴时期的建筑风格进行了华丽的融合，尤其是在其艳丽的花园周围。在这幢奢华的住宅之下，受咖啡大亨安东尼·卡瓦内·蒙泰罗（António Carvalho Monteiro）委托，工人们挖了两口井，但井里没有水：这些隐藏的隧道曾经被用于秘密的共济会仪式。其中一口井有9层，深27米，边缘长满苔藓，呼应但丁的9层地狱和天堂；另一个则拥有直梯式的台阶，阶梯的数量遵循共济会的原则，一步步向下，通往巨大的圣殿骑士十字。

雷加莱拉宫每天开放。位于辛特拉（Sintra）镇中心以西700米处。

EL JADIDA 杰迪代，摩洛哥

33.2562°N, 8.5020°W

葡萄牙水池

当我在杰迪代（El Jadida）的葡萄牙城（Cité Portugaise）内蜿蜒曲折、密集如迷宫的街道上漫步时，我设想了500年前的场景，当时这里还叫马扎甘（Mazagan），是葡萄牙在西非首批设防的殖民地之一。然而，直到我走下葡萄牙水池（Citerne Portugaise），我才觉得自己真正回到了过去。除了一缕明亮的光线，这里没有什么和外面当下的世界有关。我只身一人，欣赏着这一晚期哥特式建筑奇观——它的确需要好好品味一番。在这个拱形水池里，薄薄的水膜使光、阴影和柱子看起来好像被放大了两倍，无比壮观。——马特·菲利普斯

☛ 杰迪代城和卡萨布兰卡之间每天都有许多长途汽车和火车往返。

© Prisma Bildagentur AG / Alamy

FEZ 非斯，摩洛哥　34.06225°N, 4.9827°W

水钟

每次我到非斯（Fez）熙熙攘攘的集市购买新鲜的农产品时，都对这座宏伟的建筑肃然起敬，它在中世纪承担着重要的作用。曾有人告诉我，水钟（Water Clock，或称“clepsydra”）是由一个魔术师设计的，它的工作原理在他死后也随之消失于人间。这显然是一个充满幻想的故事。这个靠重力驱动的时钟于1357年完工，是布依纳尼亚神学院（Bou Inania Medersa）的一部分，也是一个非常重要的人——计时员（muwaqqit）——居住的地方。计时员的工作是维护时钟，这样宣礼员才能知晓正确的祈祷时间。在中世纪的阿拉伯世界，各地都有类似的精巧时钟，如大马士革、托莱多（Toledo）和阿尔及利亚的特莱姆森（Tlemcen），甚至在非斯就有另外一个，位于卡鲁因清真寺（Karaouine Mosque）。——海伦·兰吉尔

水钟位于布依纳尼亚神学院对面的Tala' a Kebira，从杰罗德城门（Bab Bou Jeloud）往东步行几分钟就能到达。

© Migel / Shutterstock

NEAR LLANES 靠近利亚内斯，西班牙
43.4476°N, 4.8860°W

戈尔皮尤里海滩

这里的细沙和清凉的海水正是你期望中西班牙北部海岸的海滩所应该拥有的。唯一的区别是，戈尔皮尤里海滩（Playa de Gulpiyuri）不在海边，而是位于一块陆地中间。这片位于利亚内斯（Llanes）的小海滩简直像是由超现实主义艺术家设计的。它拥有50米长的沙滩，背靠雄伟的石灰岩峭壁，距离海岸超过100米。它既不是湖滩，也并非错觉：事实上，岩石下面的隧道将坎塔布里亚海（Cantabrian Sea）的海水带入一个小湾中。胆小的游泳者在这里可以自信地游，因为绝对没有被卷入大海的危险。

你需要有自己的交通工具才能到达这处海滩，它位于西班牙北部海岸，在桑坦德（Santander）和奥维耶多（Oviedo）之间，紧邻A8公路。请查看www.playagulpiyuri.com。

JENNÉ 杰内，马里 13.9052°N，4.5553°W

大清真寺

即使在周一的市集上，当杰内（Djenné）肮脏的街道和广场上挤满了成千上万的马里人和他们五颜六色的商品时，你也很难把目光从大清真寺（Grande Mosquée）上移开。它既优雅又庄严，像拥有生命一般，绝尘而飘逸。它的泥质立面显得十分丰腴，上面插着豪猪刺一样的木支柱。

大清真寺建于1907年，至今仍是世界上最大的泥砖结构建筑。在杰内的第26任国王Koi Konboro改信伊斯兰教之后，此地于1280年建造了一座清真寺，而现在的大清真寺实际上是对那座清真寺的忠实再现。原清真寺作为这座岛屿城市的文化意义和财富象征，一直被使用了600多年，直到19世纪早期在激进的伊斯兰战士国王Cheikhou Amadou发起的“圣战”中被毁。

今天的清真寺和原清真寺一样，每年都需要进行相应的维护以使其长存，每年在雨季结束后，多达4000名当地人自愿帮助博索族（Boso）的资深泥瓦匠完成这项任务。现在你知道那些突出的木刺是做什么用的了吧：方便工匠们在维修过程中攀檐走壁。

非穆斯林不允许进入这个宗教场所，但是从Petit Marché（小市场）和附近房屋的屋顶上还是可以欣赏到很好的景色。

杰内位于巴尼河（Bani River）的河中岛上，就在莫普提（Mopti）至巴马科（Bamako）公路以西35公里处。如果不考虑安全因素，从巴马科过来大约需要8小时。

DOGON COUNTRY
多贡人居住区，马里
14.1617°N，3.5641°W

多贡人的悬崖屋

马里的多贡人居住区（Dogon Country）的建筑是如此不同寻常，看起来就像是霍比特人居住的地方。这些奇怪的民居由岩石和泥土建成，仿佛蜂巢一般附着于邦贾加拉悬崖（Bandiagara Escarpment）的峭壁和高山坡上，这处悬崖的陡壁将多贡人的土地与马里的其余地区隔离，这种与世隔绝的状态正是多贡人最初选址于此的原因，即便在脚跟没站稳时，他们也仍然能够抵御外敌入侵。你可以花几天时间从一个村庄走到另一个村庄，对着精心雕刻的门感叹一番，在锥形稻草屋顶的谷仓内嬉戏，和议事小屋（toguna）或露天会议场所里的长者坐在一起，徜徉在梦幻般的非洲童话中。

需要经由邦贾加拉（Bandiagara）或杜安扎（Douentza）抵达多贡人居住区，行前务必确认当地的安全状况。

© Timothy Allen / Getty Images

© imageBROKER / Alamy

FALKIRK 苏格兰福尔柯克，英国　56.0198°N，3.7555°W

巨型马头

苏格兰的福斯和克莱德运河（Forth and Clyde Canal）上的巨大马头展示了马的力量，或者更确切地说，是苏格兰水路的力量。

在苏格兰的民间传说中，马形水鬼（kelpy）是一种拥有马的外形的水栖精怪，它们把人类背在背上，然后把他们淹死。偶尔，它们会装扮成漂亮的年轻男子或女子，引诱处子进入精怪的世界。幸运的是，这两座位于螺旋公园（The Helix）的钢制雕塑并没有这样的邪恶意图，它们高30米，闪闪发光。克莱德马曾经负责在苏格兰运河上拖拽驳船，艺术家安迪·斯科特（Andy Scott）认为马形水鬼正是这个国家的水路实力和工业遗产的象征。

你可以在福尔柯克（Falkirk）和格兰杰莫斯（Grangemouth）之间的M9公路上一瞥该雕塑，或是参加导览游入内参观，可查看www.thehelix.co.uk。

ORKNEY 奥克尼群岛，英国
58.8899°N, 2.8895°W

意大利礼拜堂

这是一座由战犯建造的华丽的意大利风格小礼拜堂，现在则成了兰姆霍姆岛（Lamb Holm）上的和解象征。该岛属于苏格兰的奥克尼群岛（Orkney Islands），常年疾风阵阵。

1942年，意大利战俘被带到此地修筑连接奥克尼和南部群岛的堤道。当意大利于1943年投降后，他们就不再是囚犯了。他们为建一个礼拜场所而到处游说，并很快利用所有的空闲时间来建礼拜堂的墙壁、画壁画，并以混凝土砌字。考虑到战时对建筑材料的限制，礼拜堂精心布置的装饰更加引人注目。它的内部有种带有母性温暖的柔和氛围，有玫瑰色的砖砌拱顶，还有装饰着圣母玛利亚和小天使的祭坛。

兰姆霍姆岛与奥克尼的首府柯克沃尔（Kirkwall）之间只有很短的车程。礼拜堂每天开放，但时间不定。参观前请致电询问[+44 (0) 1856 781580]。

© Justin Foulkes / Lonely Planet Images

© Justin Foulkes / Lonely Planet Images

KORO 科罗，马里 14.0747°N, 3.0827°W

安托戈捕鱼仪式

也许各地的渔民都有些迷信的讲究，而马里科罗（Koro）的优秀渔民堪称其中翘楚。村中的长者每年都会在旱季选择一天，在这天，村里的男人们会围住正在缩小的湖——传说中，一个女人发现了鱼，但女人却不能参与这一仪式（Antogo Fishing Frenzy），真是没天理。他们站得里三层、外三层，争抢位置。接着，在得到指定的信号后，一大群人涌入湖中，每个人都希望能以赤手抓鱼。在这样狂热的仪式中，鱼完全没有机会逃生。从严肃的一面来看，这也是在强调当地人崇拜祖先的信仰。

科罗位于多贡人居住区，从塞瓦雷到布基纳法索瓦希古亚的长途汽车会途经此地。旱季从11月一直到次年的3月或4月。

epa european pressphoto agency b.v./ Alamy

BORJA 波夏，西班牙　　41.8548°N, 1.5755°W

头戴荆冠的耶稣画像

没有一件拙劣的艺术作品像波夏（Borja）的《头戴荆冠的耶稣画像》（*Ecce Homo*）一样吸引了全世界的目光。当一位好心的当地业余艺术家试图在Santuario de Misericordia教堂恢复一幅饱经风霜的耶稣壁画时，其滑稽的结果在全球的新闻媒体上都被曝光了。

2012年，倒霉的艺术家塞西莉亚·吉梅内斯（Cecilia Giménez）试图恢复一幅壁画，那是一幅头戴荆冠的沉思的基督画像，最初是在20世纪30年代由埃利亚斯·加西亚·马丁内兹（Elías García Martínez）创作的。不幸的是，修复出现了问题，未经训练的吉梅内斯将《头戴荆冠的耶稣画像》变成了一幅“卡通画”——小眼睛亮晶晶且不对称，加上那圈头发，很不幸地与黑猩猩“撞了脸”。

壁画“修复”前后的对比照片令世界各地的人感到好笑，他们觉得这不是“Ecce Homo”，而是“Ecce Mono”（mono意为猴子），或者干脆叫“野兽基督”。这种对艺术作品做出改进的善意尝试最后却进一步破坏了它，讽刺意味真是令人忍俊不禁。

这幅失败的壁画从一个网络表情包发展成了一个真实的旅游景点。今天，游客排着队要和《头戴荆冠的耶稣画像》一起自拍。来自小额入场费的收入被用于当地的一家养老院，而一系列的《头戴荆冠的耶稣画像》纪念品则让这个沉寂的西班牙小镇在不稳定的经济环境下得以生存。与此同时，塞西莉亚·吉梅内斯已经从全球的尴尬人物变成了她家乡的上宾。

从萨拉戈萨（Zaragoza）驾车到波夏不到1小时，两者之间也有不固定班次的长途汽车往来。你可以在www.borja.es计划你的参观行程，并了解更多信息。

ACCRA 阿克拉，加纳

5.6037°N, 0.1870°W

凯恩·科维棺材店

急不可待地想要在一个巨大的啤酒瓶里待到永远？希望自己最后的安息之地是一只大木鸡？那就去凯恩·科维棺材店（Kane Kwei Coffins）吧。这是一个藏在阿克拉（Accra）尘土飞扬角落里的很不起眼的工作室，在那里，一群辛勤工作的年轻艺术家致力于创造五彩缤纷的奇幻棺材，客户包括伟大善良的加纳人和世界各地的粉丝、收藏家和画廊。20世纪50年代，棺材店根据木匠赛斯·凯恩·科维的构想建成，今天则继续由他的儿孙继承。在当地方言中被称为abebuu adekai的棺材通常代表着生命、爱和那些被带入坟墓的遗愿，比如，作家可能要求把棺材打造成一支笔，而音乐家会想要一具吉他棺材。更奇怪的样品包括手机、电吹风，甚至还有丰满的胸脯。如果你想订一具棺材，把钱拿出来，价格从600美元到上千美元不等。2014年，由前凯恩·科维学徒Paa Joe制作的一具保时捷形状的棺材在伦敦的Bonhams拍卖行以创纪录的9200美元售出。

凯恩·科维工作室位于阿克拉东部的Teshie区。从市中心打车过去需要花费约15塞地（合5美元）。

TOP 10

伦敦十大离奇景点

LONDON 伦敦，英国 51.5209°N，0.0777°W

① 丹尼斯·塞弗斯故居

伦敦悠久的历史所引发的那些奇闻趣事，用几卷书也写不完。其中最具代入感的一个怪地方就是丹尼斯·塞弗斯（Dennis Severs）的故居。这位艺术家把这座乔治亚式排屋的10个房间布置成了十八九世纪伦敦生活的“静物剧”。丢弃的衣服和挥之不去的烟雾使参观者产生了一种错觉，仿佛这里真的生活着一些贵族，并且就围绕在你身边。

☛ 最近的一站是Shoreditch High Street。请查看www.dennisevershouse.co.uk。

LONDON 伦敦，英国 51.5068°N，0.1287°W

② 苏活区的鼻子

从1996年到2005年，艺术家里克·巴克利（Rick Buckley）在苏活区（Soho）一带创造了多达35个石膏鼻子，使用的是他自己的鼻子石膏模型。该项目被认为是一份“关于抗议伦敦大范围监控摄像头多管闲事”的声明。

☛ 鼻子们位于西区（West End）。请查看www.london-walking-tours.co.uk/the-seven-noses-of-soho。

Dennis Severs
will hold
A Smoking Room Meeting
In the Liberty of Norton Folgate
Spitalfields

© Simon Turner / Alamy

© Simon Turner / Alamy

LONDON 伦敦，英国 51.5314°N，0.0803°W

③ 霍克斯顿街怪物杂货店

忘掉白金汉宫的冰箱贴吧，最理想的伦敦纪念品是来自这个东伦敦古玩店（Hoxton Street Monster Supplies）的一罐致命恐怖之物，或是成块的耳垢。

☛ 最近的地铁站是Hoxton。杂货店周二至周六下午开放。请查看monstersupplies.org。

LONDON 伦敦，英国 51.5138°N，0.0979°W

④ 圣保罗的瘟疫坑

伦敦的瘟疫流行导致老街（Old Street）、伊斯灵顿格林（Islington Green）和黄金广场（Golden Square）修建起了巨大的坟墓，其中最大的一个位于圣保罗大教堂（St Paul' s Cathedral），是在拥挤的东伦敦被1664年的大瘟疫袭击后修建的。

☛ 当你望着圣保罗大教堂时，千万别去想象教堂下方的瘟疫坑（Plague Pit）是什么模样。

LONDON 伦敦，英国 51.5207°N，0.1335°W

⑤ 艾森豪威尔防空洞

在"二战"期间，8个伦敦地铁站设有深层防空洞，包括这个美国通信兵团在诺曼底登陆前使用过的碉堡式建筑。

☛ 位于Chenies St靠近Goodge Street地铁站的地方。

LONDON 伦敦，英国 51.5120°N，0.1724°W

⑥ 宠物公墓

这块小小的墓地是1881年在海德公园（Hyde Park）建立的，是那些备受喜爱的小可爱最后的安息之地。这里的第一块墓碑上刻着"可怜的Cherry"，以纪念一只小猎犬。

☛ 公墓位于Victoria Gate Lodge后方，紧邻Bayswater Rd。

LONDON 伦敦，英国
51.5135°N，0.1837°W

⑦ 伦斯特花园的假屋

这些位于贝斯沃特（Bayswater）的房子和看上去的并不一样。走到房子后面，你会发现它们只是一个门面，以前是通往地下的秘密入口。

☛ 从帕丁顿车站（Paddington Station）朝西南方向步行约600米就能到达伦斯特花园（Leinster Gardens）。

LONDON 伦敦，英国 51.5039°N，0.0935°W

⑧ 十字骨墓地

那些被认为是不太体面的人都被埋葬在了这里，包括妓女。这片安息之地（Cross Bones Graveyard）现在对伦敦的外来者来说是个纪念的场所。

☛ 从博罗站（Borough station）往北沿着Redcross Way走就能到达墓地。

LONDON 伦敦，英国 51.5134°N，0.1366°W

⑨ 布罗德街的水泵

1854年流行的霍乱仅仅因为关闭了一个水龙头就停止了。一个水泵的复制品标出了约翰·斯诺（John Snow）追踪疫情的暴发并移除水龙头的地方。

☛ 水泵位于苏活区Lexington St和Broadwick St的交叉路口。

LONDON 伦敦，英国 51.5126°N，0.0916°W

⑩ 密特拉神庙

1954年，在伦敦金融区的中心地带发现了一座密特拉神庙（Temple of Mithras）的遗迹。城市规划者们并没有因此被吓到，只是把废墟搬到了Queen Victoria St附近。

☛ 废墟距离伦敦的千禧桥（Millennium Bridge）有5分钟步程，位于泰晤士河北岸。

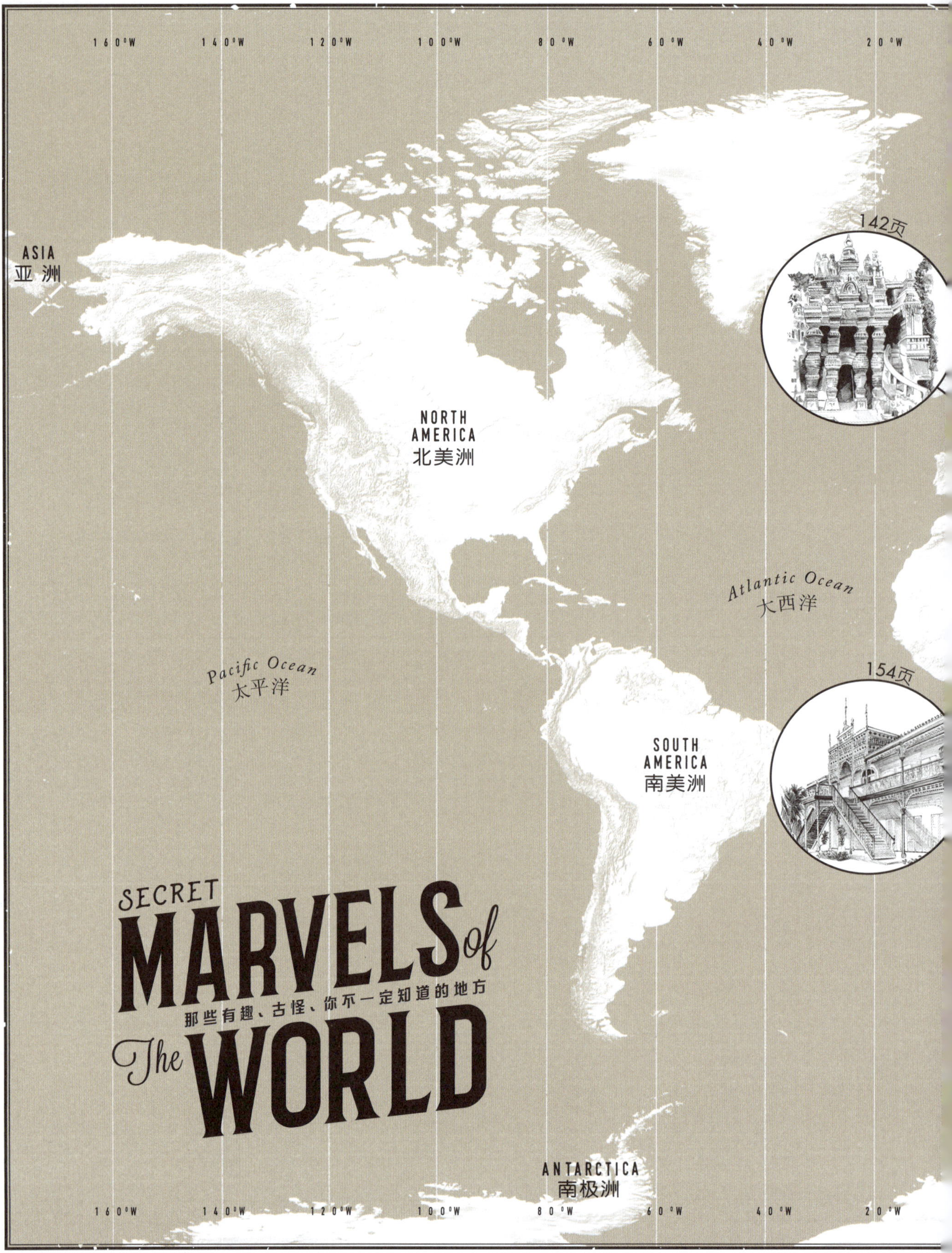

160°W
140°W
120°W
100°W
80°W
60°W
40°W
20°W
ASIA
亚洲
NORTH AMERICA
北美洲
142页
Atlantic Ocean
大西洋
Pacific Ocean
太平洋
154页
SOUTH AMERICA
南美洲
SECRET MARVELS of The WORLD
那些有趣、古怪、你不一定知道的地方
ANTARCTICA
南极洲
160°W
140°W
120°W
100°W
80°W
60°W
40°W
20°W

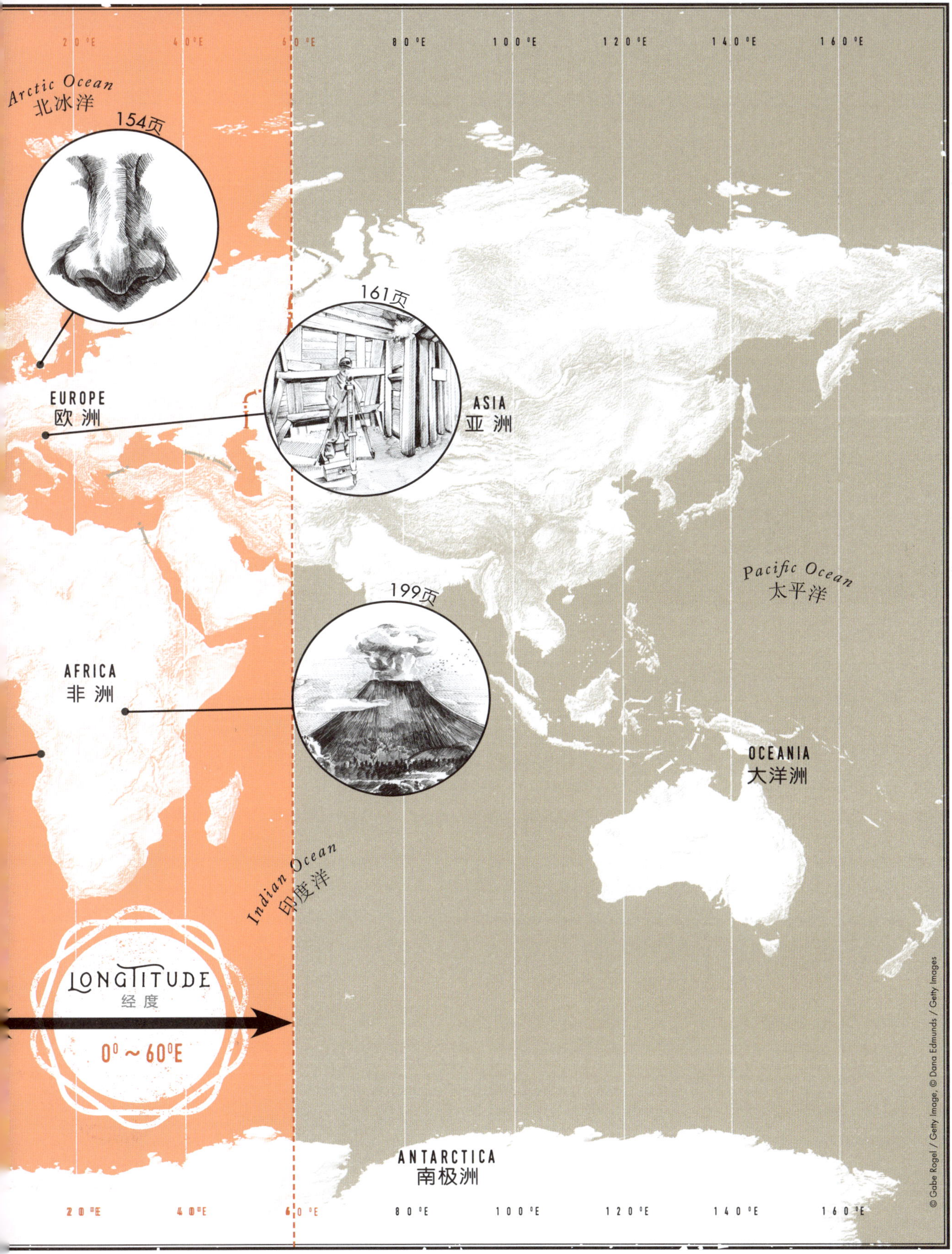
20°E
40°E
60°E
80°E
100°E
120°E
140°E
160°E
Arctic Ocean
北冰洋
154页
161页
199页
EUROPE
欧洲
ASIA
亚洲
AFRICA
非洲
Pacific Ocean
太平洋
OCEANIA
大洋洲
Indian Ocean
印度洋
LONGTITUDE
经度
0°～60°E
ANTARCTICA
南极洲

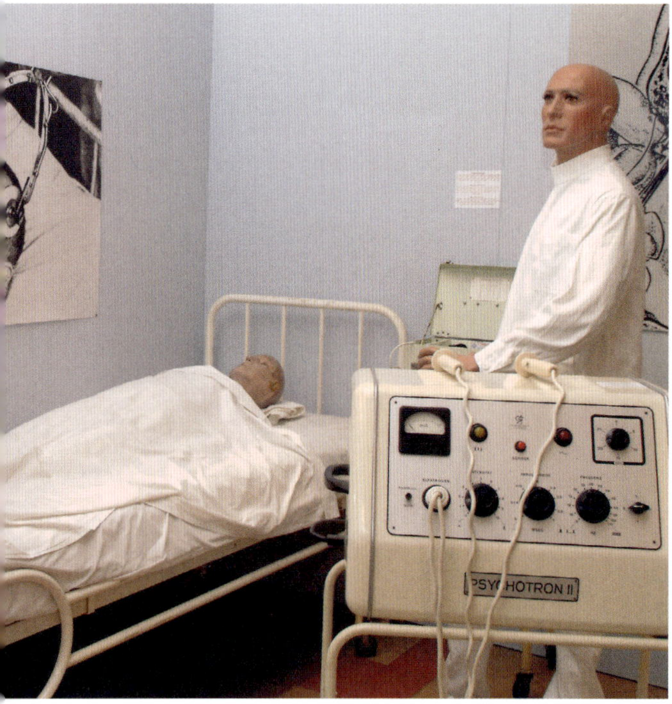

GHENT 根特，比利时　　51.067°N，1.0327°E

古斯兰博士博物馆

根特（Ghent）的古斯兰博士博物馆（Museum Dr Guislain）拥有砖制拱门和教堂窗户，令人印象深刻，却又稍显不吉利。作为比利时的第一家精神病院，这座博物馆的历史可以追溯到1857年。它既可怕又令人兴奋，将带领游客踏上一段了解精神健康史的旅程。在18世纪晚期和19世纪早期，冰冷的水和旋转的房间是其中吓唬人的令人不快的方法。当你经过来自19世纪末、20世纪初的束身衣、笼子、脚镣和射线检测设备时，你会感到一阵战栗。不过你很快就会重拾温暖：约瑟夫·古斯兰（Joseph Guislain）在这里建立了最初的临终关怀医院，他是一位医疗改革者，曾致力于逐步废除野蛮的治疗方式，并开创了以病人为中心的人道护理方法。

这座新哥特式建筑位于根特老城以北2公里处（www.museumdrguis-lain.be；Jozef Guislainstraat 43）。**搭乘1号电车到Guislainstraat站。**

THE LOIRE 卢瓦尔河，法国　　47.3458°N，0.5314°E

佩奇菲安特斯洞穴

艺术需要用心慢慢欣赏，尤其是当"艺术家"就是法国卢瓦尔河（Loire）的洞穴群时。把任何物体——一个玩偶或是一个花瓶——放入萨沃尼特（Savonnières）洞穴的河流里（最好别放你的iPhone），一年后，它就会被完全包裹在石灰岩中。富含矿物质的水缓缓流过洞穴内部，放入其中的任何物体都会被裹上一层闪亮的外衣。尽管如此，大自然还是需要一个帮手：物品需要每三周左右转动一次，以确保最终的"雕塑品"形态平衡。幸运的是，对那些没有耐心的纪念品买家来说，这里有一间商店，出售成品。

这个地下系统的大部分是在中世纪时期形成的。当地的石灰石tuffeau除了用于雕塑以外，在其他领域也有绝妙的用途。它是法国著名的卢瓦尔河谷城堡的原材料，举世闻名的香波城堡（Château de Chambord）也用到了这种建筑材料。

在洞穴里，你可以探索一个小精灵王国，这里有悬挂着的钟乳石、突出的矿层，以及类似教堂风琴的分层岩层，所有这些都是在几个世纪里形成的。这些凉爽的洞穴还拥有适宜储存葡萄酒的湿度。最后一个房间甚至提供品酒的机会，还有什么比品尝几口清冽的长相思葡萄酒更能提升你对这个地质奇观的感受呢？

1月至11月，可以参加1小时的导览游（www.grottes-savonnieres.com）。**佩奇菲安特斯洞穴**（Les Grottes Petrifiantes）**位于图尔**（Tours）**以西16公里处。**

HAUTE-VIENNE 上维埃纳省，法国　　45.9292°N, 1.0355°E

格拉讷河畔奥拉杜尔的烈士村

自从格拉讷河畔奥拉杜尔（Oradour-sur-Glane）的大屠杀发生至今，没有一辆烧毁的汽车被清理拖走。这个法国村庄残存的遗迹被保留下来，以纪念在“二战”期间被杀害的642名居民，并以此警示子孙后代。

1944年6月10日，纳粹士兵进入格拉讷河畔奥拉杜尔。他们把村民分别带入谷仓和教堂，然后杀害了他们。少数幸存的目击者回忆道：在屠杀开始前，男人们的腿被射伤，以防止他们逃跑。妇女和儿童则被关在教堂里，然后士兵放火焚烧教堂，并射杀试图逃跑的人。一位美国航海家目睹了屠杀发生之后的场面，报告说甚至有人被钉上了十字架。这是“二战”中针对法国平民最严重的纳粹大屠杀，历史学家仍然搞不明白为什么奥拉杜尔成了袭击目标。对游击队攻击的报复很常见，但小小的奥拉杜尔并非法国抵抗运动的温床。

战争结束后，查尔斯·戴高乐（Charles De Gaulle）宣布在原村的西北面重建格拉讷河畔奥拉杜尔，这处被烧焦的废墟保留了下来。欧洲其他被摧毁的村庄大都在原址重建，或者以纪念碑作为标志，这里显得尤为独特。入口处的指示牌上只是写着“记住”（Souviens-Toi），但是记忆并不那么容易留存，尤其是当这个遗址越来越破败时。

格拉讷河畔奥拉杜尔的纪念中心（www.oradour.org）和村庄位于利摩日（Limoges）西北20公里处。

“村民们呼喊着祖先的名字，询问他们的近况并祈求帮助和保佑，舞者们则尽情起舞。”

COVE 科孚，贝宁

7.2189°N，2.3394°E

伏都教活鬼灵仪式

鼓从黎明时分开始敲响，吸引着来自山谷的人。舞者们如同鬼魅一般自森林中突然出现，他们前一夜就是在那里度过的，进行斋戒和祈祷，整理服装，以召唤祖先。伏都教（Voodoo）是贝宁的官方宗教，一半以上的公民都以某种形式信仰它。6000年前，非洲的伏都教正是由贝宁附近这个叫科孚（Cove）的村庄发展起来的，而今天，这里的活鬼灵（Egungun）仪式则为死者的回归打开一个入口。

精心制作的服装带有深刻的含义，隐藏了舞者的身份，他会跟随着鼓点将灵魂放飞，身体则完全开放给那些在他面前出现的“鬼灵”，让先祖透过他的眼睛看到后代是如何生活的。随着鼓点越来越密集，舞者们旋转着，进入了一种类似于托钵僧式的恍惚状态。他们扭曲、抽搐着，就好像已不习惯于肉身的魂灵再一次尝试适应人类的形态。在这个脆弱的时刻，邪恶和善良的灵魂都可能到来，所以每个人都很警惕。村民们呼喊着祖先的名字，询问他们的近况并祈求帮助和保佑，舞者们则尽情起舞。手执长杆的助手会阻止观众接触舞者，因为这会把他们拉入灵魂的世界。

当我正在拍摄这一过程时，一名舞者的长袍从我身上擦过，聚集的人群突然安静下来。其中一位首席巫医跑到我身边，带着一根镶嵌着贝壳的狮子大腿骨，这是他力量的护身符。他的眼睛翻上去，一边吟唱一边用狮骨在我身上扫描，就像机场安检人员一样。我身上的恶魔正在被驱逐，而村民们走上前来，看看我是否会被恶魔带走。当巫医耗尽自己的力量、把坏的灵魂从我的身体里拉入狮骨后，他就瘫倒在地，手里紧紧抓着那根骨头——现在必须用一个单独的仪式将这根骨头净化。

当我离开村庄时，人们包围着我，抚摸我，把他们的孩子推到我面前，让我把手放在孩子身上。我现在是一个特别的人，我曾走到灵魂世界的边缘并成功返回，所以我也将进入他们的传奇和神话。——詹姆斯·多西

☛ 科孚位于贝宁中部的南面，距离海岸线约80公里，在阿波美（Abomey）和凯图（Ketou）之间。当地旅行公司提供去往科孚的团队游，你也可以直接自己去村子，人们对游客非常友善。

PARIS 巴黎，法国 48.83383°N, 2.33242°E

巴黎的地下墓穴

“光之城”的林荫大道和修剪整齐的花园是由时髦的当地人统治的，位于下方的却是一个死者的王国。估计有600万人的遗骨堆放在巴黎地下蜿蜒潮湿的通道里。

随着巴黎人口的增长，墓地里挤满了尸体。无辜者墓地（Les Innocents cemetery）附近一堵地下室的墙被一处集体坟墓压塌了。从18世纪80年代开始，尸体被挖出来，放在现在的地下墓穴中。如今，大约有1公里长的隧道形成了官方的地下墓穴部分，入口处有标志，标明即将进入一个“死者帝国”。这段旅程很轻松，不用担心幽闭恐惧症发作。

完整的地下墓穴网络估计有280公里长，从拥有几百年历史的巴黎采石场开始，逐渐形成了今天的规模。尽管有危险（且违反法律），但探索地下墓穴这种活动对城市探险者诱惑力十足。更有些狂热分子扮演起地下墓穴照顾者的角色：清理隧道或创作壁画。不出意外的是，地下墓穴中也发现了新的受害者。菲利特·阿斯帕特（Philibert Aspairt）是一位18世纪的看门人，他进入地下墓穴并消失了11年，最后人们通过他腰带上生锈的钥匙才确认了他的遗体。

有些隧道曾被法国抵抗军使用，有些则成为纳粹的“地堡”，现在仍有德文标语，敦促人们保持安静、禁止吸烟。但是，对都市探险者来说，最令人发怵的地方是“死亡的十字路口”（Le Carrefour des Morts），在那里，你得沿着一段低矮的隧道爬行，其中堆着发黄的骨头。

地下墓穴 (www.catacombes.paris.fr) 的入口靠近Denfert-Rochereau地铁站。

© Pete Seaward / Lonely Planet Images

PÚBOL 布波尔，西班牙　　42.0149°N, 2.9833°E

布波尔城堡

将加拉·达利（Gala Dalí）仅仅视作萨尔瓦多·达利（Salvador Dalí）的妻子并不公平，她是位令人敬畏的俄国社会名流，还是某些20世纪最伟大艺术家的灵感之源。布波尔城堡（Castell de Púbol）是她从萨尔瓦多的乱流之中隐退的地方。如果想了解这对尊崇超现实主义的最著名夫妇的共同生活，这里提供了一些有趣的依据。

生于俄国的加拉嫁给了文学巨匠保尔·艾吕雅（Paul Éluard），并和达达主义艺术家马克斯·恩斯特（Max Ernst）保持情人关系，之后她遇见了萨尔瓦多·达利。他们结了婚，尽管如此，加拉的风流韵事并未停歇。事实上，富有魅力的妻子的这种行为让萨尔瓦多感到兴奋。被加拉迷得神魂颠倒的萨尔瓦多很高兴能给她一个“像绝对君主一样统治”的地方。1969年，他在布波尔买下一座中世纪城堡，根据加拉的品位进行装饰。古董和手绘天花板装饰着哥特与文艺复兴风格混合的城堡，是饱含爱意的萨尔瓦多汗水的结晶。天鹅绒窗帘和枝状大烛台静静地装点着它的墙壁，而一个唇形的沙发和带有琵琶鱼雕像的喷泉则增添了超现实主义感。萨尔瓦多必须递交一份亲笔申请，加拉才允许他访问布波尔城堡。

这座宫殿最终成了加拉的坟墓。将她安葬在地下室后，萨尔瓦多将城堡用作艺术家工作室，希望能与他的灵感女神交流。

3月中旬至12月开放，见www.salvador-dali.org。可自驾或参加团队游前来参观，或是乘坐开往拉佩拉（La Pera）的长途汽车前往。

ROTTERDAM 鹿特丹，荷兰

51.5288°N，4.3013°E

魔方屋博物馆

鹿特丹不乏各种创新建筑，但有一幢建筑脱颖而出——由皮埃特·布洛姆（Piet Blom）为Overblaak Development开发项目设计的黄灰相间、杂乱倾斜的立方体。每一个“立方体房子”都模仿一棵树修建，所以集中在一起的效果就像森林。游客们可以在魔方屋博物馆（Kijk-Kubus Museum-House）参观其中的一幢建筑。内部空间的有些设计会使你想要倒立或者站在斜坡上去看，因此你的头会不自觉地随着变换的方向旋转，但是你在建筑物外面看到的45°角与内部逻辑完全不一致。内部需要定制棱角分明的家具才能适应这种古怪的户型。

位于鹿特丹布莱克车站（Blaak station）**对面，每天11:00~17:00开放**（www.kubuswoning.nl）。

HALSTEREN 哈尔斯特伦，荷兰
51.5288°N，4.3013°E

沟桥

当你大踏步走过哈尔斯特伦（Halsteren）附近的“摩西桥”时，很容易会觉得自己会分水踏浪。走过这段被称为“沟桥”（Loopgraafbrug）的下沉式人行通道时，你会看到桥两边的水面几乎和你的头顶一般高了。这条人行道先向下经过一片泥泞的河岸，之后穿过卢佛瑞城堡（Fort de Roovere）的护城河——在18世纪的奥地利王位继承战争期间，这座城堡曾落入法国人的手中。RO&AD建筑师事务所精心设计了这座木桥，以保持城堡简约、疏离的气质。如今，这座堡垒成了一个受人喜爱的旅游胜地，尽管这座桥本身就吸引了许多好奇的游客。

卢佛瑞城堡位于埃因霍温（Eindhoven）西面，沿着A58公路行驶100公里可达。

© Barcroft / Getty Images

OSHOGBO 奥绍博，尼日利亚
7.7592°N，4.5569°E

奥孙圣林

你曾想象过自己在西非美丽的雨林中漫步，去寻找一位著名艺术家创作的众多雕塑吗？恐怕没有吧。这有点超出了大多数人的想象，却能在奥孙圣林（Osun Sacred Forest）成为现实。这片森林是奥顺（Oshun；约鲁巴人的生育女神）的神殿所在地，20世纪50年代，这里令奥地利画家和雕塑家苏珊娜·温格（Susanne Wenger）着迷，她当时住在尼日利亚东南部的奥绍博（Oshogbo）。她信奉并推广了约鲁巴宗教，被当地人称为Adunni Olosa（“受人爱戴的”）。除了她的作品，在当地艺术家发起的21世纪的复兴运动之后，许多其他的雕塑现在也被安放在这片森林之中。

森林位于奥绍博外围地带，与拉各斯（Lagos；3小时）之间有小巴往来。

© Art Directors & TRIP / Alamy

HAUTERIVES 欧特伊夫，法国
45.2561°N，5.0276°E

理想宫

这座理想宫（Le Palais Idéal）形似最奢华的印度教寺庙，是邮差兼艺术家费迪南德·薛瓦勒（Ferdinand Cheval）耗时33年建造而成的。1879年春的一天，切尔德踢到了一块鹅卵石，石头的形状激发了他的灵感，他把它装进口袋保管起来。逐渐地，各种不同寻常的鹅卵石成了这座童话宫殿的建筑材料。切尔德从不同时代汲取灵感，用他在29公里长的邮政路线上找到的各种石头，精心制作了滴水嘴、门廊、楼梯、塔楼和精致的柱子。这座宫殿于1912年完工，但直到切尔德过世了几十年后，游客们才开始光顾这座体现了人类耐心的宫殿。

宫殿（www.facteurcheval.com）**位于欧特伊夫**（Hauterives），**在里昂以南55公里处。**

NORANGSDAL VALLEY 诺兰斯达尔山谷，挪威
62.1756°N，6.7292°E

朗厄斯托耶湖

前往挪威的旅行者通常沉醉于高耸入云的悬崖和波光粼粼的峡湾，但水下也有奇迹：在朗厄斯托耶（Lyngstøylvatnet）湖下就潜伏着一个完整的城镇。1908年，凯彭山（Mt Keipen）的一场雪崩造成岩石碎裂滑落，形成了一个天然的大坝。由此产生的湖泊——朗厄斯托耶湖，淹没了棚屋、桥梁、森林的一部分和一段旧路。如今，熟练的潜水者穿上最厚的潜水服，跳入冰冷的湖水中，在那里，他们可以躲在一座被层层海藻包围着的矮桥下面，还能在古老的石墙间翻筋斗。

该湖仅限经验丰富的潜水者下水，最适合自驾前来。最好同时参观桑尼尔文教堂（Sunnylven Church）**和海尔西特瀑布**（Hellesylt Waterfalls），**它们位于湖东南面35公里处，有公路可以到达。**

THE ALPS 阿尔卑斯山，瑞士
46.6942°N，8.3575°E

特里夫特悬索桥

别往下看：你正沿着瑞士阿尔卑斯山中最长、最高的人行天桥行走，突然刮起的大风令它开始颤抖。就连那些从特里夫特悬索桥（Triftbrücke）上行的缆车，似乎都会让你反胃。特里夫特悬索桥建于2009年，仿照尼泊尔风格的三绳桥建造，这是一种简单而耐用的设计，在尼泊尔的山口随处可见。对步行者来说，这段过桥的路程似乎要比170米长得多，它悬挂在特里夫特峡谷的悬崖上，下方就是特里夫特湖的蓝绿色湖水。为了避免向下看，你可以把目光投向前方的冰川和山景。

在Nessental Triftbahn**公交车站乘坐缆车，然后再徒步90分钟（单程）。仅6月至10月开放。**

ESBJERG 埃斯比约，丹麦

55.48776°N, 8.41119°E

海边的男人

当你驶进埃斯比约（Esbjerg）港时，肯定会注意到港口旁坐着的四个人，它们看上去就像是正期待着你的到来。这些9米高的雕像组成了引人注目的“海边的男人”（Man Meets the Sea）装置艺术 。在晴朗的日子里，从10公里外的船甲板上都能够看到这些闪闪发光的白色身影。这组体积巨大的艺术品是斯文德·维格·汉森（Svend Wiig Hansen）的智慧结晶，它们于1995年首次亮相，旨在庆祝埃斯比约市独立100周年。这位艺术家希望这些雕塑能唤起一种纯粹的一致性和永恒感，在人类迷失方向之前，捕捉到人性与自然相遇的瞬间。面对这些冷漠的雕像，我们很难不去想象，当它们凝视着北海的时候，会看到些什么。

☛ 雕塑位于Sædding Strand，在埃斯比约以南4公里处。从火车站坐3路公共汽车就能到达。

TOP 10
十大令人胆战心惊的岩石

NEAR TYSSEDAL 靠近图斯达尔，挪威　60.1242°N，6.7401°E

① 巨魔之舌

在林格尔斯瓦特奈特（Ringedalsvatnet）的水面上伸出的舌形岩石（Trolltunga）是挪威最适合拍出壮观照片的地方之一。徒步者从斯克杰格达尔（Skjeggedal）出发，需要经过一段全程12小时的艰苦旅程，才能到达水面上的悬崖，一览众山小。亮点是在700米高的岩石上保持平衡，这是世界上最令人神经紧张的摆拍照片之一。

☛ 从斯克杰格达尔村出发，有一条全程12小时的徒步环线经过岩石，该村位于挪威南部的图斯达尔（Tyssedal）以东5公里处。

NEAR CHENNAI 靠近金奈，印度　12.6188°N，80.1922°E

② 马哈巴利普兰的平衡石

这块岩石重250吨，高6米，位于一处呈45°角的斜坡上，但是那些试图将"克利须那神的奶油球"滚下山的尝试已经失败了，访客们可以安全地在岩石下方摆各种姿势。

☛ 岩石紧邻马哈巴利普兰（Mahabalipuram）的Madha Kovil Street，在金奈（Chennai）以南55公里处。

TIJUCA NATIONAL PARK 蒂茹卡森林公园，巴西
22.9975°S, 43.2859°W

③ 平台石

想拍一张视死如归的假日照片，那就前往这个844米高的里约观景台吧。从恰当的角度，你看上去像是紧抓着海滩上方高处的一块岩石；而实际上，你离坚实的地面只有2英尺。

需要一段穿过蒂茹卡森林公园（Tijuca National Park）的6小时往返徒步之旅。雇用向导：www.nattrip.com.br。

NEAR ØYGARDSTØL 靠近ØYGARDSTØL，挪威
59.0337°N, 6.5933°E

④ 奇迹石

这块巨石夹在两座悬崖之间，与下方的落差为984米，最大胆的姿势是站在这块巨石上。这块岩石因冰川运动沉积于此，已经成了一个令人眩晕的拍照点。

从Øygardstøl开始，需要徒步9公里才能到达奇迹石（Kjeragbolten），某些路段需要链条辅助。

TIVERTON 蒂弗顿，加拿大　　44.3629°N, 66.2243°W

⑤ 大自然时光邮局

被称为“大自然时光邮局”（Nature’s Time Post）的玄武岩柱位于芬迪湾（Bay of Fundy）一块大岩石的边缘，看起来好像就靠着那一点接触面积保持平衡，因此为无数视错觉照片提供了灵感。

☛ 需要徒步2.5公里并爬235级台阶才能到达岩柱，徒步线路的起点紧邻蒂弗顿（Tiverton）的217号公路。

NEAR PREIKESTOLHYTTA 靠近PREIKESTOLHYTTA，挪威　　58.9863°N, 6.1903°E

⑥ 圣坛岩

圣坛岩（Preikestolen）高踞于吕瑟峡湾（Lysefjord）上空604米处，是在挪威的吕菲尔克（Ryfylke）峡湾地区进行4小时高强度徒步后的奖励。在靠近它边缘的地方拍张照片吧，但也别靠那么近！

☛ 从斯塔万格（Stavanger）的渡轮总站坐长途汽车到Preikestolhytta，这里是圣坛岩徒步线路的起点。

NORTHERN TERRITORY 北领地，澳大利亚　　20.5612°S, 134.2615°E

⑦ 魔鬼巨石

在澳大利亚北领地的一个干旱山谷里，四处散落着花岗岩球体。对土著居民来说，这些风化的巨石具有神圣意义。其中一对巨石似乎不受地心引力的影响。

☛ 魔鬼巨石（Devils Marbles）保护区位于Stuart Highway，在滕南特克里克（Tennant Creek）以南100公里处。

© Ron Nickel / Getty Images

UTAH 犹他州，美国　　38.7009°N, 109.5646°W

⑧ 平衡石

平衡石（Balanced Rock）位于一根高39米的细长石柱顶端，看上去随时准备掉下来。和它相似的岩石地貌的确在20世纪70年代发生了翻滚，所以不要站得离平衡石太近，以防万一。

☛ 从紧邻犹他州拱门国家公园（Arches National Park）的主路开始，沿着徒步小径走20分钟就能到达岩石。

ARIZONA 亚利桑那州，美国　　31.9988°N, 109.3176°W

⑨ 大平衡岩

在这个亚利桑那州公园的溪流、火山岩和石窟之间，大平衡岩（Big Balanced Rock）以其最狭窄的一端为支点，仿佛一个旋转的陀螺。

☛ 从奇里卡瓦国家保护区（Chiricahua National Monument）内的回声峡谷小径起点出发，有多条线路可以到达岩石。

RUOKOLAHTI 卢科拉提，芬兰　　61.4935°N, 28.4294°E

⑩ 怪石

在芬兰的这块巨石下，人们似乎无法拒绝摆出高举手臂的姿势。这块7米宽的岩石在一处低矮的土丘上保持着平衡，因冰川运动而沉积于此，虽然民间传说认为这都是巨怪惹的祸。

☛ 怪石（Kummakivi）藏身的森林位于芬兰东南部，需要沿着62号公路向北行驶10公里。

HAMBURG 汉堡，德国
53.5438°N, 9.9885°E

微缩景观世界

让自己沉迷于猜火车的极客生活，释放你内心的孩子气吧。微缩景观世界（Miniatur Wunderland）拥有世界上最大的铁路模型，还有娃娃般大小的文艺复兴时期建筑，小巧的体育场里有针尖大小的人物模型，小火车在童话般的森林中咔嗒咔嗒作响。微缩景观世界位于汉堡，以最注重细节的方式重现其家乡，从圆柱状的艺术馆（Kunsthalle）到绳索街（Reeperbahn），无不如此。这里还有一个斯堪的纳维亚半岛小人国，船只在白雪覆盖的湖泊中上下浮动，此外还复原了拉斯维加斯之夜。从2000年开始，这个微型世界的诞生已经花费了76万个小时（并且还在增加）。目前有计划在微缩景观世界中加入摩纳哥一级方程式赛车道，预计于2019年完成。

可在www.miniatur-wunderland.com订票。从Baumwall搭乘U3地铁就能到达。

NEAR AGADEZ 靠近阿加德兹，尼日尔
17.7500°N, 10.06667°E

特内雷之树

“最后一棵树”——你可以这样叫它。作为古代撒哈拉森林的幸存者，特内雷之树（Tree of Ténéré）曾经是撒哈拉沙漠中部唯一的一棵树，这棵金合欢树因此理所当然地出了名。它不仅是非洲唯一一棵被米其林地图标注的树，更重要的是，对那些穿越这片荒凉沙漠中心地带的人来说，特内雷之树标出了一处极其重要的水井的位置。然而在1973年，它却被一个利比亚卡车司机撞倒了——这是什么样的概率？今天，你所见到的是一件金属复制品，它矗立在原树的位置，作为纪念。

在安全形势允许的情况下，可以驾驶四驱车从阿加德兹（Agadez）到达特内雷之树。原树的残余部分被保留在尼亚美（Niamey）的国家博物馆中。

© Arterra / Getty Images

AALBORG 奥尔堡，丹麦 57.0430°N，9.91521°E

会唱歌的树

许多园丁都会为他们的植物唱歌，但在奥尔堡（Aalborg），植物们还会唱歌回敬。基德公园（Kildeparken）的树木拥有自己独特的音色，大多数与种植它们的艺术家相关。自1987年起，这座丹麦城市就一直在劝说明星们来基德公园植树，克里夫·理查德（Cliff Richard）是第一位。在他的榜样作用下，众多明星纷纷效仿，于是在种树明星的花名册上出现了许多令人眼花缭乱的名人，包括斯汀（Sting）、碧昂斯（Beyoncé）、埃尔顿·约翰（Elton John）、夏奇拉（Shakira）和ZZ Top。对公园来说，表达感激之情似乎是合乎逻辑的，所以，在2012年，橡树和樱桃树被插上了电，用来播放音乐。在公园里漫步时，按下树上的“播放”按钮，就有一群热爱树木的名人为你唱小夜曲。

基德公园位于奥尔堡市中心以南，靠近该城的长途汽车站和火车站，全年都可以听到树木播放的音乐。

SOUTH TYROL 南蒂罗尔，意大利
46.8037°N，10.5314°E

库恩钟塔

雷斯肯湖（Reschensee）和背后的山脉与森林海岸共同构成了一幅原始自然的画面，直到你看到一座从水中伸出来的钟塔。这个位于意大利南蒂罗尔（South Tyrol）的湖泊是因1950年建造大坝而生成的人工湖，它将三个湖泊连在一起。5平方公里的农田和几十户家庭以及一座14世纪的教堂，都被永久地淹没了，除了教堂的钟塔。到了隆冬时节，当湖面结冰时，你就有可能走到塔边。到了那时，这座教堂就会显得更为可爱，就像一个幽灵自雷斯肯湖中悄然升起。

该湖靠近意大利与瑞士和奥地利的边境，从三国都可以一瞥其美景。可以参考www.suedtirolerland.it计划行程。

NEAR SKAGEN 靠近斯卡恩，丹麦

57.6482°N, 10.4059°E

米勒荒山

这片丹麦的沙丘正逐渐远离最初为其设计的保护区，缓慢地走向灭亡。米勒荒山（Råbjerg Mile）高40米，由400万立方米的沙子组成，是丹麦最大的沙丘。它沿着日德兰半岛（Jutland）北部推进，每年移动15米。

几百年来，沙丘一直困扰着丹麦人。在15~18世纪，流沙将人们赶出家园。1795年，一座教堂的塔被沙子吞噬，如今仍然可见，被称为"被埋葬的教堂"（Den Tilsandede Kirke）。19世纪通过的"流沙法案"（Sand Drift Act）允许政府购买被沙丘掩埋的土地，并通过植树来防风固沙。

1900年，丹麦政府买下了这片包围着米勒荒山的土地。他们没有试图阻止沙丘前进的步伐，正相反，他们决定看看这片巨大的沙丘会做什么，并以此向后代展示当人们置之不理时，沙丘会怎样胡作非为。麻烦的是，米勒荒山正在加速离开保护区。当政府官员忙着修改保护它的文件时，沙丘却越来越受到观鸟者和徒步旅行者的欢迎。

从斯卡恩（Skagen）出发，沿着Gamle Landevej向南骑行。可以询问当地人哪些地区有流沙。

NIGER 尼日尔 16.864930°N，11.953712°E

法国联合航空 772 航班纪念碑

纪念碑指向巴黎的方向，那本是法国联合航空UTA772次航班的最终目的地。1989年9月19日，被炸毁的DC10客机的机身落在了撒哈拉沙漠，纪念碑就在附近。这座纪念碑是为了纪念从布拉柴维尔（Brazzaville）起飞的航班上的所有遇难者。纪念碑由遇难者家属和140名尼日利亚人建造，由170块镜子（每一块代表一位受害者）、岩石和飞机残骸组成。从上空看，它是一个与原DC10机型一样大小的剪影，形成了一个巨大罗盘的指针。原飞机的一侧机翼就在指北针的位置，垂直于地面，上面的铭牌刻着遇难者的名字。

☛ 在布拉柴维尔—巴黎航线上，你可以从空中看到纪念碑；在安全形势允许的情况下，也可以从阿加德兹（Agadez）坐四驱车过去。

LUND 隆德，瑞典
55.7055°N，13.1957°E

隆德的鼻子收藏馆

想让你的鼻子在鼻子收藏馆（Nasothek）中永垂不朽可不是件容易的事。这些精心策划的存储库只接受最优秀的人类面部突起部分，只有最卓越的鼻子才可申请。瑞典隆德大学的鼻子收藏馆拥有欧洲同类馆中最丰富的收藏，自1986年以来，它已经收集了上百个鼻子，阵容强大。每个鼻子都是通过谨慎的提名和辩论来决定的。作家、医生和当地的传奇人物需要忍受非常公开的石膏制作过程，从而令他们的鼻子不朽。这一项目希望用这些鼻子激励大学里的年轻人。

☛ 位于隆德Sandgatan 2的这个收藏馆在工作日的9:00~18:00开放（仅限开学期间），见nasala.se。

LUANDA 罗安达，安哥拉
8.8122°S，13.2357°E

铁宫

罗安达（Luanda）引人注目的黄色铁宫（Palácio de Ferro）是一座美丽的建筑，但其起源已无从知晓，2016年作为一个文化中心重新开放。它有装饰性的铁栏杆和大胆的新艺术矮墙，风格看起来很接近埃菲尔铁塔。事实上，流传甚广的说法是，这是由古斯塔夫·埃菲尔（Gustave Eiffel）为19世纪90年代的法国博览会设计建造的。它随后被拆除，安置在一艘开往马达加斯加的船上。这艘船遭遇了风暴，在安哥拉骷髅海岸（Skeleton Coast）搁浅，这座建筑最终流落到了罗安达。尽管有浪漫的历史，但并没有官方文献证明“铁宫”的存在。相反，它就像一个未解之谜，坐落在罗安达21世纪的石油塔群中。

☛ 宫殿位于罗安达市中心被称为baixa的区域。开放时间不定，入场免费。

ROME 罗马，意大利 41.8194°N，12.5573°E

阿匹亚古道

阿匹亚古道（Via Appia Antica）是罗马的第一条伟大的高速公路，也是罗马最著名的执政官之路。它的名字来自阿比乌斯·克劳斯·卡库斯（Appius Claudius Caecus），他在公元前312年铺设了该路最初的90公里，整条路于公元前190年建成，很快就成了一条重要的战略动脉，连接罗马和布林迪西（Brindisi）南部的港口。

古人称其为“道路女王”，这条路至今仍然是一处宏伟的景观。在离开罗马城后，纪念碑和里程碑在鹅卵石大道两旁排列，周边是高耸的松树和郁郁葱葱的田野，到处都是令人回味的废墟和隐蔽的别墅。长期以来，它一直是罗马最独特的地点之一，但在美丽的背后却隐藏着一段黑暗的历史。这里是公元前71年斯巴达克斯和他的6000名奴隶叛军被钉在十字架上的地方，也是古人埋葬尸体之处。富裕的罗马人建造了精致的陵墓，而早期的基督徒则被埋入地下，形成了长300公里的地下墓室网络。

传说中，圣彼得在这里遇到了耶稣显灵。故事里说，彼得在逃离罗马时看到了基督，相遇的地点就在现在的多米内库奥巴蒂斯教堂（Chiesa del Domine Quo Vadis）所在地。两人交谈了几句，彼得决定回到城里，在那里他被立刻逮捕并钉死在十字架上。

从Colli Albani地铁站（A线）乘坐660路公共汽车，或是从Circo Massimo（B线）乘坐118路就能到达。

10 TOP 世界十大柏林墙

BERLIN 柏林，德国　　52.5045°N, 13.4413°E

① 东边画廊

从1961年起，柏林墙就将东德、西德分开，直到1989年墙被推倒。磨坊街（Mühlenstrasse）残存的1.3公里墙壁上的壁画，既保留了分离的痛苦，也记录了柏林墙的消亡所带来的喜悦。部分墙体被拆除，其中一些石板被送到世界各地。现在，许多柏林墙的残留物都作为严肃的警示放置在公园、博物馆和酒店大堂里。

☛ 在奥伯鲍姆桥（Oberbaum Bridge）以西的磨坊街参观柏林墙，见www.eastsidegallery-berlin.de。

© Timothy Aikman / Alamy

© epa european pressphoto agency b.v. / Alamy

SEOUL 首尔，韩国　　37.5664°N, 126.9898°E

② 柏林广场

老柏林的一个角落现在漫不经心地藏身在首尔的未来主义城市景观中，“柏林广场”（Berlin Square）不仅拥有一段柏林墙，还有一只蓝色的柏林熊和德国风格的街灯。

☛ 从钟阁（Jonggak）站先向南再往东走，就可以到达这个小广场。

KINGSTON 金斯敦，牙买加　　17.9940°N, 76.7831°W

③ 牙买加军事博物馆

在尤塞恩·博尔特（Usain Bolt）于柏林打破世界纪录后，他收到了一块两吨重的柏林墙石板作为礼物，之后石板被放置在金斯敦（Kingston）的军事博物馆（Military Museum）外，上面有一幅短跑运动员的壁画。

☛ 博物馆位于伊甸花园（Eden Gardens），周三至周日开放。

BRUSSELS 布鲁塞尔，比利时　　50.8396°N, 4.3762°E

④ 欧洲议会

曾经矗立在波茨坦广场（Potsdamer Platz）上方的一段柏林墙，现在被安放在欧洲议会所在地附近。题词“新世界纪录9.85秒”是指在它被绘制时的100米短跑世界纪录。

☛ 在Rue Wiertz街旁可以找到这块石板，就在布鲁塞尔的欧洲区。

SOFIA 索非亚，保加利亚 42.6856°N, 23.3191°E

⑤ 国家文化宫

索非亚的国家文化宫（National Palace of Culture）周围环绕着好几座纪念碑，包括纪念被执政者迫害之人的1300年纪念碑以及柏林墙的一部分。

☛ 文化宫位于城中心，靠近NDK地铁站。

DALLAS 达拉斯，美国 32.8004°N, 96.8304°W

⑥ 达拉斯希尔顿安纳托尔酒店

在这座豪华的达拉斯酒店（Dallas Hilton Anatole）里放置着两段柏林墙，墙后打着背景光，显得很有品位。它们“尖叫的嘴”是由柏林街头艺术家尤尔根·格罗斯（Jürgen Grosse）设计的。

☛ 酒店就位于达拉斯市中心以北，紧邻Stemmons Fwy。

ISRAEL 以色列 32.7003°N, 34.9827°E

⑦ 艾因霍德

自1992年以来，以色列北部的艺术家“飞地”艾因霍德（Ein Hod）就一直收藏着一块柏林墙的石板，这也促进了该地户外艺术和微型画廊之间不同寻常的融合。

☛ 从海法（Haifa）沿着4号公路驾车就能到达艾因霍德。在岔路向东拐到7111公路。

© Sueddeutsche Zeitung Photo / Alamy

© STAN HONDA/AFP/Getty Images

VATICAN CITY STATE 梵蒂冈
41.9033°N, 12.4504°E

⑧ 梵蒂冈花园

梵蒂冈花园（Vatican Gardens）里的这堵墙是由国际汽联领导人马可·皮切尼尼（Marco Piccinini）送给教皇的，上面有一幅柏林的圣米迦勒教堂（St Michael's Church）的壁画，这座教堂曾经被墙挡住。

☛ 坐地铁A线到Ottaviano-San Pietro。

NEW YORK CITY 纽约城，美国
40.7040°N, 74.0173°W

⑨ 炮台公园

作为法国街头艺术家特里·诺尔（Thierry Noir）创作的众多“大头作品”之一，这个卡通形象从这段柏林墙上凝视众生。作为德国领事馆的礼物，它最终成功来到了纽约市。

☛ 炮台公园（Battery Park）位于下曼哈顿的最南角，墙位于考斯基广场（Kowsky Plaza）。

CAPE TOWN 开普敦，南非 33.9217°S, 18.4220°E

⑩ 圣乔治街

这段柏林墙本是柏林城送给纳尔逊·曼德拉（Nelson Mandela）的礼物，现在矗立在开普敦市中心繁忙的步行街圣乔治街（St George's Mall）上。

☛ 圣乔治街距开普敦的主火车站500米。

TOP 10 十大不同寻常的藏骨堂

HALLSTATT 哈尔施塔特，奥地利　　47.5636°N, 13.6487°E

① 哈尔施塔特人骨教堂

在奥地利的阿尔卑斯山上，骷髅画是一种经久不衰的艺术形式，而在哈尔施塔特人骨教堂（Beinhaus Hallstatt）藏骨室里，死亡宛如一道彩虹般的阴影。在这里的1200个头骨中，有一半的头骨上绘制了花冠、十字架，甚至用花体写上了其主人名字。有些头骨的历史可以追溯到800年前，但在20世纪，仅有少量彩色头骨被放置在这里。

☛ 人骨教堂与哈尔施塔特的教区教堂相连，5月至10月开放。

© imageBROKER / Alamy

© Fran Villalba / Getty Images

NEAR KUTNÁ HORA 靠近库特纳霍拉，捷克　　49.9614°N, 15.2883°E

② 塞德莱茨藏骨堂

在这个令人毛骨悚然的小教堂（Kostnice v Sedlci）里，人体的每一根骨头都被用来制作吊灯、圣体匣和盾形纹章。作为压轴，创作者弗朗蒂谢克·林特（František Rint）留下了一个由小骨头制成的签名。

☛ 藏骨堂位于库特纳霍拉（Kutná Hora）以东2公里处，4月至10月开放。

ROME 罗马，意大利　　41.9048°N, 12.4886°E

③ 卡普奇兄弟会修道院

在这个地窖里，戴着兜帽的骷髅靠在一个骷髅祭坛上。16~20世纪，在此祈祷的僧侣都很清楚，他们自己的骨头终有一天也会摆放于此，和他们的同胞一样。

☛ 罗马的教堂和修道院建筑群每天开放。最近的地铁站是Barberini。

NIŠ 尼什，塞尔维亚　　43.3121°N, 21.9238°E

④ 骷髅塔

在1809年的一次起义后，在此统治的土耳其人建造了一座3米高的骷髅塔（Skull Tower）来震慑未来可能发生的叛乱。如今，尼什（Niš）的骷髅塔象征着抵抗，尽管头骨的数量从952个减少到了54个。

☛ 从尼什市中心乘坐开往Niška Banja的公共汽车就能到达骷髅塔。

NEAR VALLADOLID 靠近巴利亚多利德，西班牙
41.6762°N，4.9178°W

⑤ 圣玛利亚教堂

500年来，西班牙修道士们的遗体都被安置在这座12世纪教堂（Church of Santa Maria）的藏骨堂里。它的墙边高高地堆满了股骨，而3000个头骨则茫然地盯着来访者。

☛ 教堂位于巴利亚多利德（Valladolid）以西22公里处，仅周末开放。

KUDOWA-ZDRÓJ 库多瓦-兹德鲁伊，波兰
50.4515°N，16.2419°E

⑥ 人骨教堂

在切尔姆纳（Czermna）的18世纪小教堂里，堆放着超过3000个因霍乱、黑死病和战争而死亡的人的头骨。在你脚下的地窖里，还有2万块骨头。

☛ 人骨教堂（Kaplica Czaszek）位于库多瓦-兹德鲁伊（Kudowa-Zdrój）中心以北1公里处。

LIMA 利马，秘鲁 12.0453°S，77.0270°W

⑦ 圣佛朗西斯科修道院

在这座修道院（Monastery of San Francisco）的巴洛克式塔楼下，放置着7万人的尸骨。它们以一堆头骨为中心，呈放射状整齐地排列着。

☛ 这座原始的有白色柱廊女修道院位于利马（Lima），距离Desamparados站250米。

④

© Christopher Pillitz / Getty Images

⑥

© Guillem Lopez / Getty Images

VERDUN 凡尔登，法国 49.2069°N，5.4239°E

⑧ 杜奥蒙公墓

13万具德国和法国士兵的遗体混放在这个混凝土藏尸所里。法国北部的土地上不断地出现尸骨，那里正是"一战"中长达300天的凡尔登战役的发生地。

☛ 凡尔登的旅游办公室可以安排去往杜奥蒙（Douaumont）的一日游（en.verdun-tourisme.com）。

KENT 肯特郡，英国 51.0727°N，1.0841°E

⑨ 圣纳德教堂

这个诺曼时代的教堂守卫着590个头骨和8000根腿骨，跨越几百年的时间，最古老的骨头来自14世纪。人们认为在当地的墓地被填满后，这些遗骸被重新葬于此处。

☛ 圣纳德教堂（St Leonard's Church）位于肯特郡的海斯（Hythe），在多佛（Dover）以西约17公里处。

SAINT CATHERINE 圣凯瑟琳，埃及
28.5553°N，33.9759°E

⑩ 圣凯瑟琳修道院

圣凯瑟琳是世界上最古老的修道院（St Catherine's Monastery）之一，在沙漠的阳光下金光闪闪。以前的僧侣安眠在小小的藏骨堂中。

☛ 可以在达哈卜（Dahab）参加导览游。查看www.sinaimonastery.com。

POSTOJNA 波斯托伊纳，斯洛文尼亚 45.7830°N，14.2038°E

波斯托伊纳洞穴

当这种神秘的两栖动物于17世纪首次出现在波斯托伊纳（Postojna）的洞穴中时，最简单的解释就是它们是某种幼龙。但是，关于这种像蝾螈一样的洞螈的真相十分有趣——这种幽灵般苍白的两栖动物只在波斯托伊纳24公里长的洞穴内出没。这种坚韧的洞螈可以在没有食物的情况下存活10年，而且它们完全没有视力，只能利用感知弱电场的能力在地下水道中窜来窜去。

这些洞穴及其黏糊糊的居民已经接待四方游客有段时间了。微型火车在洞穴里已经行驶了超过140年，奥地利的伊丽莎白皇后甚至也来参观了一次，不过遗憾的是，她参观时所使用的天鹅绒轿子已经不能用了。如今，洞穴的墙壁上倒挂着群峰般的钟乳石，而石灰岩柱就像巴洛克式教堂的祭坛般升起。这根5米高的闪亮石笋被称为“天才之作”，它引发了无数快门声，尽管一池洞螈才是众人注目的中心。生物学家对这些滑溜溜的生物对科学的贡献抱有很高的期望，它们的再生能力可能是治疗癌症的关键，甚至可以延缓人类衰老的进程。直到2016年，科学家才终于观察到洞螈幼体的孵化和生长。现在，“幼龙们”仍保守着它们的秘密。

从卢布尔雅那（Ljubljana）坐长途汽车到波斯托伊纳（www.postojnska-jama.eu）需要1小时。

IDRIJA 伊德里亚，斯洛文尼亚
45.9997°N, 14.0228°E

汞矿山

伊德里亚（Idrija）从具有500年历史的有毒液态金属开采中积累了财富。几个世纪以来，水银对温度计和灯的技术革新起到了关键作用。伊德里亚丰富的汞在1490年被发现，这个斯洛文尼亚小镇拥有世界上最大的汞矿山长达几个世纪。在圣安东尼矿井（St Anthony's Mineshaft）内，隧道被保存了下来，墙壁上仍然残留着一闪一闪的有毒金属珠（幸运的是在玻璃后面）。这座矿山是以矿工的守护神命名的，旅游团会带你经过一个小教堂，工人们在轮班前曾在那里祈祷。伊德里亚也因其精致复杂的蕾丝而闻名，显然这是更合适的纪念品。

参观矿井的团队游用时90分钟。伊德里亚位于卢布尔雅那以东60公里处，可查看www.antonijevrov.si。

ZADAR 扎达尔，克罗地亚
44.1173°N, 15.2199°E

海风琴

低沉的旋律从扎达尔（Zadar）的海岸传来，这是由海底直接发出的声音。在克罗地亚闪闪发光的海岸中心，一段大理石台阶内藏着35根管子和一个水下房间。波浪将海水推入管子内，排挤出空气的瞬间发出悦耳的声音，使一段旋律沿着海滨大道飘来飘去。这一“船工号子”利用了潮汐的力量。它可以是庄严和谐的，也可以是完全杂乱无章的，取决于天气状况。这一音乐实验是建筑师尼古拉·巴奇（Nikola Bašić）的心血结晶，自2005年以来，它已经演奏出了7种不同的和弦。

海风琴（Sea Organ）位于扎达尔的Riva最西端，在国家博物馆西北500米处奏响旋律。

© Alen Ferina / Alamy

ŽELÍZY 采尼兹，捷克
50.4204°N, 14.4645°E

采尼兹石魔

在森林中游逛的时候，可要小心那些邪恶的雕像会从半路杀出来。两座石制的“恶魔之头”潜伏在布拉格以北35公里处的采尼兹（Želízy）森林边缘，就像拉什莫尔山（Mount Rushmore）的噩梦。这些雕塑的创作者是捷克艺术家瓦克拉夫·莱维（Václav Levý），他是一个鞋匠的儿子，却作为一名雕刻家声名鹊起。他把自己的技艺带到了罗马和维也纳，并在欧洲大陆上装饰教堂，包括宏伟的布拉格圣维塔教堂（St Vitus）的门楣。这个以宗教主题闻名的雕刻家在捷克的乡村里留下了两张可怕的面孔，并任其长满苔藓，真是有点让人惊讶。

石魔位于采尼兹村南面的小丘上，满脸不乐意，从主路上就可以看到。从村中心走过去约300米。

© Michal Boubin / Alamy

行程

稀奇古怪的纳米比亚

NAMIB DESERT 纳米布沙漠，纳米比亚

26.7022°S，15.2318°E

卡曼斯科

一些鬼城仍然被封冻在时间里，另一些慢慢被人遗忘。而别具一格的卡曼斯科（Kolmanskop）却正在被沙丘一点点地吞噬。它建于20世纪初，作为联合钻石矿业（Consolidated Diamond Mines）的总部，拥有保龄球馆、剧院和赌场。然而，在奥兰治蒙德（Oranjemund）发现了更丰富的矿产资源后，卡曼斯科的时代就终结了，直到1956年被完全抛弃。沙丘爬进大楼里，仿佛是种拥有超现实感的室内设计。

☛ **从吕德里茨（Lüderitz）开车到卡曼斯科需要15分钟，后者紧邻B4公路。**

NAMIB DESERT 纳米布沙漠，纳米比亚

26.7022°S，15.2318°E

仙女圈

放射性土壤、白蚁和植物毒素——这些都被认为可能是仙女圈(Fairy Circles)形成的原因，但尽管有这么多的科学研究，仙女圈对人类而言仍然是个未解之谜。无数圆形斑块(直径2~15米)在纳米布沙漠(Namib Desert)的东部边缘随机分布，圈内没有任何植被，它们的红色土壤在一片金色的草地上显得很突出。坐在行驶的汽车上，你可能无法注意到这个非凡的现象，尤其是如果你不特意寻找它的话。但是，从空中(或者你的四驱车车顶)往下看，众多仙女圈就一目了然了。**纳米布兰德自然保护区(NamibRand Nature Reserve)和偏僻的马里恩弗拉斯山谷(Marienfluss Valley)都很适合观赏仙女圈，不过它们的分布范围很广。**

NAMIB DESERT 纳米布沙漠，纳米比亚

24.7593°S，15.2924°E

死亡谷

在超现实的环境中，行走在古老森林的阴影和树木的骨架之间，这里就是死亡谷(Deadvei)，这处支离破碎的白色黏土层被高耸的亮橙色沙丘包裹其中。**从位于纳米布-诺克卢福国家公园(Namib-Naukluft National Park)内的索苏维来(Sossusvlei)道路尽头，步行1.5公里就能到达死亡谷。**

NAMIB DESERT 纳米布沙漠，纳米比亚

21.8104°S，15.1760°E

岩石拱门，史匹兹柯普

这座岩石拱门位于壮观的、高达1728米的纳米比亚史匹兹柯普(Spitzkoppe)山附近，几千年来对抗着重力作用，是大自然送给每一位摄影师的礼物，也许也是全世界最好的夜景取景框。这里的天空是如此清晰，以至于地平线上的星星和你头顶上方的星星一样闪亮、浩繁，仿佛星空之毯。**从B2向西北方向拐上D1918，朝着亨蒂斯湾(Henties Bay)的方向开。行驶18公里之后，向北转到D3716。**

NAMIB DESERT 纳米布沙漠，纳米比亚

19.9715°S，13.0653°E

歌唱沙丘

毫无疑问，大自然能激发你引吭高歌的情绪。但是，若是大自然也发出一两个音符回应，你会做何感想？在纳米布沙漠中，尤其是骷髅海岸(Skeleton Coast)沿岸地区，沙子的独特矿物成分确保它在被扰动时能引起共鸣(通常是E、F或G调)。你可以背部着地，从一处沙丘的背风面滑下去，听听它的吼声。**位于偏远的特拉斯贝(Terrace Bay)后面的沙丘是尤为优秀的“歌手”。可以驾驶四驱车经由D34/D2302到达。**

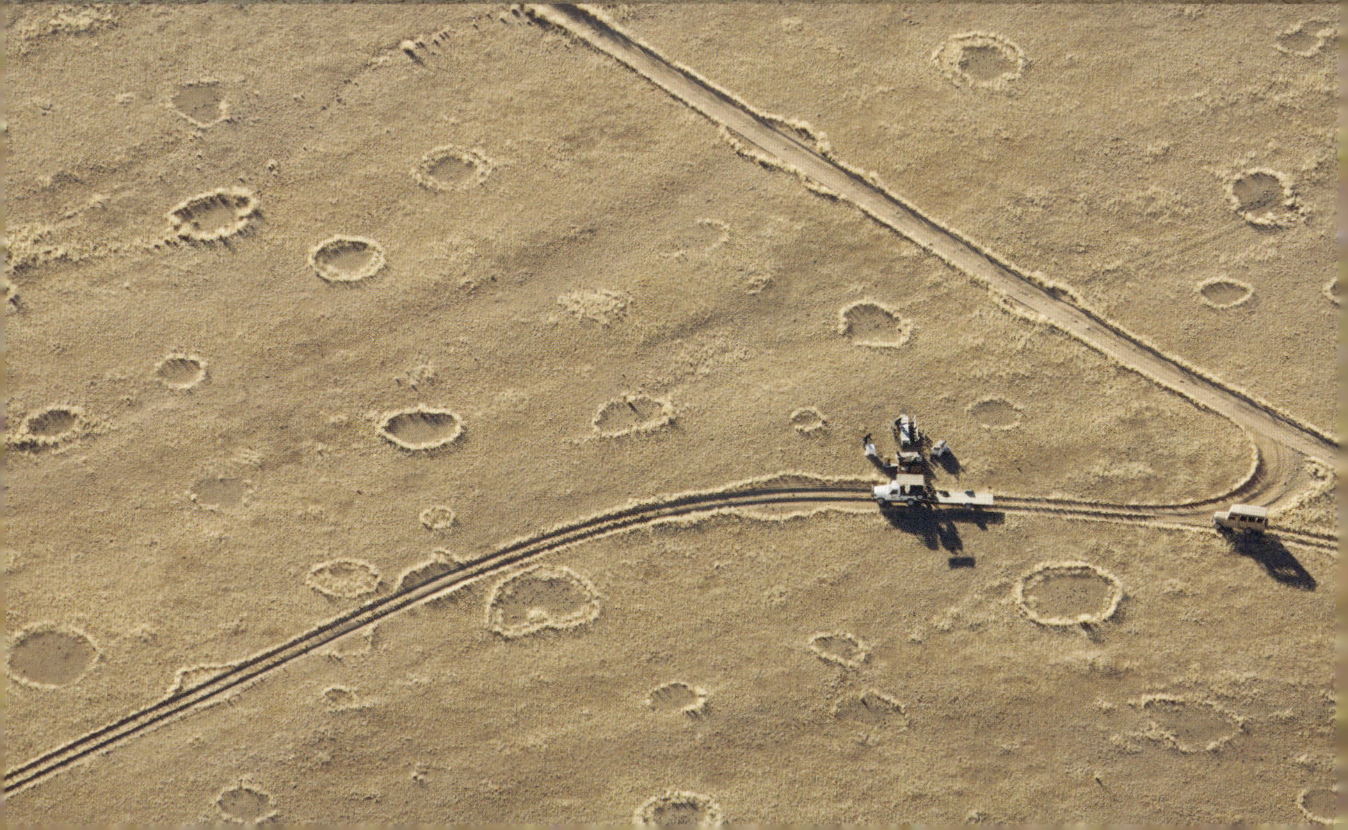

“我们好奇地望着那不断发出嗞嗞声的蒸汽，不时被垂直喷射的火焰、雷鸣般的爆炸声和在火山口侧面滚动的炙热岩石发出的噼里啪啦声打断。”

NEAR SICILY 靠近西西里，意大利　　38.8034°N, 15.2326°E

斯特龙博利岛

这个极度活跃、喷发着火焰的斯特龙博利岛（Stromboli）位于意大利的维苏威火山（Mt Vesuvius）和西西里岛的埃特纳火山（Mt Etna）之间的火山弧上，长久以来引人遐想。古代的水手把它称为“地中海的灯塔”，因为它持续不断地喷发，而我这样的火山爱好者则早已被这个完美的圆锥体吸引住了，它在伊奥里亚群岛（Aeolian archipelago）的东部边缘孤独地漂浮着。所以，在一个阳光明媚的5月中旬的一天下午，天气预报说将有满月出现，我乘船去拜访了这座火山。

我们一小队人在16:30从圣文森佐（San Vincenzo）的教堂出发。我们稳步攀爬，穿过黄色的金雀花和野生的酸豆，直到树木越来越稀少，越过林木线，便能俯瞰刷成白色的斯特龙博利村和波光粼粼的地中海。在我们上方，一群徒步旅行者在光秃秃的灰色土地上呈之字形跋涉，朝着顶峰迈进。

两个小时后，我们来到了斯特龙博利的顶端，一幅超凡脱俗的画面展现在眼前：冒烟的火山口与被夕阳染红的天际交相辉映，落日的余晖和它的倒影在海面上形成了一个巨大的倒置的感叹号。在接下来的60分钟里，我们挤在一块对抗寒冷，近距离欣赏着火山烟花。占据了火山口上方令人振奋的有利位置，我们好奇地望着那不断发出嗞嗞声的蒸汽，不时被垂直喷射的火焰、雷鸣般的爆炸声和在火山口侧面滚动的炙热岩石发出的噼里啪啦声打断。随着天空变暗，喷发物从带着红色斑点的大块灰色烟雾变成了红橙色的鲜艳喷泉，每一次喷发都独一无二、美丽无比。

上了山自然还得下山。最终，我们戴着头灯，排成一列纵队，踏上了斯特龙博利的东面斜坡——这是一片满是乱石的荒地，开始了陡峭的下山之路。月光下的大海在我们脚下伸展开来，一直延伸到意大利大陆那头闪烁的灯光。

只看一次是不够的。这座山已经住进了我的心里，我觉得有必要留下来。第二天晚上，黄昏时分，我跳上一艘船，以便从海上观察火山的爆发。接下来的早晨，赶在日出前，我徒步爬上了Sciara del Fuoco，这是斯特龙博利火山口下方荒凉的灰色地带，你可以在此观看熔岩沿着山坡滑下，撞入900米之下的地中海。十年后，我一如既往地痴迷于此地。我几乎每年都回来，斯特龙博利的魔法还没有消失。——格雷戈尔·克拉克

☛ 西西里的米拉佐（Milazzo）每天都有水翼船开往斯特龙博利，也可以从那不勒斯乘坐每周两次的渡轮前往。顶峰不允许7岁以下儿童攀登。

© Jim Richardson / Getty Images

SVALBARD 斯瓦尔巴群岛，挪威　　78.2357°N, 15.4932°E

全球种子保险库

如果你曾经仔细思考过，人类在经历了全球灾难——比如作物歉收或僵尸末日——之后将如何重新开始，你会很高兴地听到挪威全球种子保险库（Global Seed Vault）的存在。该保险库位于挪威北部的斯瓦尔巴群岛（Svalbard），其使命是储存足够多的种子，以确保全球农作物的遗传多样性。

世界各地大约有1700个农业前哨站已经拥有了自己的种子储备。不同种类的农作物，无论耐疾病还是耐旱，都被静静地储存着，未雨绸缪（但最好还是别派上用场）。它们脆弱的遗传性很容易在停电或人为灾难中丢失，因此全球种子保险库提供了最终的备份计划：在遥远的北极安全屋内，约4000种植物的86万个样本被安全地藏在密封袋内。

没有地方会比这个位于挪威北部和北极之间的地方更安全或更偏远。这个保险库甚至有007式的保护措施：一旦停电，这个很少被打开的保险库就会被封存。永久冻土层将使库存保持低温。安全措施规定，储存的种子只能由把它们存放在这里的国家收回，以确保当某个国家遭遇农业危机时，别人不会借机生事。

奥斯陆（Oslo）和特罗姆瑟（Tromsø）都有航班飞往斯瓦尔巴的机场。可以在www.svalbardscience.com预订团队游。

NOWE CZARNOWO 诺威卡诺乌，波兰
53.2139°N, 14.4757°E

弯曲的森林

这里的树木如同从格林童话中走出来的一样，以一种不自然的角度从地面蜿蜒而出，超过400棵松树呈奇特的C形弯曲，形成了一片有如巫婆林地的弯曲的森林（Krzywy Las）。各种各样的理论试图解释这一切：有些人认为，这片小树林里的树还是小树苗时就遭遇了百年一遇的大雪，被压弯了；另一些人则说，战时坦克的隆隆声让树木变得扭曲。然而，最可能的罪魁祸首还是别出心裁的农业方法。弯曲的原木对造船业来说是非常方便使用的，因此富有实验精神的农民可能会对树木的自然生长进行干预，尽管没有人承认这一点。

☛ 这片古怪的林间空地位于诺威卡诺乌（Nowe Czarnowo）以北2公里处。诺威卡诺乌在什切青（Szczecin）以南33公里处，是波兰西部一个热闹的港口。

© Maciej Bledowski / Alamy

© Richard Wareham Fotografie / Alamy

SARAJEVO 萨拉热窝，波斯尼亚和黑塞哥维那
43.8563°N, 18.4131°E

萨拉热窝玫瑰

在波斯尼亚和黑塞哥维那的首都萨拉热窝，悲伤和希望从混凝土中绽放。在萨拉热窝围城期间，致命的迫击炮袭击留下的伤疤被涂上了红色的树脂，为失去亲友的人营造了街头纪念氛围。1992~1996年，从周围的山丘上，塞族共和国的军用坦克每天会发射300多枚炸弹袭击萨拉热窝。在1425个血腥日子里，11,541名平民在萨拉热窝被杀害。

当迫击炮弹击中混凝土等坚硬的表面时，在中央的弹坑周围还会形成一圈凹陷。因此，填上红色树脂后，这些遍布在萨拉热窝街道上的标记看上去就像是鲜艳的红色花朵，或者是一摊摊的鲜血。没有哪个人或团体声称自己创作了萨拉热窝玫瑰，它们属于那些经历过围困的人。但结果却是，这些玫瑰形的纪念物失去了保护它们的权威。随着岁月的流逝，道路的各个部分被更换，许多玫瑰已经消失了。近年来，一群志愿者煞费苦心地重新粉刷玫瑰，以保护它们免受踩踏和恶劣天气带来的损害。

战争给无数当地人带去了身体和心理创伤，而玫瑰就像是对伤口的隐喻。虽然有些人对玫瑰引来游客的关注喜忧参半，但更多的人仍把玫瑰看作哀思的寄托，甚至是萨拉热窝浴火重生的希望。

☛ 在城市很多地方都能找到萨拉热窝玫瑰。可以在马卡雷市场（Markale Market）、菲日哈迪贾人行步道（Ferhadija Promenade）和格兰特公园（Grand Park）找找看。

普利特维采湖群国家公园

普利特维采(Plitvice)不断变化的池塘和梯田景观已经将饱受战争蹂躏的历史冲走。当你沿着木制的人行道走在蔚蓝色的湖边时,很难想象这片伊甸园内曾经遍布地雷。瀑布为公园里16个水晶般的湖泊提供了水源,而蝴蝶则聚集在水雾附近。最高的瀑布是大瀑布(Veliki Slap),水流从70米的高处翻滚而下。但在20世纪90年代的巴尔干战争中,被联合国教科文组织列入《世界遗产名录》的普利特维采湖群国家公园(Plitvice Lakes National Park)也是克罗地亚和塞尔维亚之间打响第一场战役的地点之一,1991年的"普利特维采血腥复活节"是克罗地亚独立战争的第一次致命的武装对抗。最后一颗地雷被认为已经清除了,但是在更为偏僻的、无人踏足的公园深处,就不好说了。

庆幸的是,尽管湖水因为战争受到了污染,但是普利特维采湖具有不断更新的能力。水冲刷着白垩和石灰岩,形成了石灰华屏障,由此形成了湖泊。当沉积物被冲走时,湖泊系统也会随之移动(即使你可能要等上几百年才能观察到它的影响)。不同湖泊的名字暗合着地区历史:Kaluđerovo Jezero的名字来自一个住在峡谷边缘洞穴里的修道士,让人回想起这一地区曾被用作精神避难所的年代。

斯普利特(Split)、扎达尔(Zadar)及萨格勒布(Zagreb)与湖群(www.np-plitvicka-jezera.hr)之间有长途汽车相连。门票价格依季节而定。

© Martin Harvey / Getty Images

NAMIBIA 纳米比亚　　26.6090°S, 16.1075°E

纳米布沙漠的野马

坐在荒凉的沙漠里，等着一两匹野马出现，这概率有多大？毕竟，在这个星球上，生活在沙漠中的马可不常见。然而，这正是我在加鲁潘（Garup Pan）所做的事情。为了打发时间，我思考了一番有关它们来源的理论，这是1915年被德国防卫军抛弃的骑兵马的后裔？或是从欧洲到澳大利亚的途中遭遇海难的马匹的近亲？抑或是1909年在此地以北150公里处，建造了杜韦西布城堡（Duwisib Castle）的上尉汉斯-海因里希·冯·沃尔夫（Hans-Heinrich von Wolf）男爵饲养的种畜的后代？我的思绪被出现在炎热的薄雾中的点点身影打断，几分钟后，十几匹神秘的马从我身边经过。不可思议。——马特·菲利普斯

☛ 加鲁潘位于纳米比亚南部，就在去往吕德里茨（Lüderitz）的公路以北1500米处，记得在奥斯（Aus）以西20公里处拐弯。

© Marcus Lindstrom / Getty Images

VIENNA 维也纳，奥地利　　48.2073°N, 16.3943°E

百水公寓

种满植物的屋顶，错落的地板，由灰蓝色、珊瑚色和金色拼接而成的挂毯……这套公寓大楼是由弗里德斯赖希·百水（Friedensreich Hundertwasser）设计的表现主义风格的炫耀品，与维也纳庄严的巴洛克式教堂和灰色的多层建筑截然不同。从来没有一个人能赋予线条如此多变而丰富的内涵，大多数人能将线条画直就不错了，而艺术家兼建筑师百水则创造了一个由流动的、有机的形状组成的童话般的复杂建筑，其间还点缀着长出窗外的树枝。最重要的是，百水宣布，每位租户都有权对窗外的区域进行个性化设计，遵循各自独特的品位——这是让艺术家叛逆的精神（以及对一致性的厌恶）在他去世后仍然能继续保留的另一种办法。

☛ 公寓位于Kegelgasse 37-39。附近有一个博物馆展出该建筑师的作品。见www.hundertwasser-haus.info。

CENTRAL CEDERBERG 塞德堡中部，南非 32.4433°S, 19.2538°E

沃尔夫堡拱门

一位得意扬扬的徒步旅行者独自站在赭石色的砂岩拱门下，就像照片上这样。这处宏伟的自然岩石雕塑令人瞠目结舌，周边壮丽的景致也同样令人惊叹，当人们通过徒步旅行到达这里时，这份惊喜显然会超出预期。

从桑德里夫度假村（Sanddrif Holiday Resort）出发，经过4小时的长途跋涉才能到达沃尔夫堡拱门（Wolfberg Arch）。你首先需要穿过沃尔夫堡裂缝，这是悬崖表面一系列的裂缝和洞穴，你需要在其中攀登、保持平衡、爬行、挤压自己的身体。之后，地貌变得平坦起来，很快，庄严的拱门就出现在你面前。

这条路很容易辨认，但并不意味着徒步的过程很容易。想要欣赏这种无人之境的美，必须要费点工夫。爬行穿过令人眩晕的裂缝之后，通向拱门的轻微起伏之路有如一阵微风，不过，尽管这段路基本上很平坦，但也基本上没有阴凉处，而塞德堡（Cederberg）的天气可能会非常热。好在当你伸长脖子欣赏大自然在岩壁表面雕刻出来的大门时，拱门本身也能回报你以阴凉。回程也沿着同样的路线，但如果想要充分感受拱门的美，就带上一顶帐篷，将徒步分成两天进行。这里的夜晚是出了名的寒冷，但想一想拱门映衬下的星空和闪亮的破晓时分，每一次的战栗都是值得的。

在希特拉斯代尔（Citrusdal）以北30公里处，从N7转到一条维护良好的碎石路，开到桑德里夫度假村（www.sanddrif.com）。在度假村购买徒步许可证并过夜，然后在第二天日出时分出发。

BAJINA BASTA
巴伊纳巴什塔，波斯尼亚和黑塞哥维纳
43.9844°N, 19.5666°E

德里纳河之屋

曾经抱怨过吵闹的邻居或是梦想住在带河景的房子里？这座小房子孤立于德里纳河（Drina River）中的一个岩石小岛上，河流将波斯尼亚和黑塞哥维那与塞尔维亚分隔开来。这座小屋由当地人建于20世纪60年代，他们渴望过上一种幸福、与世隔绝的生活，而这座颇上镜的小木屋矗立于岩石上，似乎不受地心引力的影响，岸边几乎没有足够的空间来停泊皮艇。由于容易受到洪水的侵袭，这个口袋般大小的藏身之处已经被重建了不止一次。如今，前来宁静的巴伊纳巴什塔（Bajina Basta）的游客们为它拍摄了很多照片，而对在河上划着皮划艇经过的人来说，它仍然令人好奇。

☛ 巴伊纳巴什塔是个安静的地方，你需要自备交通工具。从贝尔格莱德（Belgrade）驾车过来需要3小时。

SLOVENSKÝ RAJ NATIONAL PARK
斯洛文斯基拉杰国家公园，斯洛伐克
48.8633°N, 20.3116°E

杜布辛斯卡冰洞

斯洛文斯基拉杰国家公园（Slovenský Raj National Park）拥有一种黑暗的庄严感，蝙蝠在石灰岩峭壁和高原上散布的危险灰岩坑之间飞舞。在这个斯洛伐克自然保护区里，最令人战栗（就是字面意思）的景象就是杜布辛斯卡冰洞（Dobšinská Ice Cave）。这个被联合国教科文组织列入《世界遗产名录》的洞穴四季如冬，寒冷的空气会下沉，而温暖的空气则无法穿透至它的深度，因此洞里的温度永远不会超过0.5℃。这种永恒的冰冻状态使超过110,100立方米的冰得以积聚：冻住的墙壁发出蓝色和银色的光，结霜的钟乳石在天花板上闪耀，厚厚的冰柱仿佛从冰雪皇后的舞厅里拔地而起。

☛ 从停车场需要步行20分钟才能到达入口（仅限导览团）。查看www.ssj.sk。

“我从狭窄的狙击洞里溜了进去，发现其内部仍是原始的模样，只留下几只鸟曾在此筑巢的证据。”

ALBANIA 阿尔巴尼亚 41.1533°N，20.1683°E

阿尔巴尼亚的混凝土地堡

没有什么能比这里著名的地堡更能概括阿尔巴尼亚20世纪的奇异历史了。15年前，当我第一次来到这个国家唯一的机场时，这些共产主义时代的残留物随处可见，像某种自然形成的生命一样点缀于城市风景之间。它们的圆形混凝土屋顶和狭窄的观察孔蹲伏在通往地拉那（Tirana）的路两旁，为一场从未发生过的入侵准备着，惹人遐想。

然而，要想近距离观察一座地堡，远比我想象的要复杂得多。当我说我想进入一座地堡时，我的阿尔巴尼亚朋友们对此的反应几乎全是一脸厌恶。在阿尔巴尼亚的困难时期，这些地堡以各种方式被改造——作为临时厕所、山羊的冬季畜棚，以及未婚情侣青睐的隐蔽场所。在阿尔巴尼亚最黑暗的日子里，甚至有人居住其中。

此外，这些地堡并非建在城镇里，而是建在偏远的山坡上，所以当我第一次在阿尔巴尼亚旅行时，并不曾接近它们。10年后，当我再次返回时，许多地堡竟然都消失了，这点很令人惊奇。它们不再随处可见，虽然还没有到罕见的程度，但绝不像我第一次旅行时那种遍地都是的程度。那些幸存下来的地堡通常情况很糟糕：屋顶坍塌，到处都是涂鸦，早已被人遗忘。

然而，几年前，我偶然发现了一个完美的地堡，第一次走了进去。我惊讶地发现它非常新，在阿尔巴尼亚南部一条偏僻的公路旁守卫着一座跨越大峡谷的桥。由于这座美丽的地堡附近连一个村庄都没有，因此经受住了阿尔巴尼亚的各种政治风暴，从20世纪70年代起就几乎未被人踏足过。我从狭窄的狙击洞里溜了进去，发现其内部仍是原始的模样，只留下几只鸟曾在此筑巢的证据。里面很潮湿，在炎热的夏天是个凉爽的避难所，不过那些曾在此驻扎的士兵可不值得我羡慕。

据说，阿尔巴尼亚的统治者恩维尔·霍查（Enver Hoxha）要求地堡的设计人站在原型地堡内并让坦克从上面开过，当地堡完好无损地幸存下来后，他随即下令在整个国家推广这种地堡。如今，它们可能会变得越来越少见，但由于它们的数量如此之多，恐怕在阿尔巴尼亚崎岖的山坡上并不会消失殆尽。——汤姆·马斯特斯

☛ 在阿尔巴尼亚全国都能发现地堡的身影，不过保存完好的地堡一般位于偏远地带。最好询问一下当地人。

CARPATHIAN MOUNTAINS 喀尔巴阡山脉，斯洛伐克　　49.3301°N, 21.6238°E

木制教堂

斯洛伐克喀尔巴阡山脉的木制教堂是工艺的奇迹。这些教堂基本上建于17~19世纪，它们被精心雕刻并摆满了彩色圣像。大多数教堂都是在不使用一颗钉子的情况下建造的。

发现它们的过程本身就是一种乐趣。比如在斯洛伐克东部的草甸之间行驶，在一个寂静的村庄里停下来，敲开一座装饰复杂的教堂的门。其中一些最古老的教堂拥有哥特式风格，比如赫瓦尔托夫（Hervartov）的教堂，它呈独特的女巫帽形状；还有一些像是大农舍，墙壁粉刷成白色，有木制的屋檐，就像盖兹马洛克（Kežmarok）的那座那样。

这些安静的村庄鲜有游客到来，所以你必须等待——或者叫醒一个看门人，让你进入教堂（他们的电话号码有时会贴在门上）。一旦你幸运地进入了某个隐秘的圣殿，其内部的美会令你震惊：其中最可爱的是希腊天主教的耶德林卡（Jedlinka）教堂（建于1736年），里面藏有一个华丽的镀金圣障。

这些教堂也见证了历史上有趣的时刻。在反哈布斯堡革命期间，有几个教堂成为和平与宽容的“飞地”。包括希腊天主教和路德教会在内的多种基督教派在这一地区并存。

在进行公路旅行时可顺道拜访木制教堂。参考www.drevenechramy.sk计划你的线路。

KAILO 凯洛岛，芬兰

60.4733°N, 22.0053°E

姆明世界

这个无嘴的神奇精灵可以说是北欧儿童小说中一个经久不衰的象征。芬兰作家兼插画家朵贝·杨笙（Tove Jansson）的作品吸引了一代又一代的读者，冒险故事的主角是这些异想天开、形似河马的小精灵。在芬兰纳塔利（Naantali）附近的凯洛岛（Kailo）上，这些姆明现在拥有了自己的主题公园，你会看到不会说话的、需要插电的哈蒂法藤（Hattifattener）和孤独的幽灵格罗克（Groke）等神奇的角色。让自己沉浸在超现实的场景中，窥探霓虹闪烁的洞穴，寻找当地女巫，观看身着姆明服装的舞者在舞台上摇摆。在这个特殊的儿童主题公园里，就别想那些现实世界的事啦。

公园位于图尔库（Turku）以西16公里处。一辆姆明公共汽车往返于图尔库港与姆明世界（www.moominworld.fi）。

© Jenni Virta Iloinen Liftari Oy

© Hemis / Alamy

CURONIAN SPIT 库尔斯沙嘴，立陶宛 55.5355°N, 21.1172°E

女巫山

在这片森林中，你可能会看到魔鬼和圆滚滚的女巫在白桦树丛中朝你瞪眼。在库尔斯沙嘴（Curonian Spit）——连接立陶宛和俄罗斯加里宁格勒（Kaliningrad）的狭窄的弧状土地上，邪恶的民俗木雕点缀着一处森林沙丘。女巫山（Raganų Kalnas）是一个露天的雕塑画廊，由来自内林加（Neringa）地区的71个迷人而又令人毛骨悚然的人像组成，它们是在1979年到21世纪初被雕刻的。这个神秘的林间空地已经举办了好几个世纪的仲夏民俗庆祝活动，从港口城市克莱佩达（Klaipėda）往南行驶20公里就能轻松到达。在这里，你会发现撒旦的图腾柱、露齿龙和一个小小的游乐场，滑梯的造型是一位干瘪老太婆的舌头。

约德克兰特（Juodkrantė）的主路上有清楚的标志，标示出如何去往女巫山画廊。

行程

神秘的迈泰奥拉

KALAMPAKA 卡兰巴卡，希腊
39.7214°N, 21.6336°E

迈泰奥拉

作为希腊最受欢迎的目的地之一，被列入《世界遗产名录》的迈泰奥拉（Meteora）遗址并不是什么秘密，但它仍然保有很多惊喜。这些高耸入云的尖锥形山体是在1100万年前形成的，当时，沉积岩从地球的核心被推出，随后经过了几千年的侵蚀，创造出了令人难以置信的高耸山峰，就像你在希腊各地的明信片上看到的那样（迈泰奥拉这个词来源于希腊语中的“meteoros”，意思是“悬浮在空中”）。在14世纪被土耳其入侵后，高踞在这些突出位置上的古老修道院成了安全的避难所。在幸存的24个修道院中，有6个仍然在用，可以参观（小心篮子和绳子！它们会将修道士吊上几百米高的地方）。但是，除了这些引人注目的岩石和修道院，迈泰奥拉还有很多东西可看，可以让你到达另一种精神上的高度。

从当地小村庄卡兰巴卡（Kalambaka）和卡斯特拉基（Kastraki）出发最方便到达迈泰奥拉。有长途汽车开往特里卡拉（Trikala；在卡兰巴卡东南22公里处），那里有定期开往卡兰巴卡的车。

KALAMPAKA 卡兰巴卡，希腊
39.8815°N, 20.7065°E

修道士小径和洞穴

从11世纪开始，在修道院建造之前，隐士们在迈泰奥拉四处的洞穴里过着与世隔绝的生活，这些洞穴通过像蜘蛛网一样的修道士小径（monopatia）路网彼此相连。沿着这些古老、偏僻的小径，你会发现以前的修道院，以及隐藏在垂直岩壁上的隐居洞穴（从下面看，它们就像鸽子洞）。

KALAMPAKA 卡兰巴卡，希腊 不同地点

像隐士一样爬山

游客们可以参加令肾上腺素激增的“攀登”之旅——把自己绑在一根绳子上，别忘了说几句祈祷的话。你将踏上无畏的隐士们曾经走过的路线，在狭窄的岩石之间穿行。

KALAMPAKA 卡兰巴卡，希腊 39.6813°N, 21.6807°E

特里奥佩特拉洞穴

迷人的特里奥佩特拉洞穴（Theopetra Cave）完全隐藏在山坡上，其历史可以追溯到尼安德特人（Neanderthals）时代。洞穴前的一堵墙被认为是人类建造的最古老的已知建筑之一。你可以跟随导游参观这个洞穴，和曾住在这一地区的鬼魂为伍。特里奥佩特拉位于卡兰巴卡东南7公里处。

KALAMPAKA 卡兰巴卡，希腊 39.4500°N, 21.4833°E

平多斯峡谷

小而迷人的皮里村（Pyli）是通往美丽的、森林覆盖的平多斯峡谷（Pindos Gorge）的门户（完美的一日环线）。皮里也是古怪又美丽的13世纪的波日达帕纳吉亚教堂（Church of Porta Panagia）的所在地。年迈的“钥匙看管人”会带你四处参观，领略这里的乐趣，可以在附近的咖啡馆找找他。皮里位于卡兰巴卡以南46公里处，你需要自己准备交通工具。

KALAMPAKA 卡兰巴卡，希腊 39.7103°N, 21.6301°E

埃尔瑟豪斯酒店

不在埃尔瑟豪斯酒店（Alsos House; www.alsoshouse.gr）入住，迈泰奥拉之旅就不算完整。酒店的主人伊安尼斯·卡拉坎塔斯（Yiannis Karakantas）比熟读晚祷词的修女们更了解迈泰奥拉。如果幸运的话，他可能会与你分享一些关于这个神奇地方的秘密。

BELOGRADCHIK 贝洛格拉奇克，保加利亚　　43.6219°N，22.6800°E

卡雷托堡垒

位于贝洛格拉奇克（Belogradchik）的这座堡垒（Kaleto Fortress）藏在巴尔干山脉北坡的岩石中，你很难分辨它自何处起、由何处终。这座坚固堡垒的墙壁有2米厚、12米高，是保加利亚第二帝国的一个重要的瞭望台。可以爬梯子到一些最令人眩晕的岩石上，在那里想象一下，曾经人们如何在这么局促的空间里移动并观测群山之下的中世纪军队。岩石也在倾诉它们自己的秘密，那些呈奇怪人形的石头带来了不少民间故事。有一个故事描述了一位美丽的修女因为怀孕而被变成了石头，从而拯救了她的名誉——也算是一点安慰吧。

保加利亚西北的小镇贝洛格拉奇克有通往卡雷托堡垒的标志，它位于镇中心西南1公里处，若隐若现。查看www.muzeibelogradchik.com。

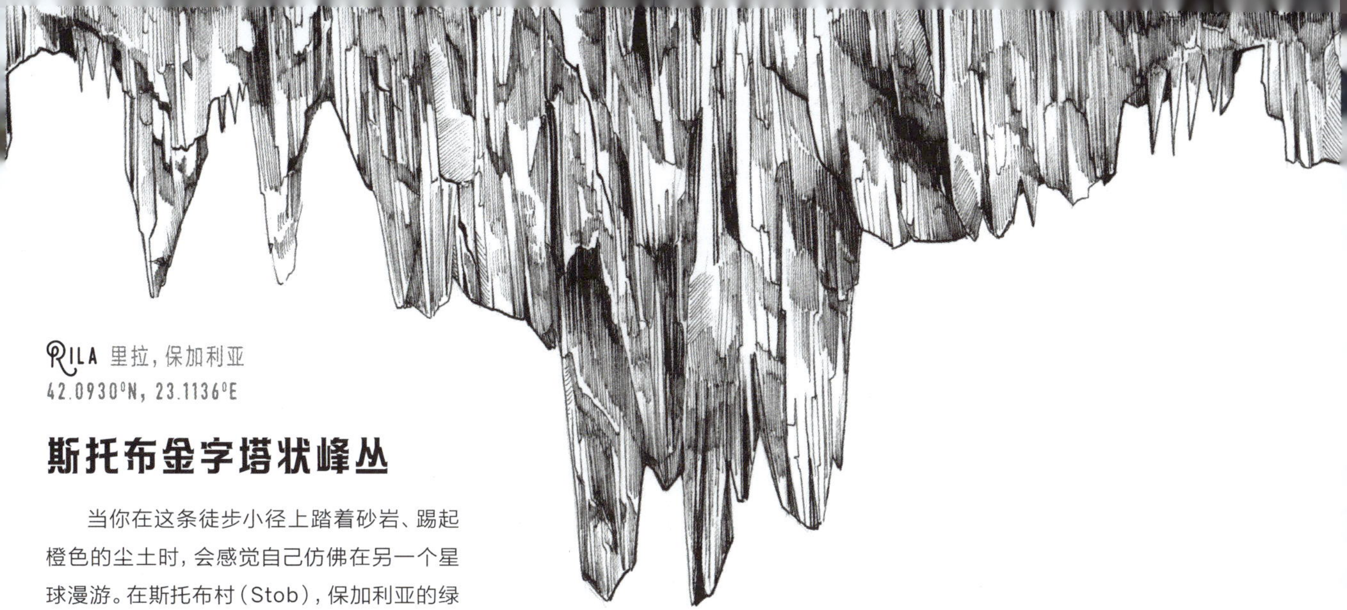

RILA 里拉，保加利亚
42.0930°N，23.1136°E

斯托布金字塔状峰丛

当你在这条徒步小径上踏着砂岩、踢起橙色的尘土时，会感觉自己仿佛在另一个星球漫游。在斯托布村（Stob），保加利亚的绿色草地让位给了砂岩柱和金字塔状峰丛，它们比锯齿状的岩石高出了40米。地质学家解释说，这种火星景观是由冰雪和风的冲击造成的。然而，民间的智慧却告诉我们这些雕像般的柱子是一场婚礼派对的化石，当伴郎亲吻准新娘时，所有人都吓得僵住了。先别急着嘲笑，当你徒步穿越这片黄褐色的石头森林时，那些古老的童话故事会对你施加更令人信服的影响力。

☛ 里拉（Rila）是保加利亚最著名的旅游目的地之一，斯托布距离它有5分钟的车程。你也可以选择在这两个村庄之间进行1小时的徒步之旅，沿途风景秀丽。

© Vladimir Alexeev / Alamy

KALAHARI DESERT
喀拉哈里沙漠，博茨瓦纳
20.0227°S，21.3551°E

德罗茨基洞穴

一直到20世纪，只有土著桑人知道德罗茨基洞穴（Drotsky's Cave）的存在，这里被认为是19世纪的流浪汉——南非人亨德里克·马提斯·范泽尔（Hendrik Matthys van Zyl）的巨额宝藏藏匿之处，承载着所有偏僻之地的浪漫。这个地方在桑人的语言中被称为Gcwihaba，意思是"鬣狗的洞"。该洞距离博茨瓦纳西北部已铺设的路很远，位置隐蔽，拥有10米长的石笋和钟乳石，还住着有长翅膀和长耳朵的蝙蝠。最奇妙的是，这种与世隔绝、寂静和完全没有旅游基础设施的感觉，会让你觉得自己像是偶然踏入了地球上最后一个未知的角落。

☛ 乘坐四驱车是唯一能到达洞穴的方式。带上食物、水、地图、手电筒……

THE KAROO 卡鲁，南非
32.2547°S，24.5480°E

巨幅国旗

这一雄心勃勃的计划将卡鲁（Karoo）的一块贫瘠地带铺上了世界上最大的国旗——有66个足球场那么大的南非国旗，由250万株沙漠仙人掌和多肉植物组成，还有一个4兆瓦的太阳能场。众筹来的价值1300万美元的装置将为4000个家庭提供电力，并为这一贫困地区带来游客和700个环保"绿领"工作。最终，人们从太空中都会看到它，但现在，你可以从坎德布国家公园（Camdeboo National Park）荒凉谷（Valley of Desolation）的粗玄岩石柱间的观景平台上看到这个项目如何成形。在写作期间，该项目已获得了180万美元的捐款，支持者们为植物（7美元）、道路（72美元）和太阳能电池板（180美元）出资出力。

☛ 荒凉谷的开放时间为7:00～18:00。租辆车，或是在附近的格拉夫-里内特（Graaff-Reinet）参加旅游团。查看www.giantflag.co.za。

© Thierry Monasse / Getty Images

NEAR ŠIAULIAI 靠近希奥利艾，立陶宛　　56.0153°N, 23.4167°E

十字架山

立陶宛这个布满了十字架的山坡并不是一个虔诚谦逊的朝圣之地。十字架山（Kryžių kalnas）就像一个挑衅的、满是尖刺的剪影，是从对苏联压迫的抗议中成长起来的。

自19世纪以来，当地人就在这里放置十字架，第一批十字架被认为是为了纪念那些在反沙皇起义中牺牲的人。到了1900年，这里一共有130个十字架，这一数字在之后的几十年间还在陆续增加。1961年，苏联当局试图通过铲平该地来阻止这种感情的公开展示。木制十字架被烧毁，金属十字架被熔化。但这只会刺激虔诚的信徒，他们在夜色的掩护下潜入此地，添加了更多的十字架。克格勃尝试了教科书中的每一个技巧，从设置路障到标记该地区为隔离区，但没起什么作用：十字架山变得越来越高，十字架挨着十字架。

1989年，立陶宛努力摆脱铁幕后，这座山成了胜利的象征。十字架被公开放置在这里，从简单绑住的树枝到华丽的银制品，还有纪念碑，纪念那些被苏联驱逐到西伯利亚的人。1993年，教皇约翰·保罗二世的访问巩固了这里作为朝圣地的地位，而这座山也扩张到长60米、宽60米。据说目前的十字架数量是10万，而且还在继续增加。

十字架山（www.kryziukalnas.lt）位于希奥利艾（Šiauliai）以北12公里处。可以开车前往或是乘坐开往约尼什基斯（Joniškis）方向的长途汽车。

MARAMURES 马拉穆列什，罗马尼亚 47.9713°N，23.6928°E

梅丽墓园

如果你在走出墓地的时候脸上还挂着微笑，这就太不寻常了，但这正是我在萨潘塔(Săpânţa)参观完梅丽墓园(Merry Cemetery)之后的样子。我研究了约800个彩色的木制墓碑，每个上面都有关于死者的稀奇古怪的肖像雕刻：一个照管羊群的牧人、一位为家人做饭的母亲、一名为客人剃须的理发师，这些都让我忍俊不禁。是的，那些死去的人被深深地怀念着，但是那个牧羊人有点醉了，母亲是个爱唠叨的人，而理发师剃出的血比水蛭吸出的还多。木雕师伊欧安·斯坦·帕特拉斯(Ioan Stan Pătraş)在1935年创作了这里的第一个墓碑，他大笑着直面死亡，也博得了满堂彩。——斯蒂夫·法伦

每天8:00~18:00开放。每天有2或3班长途汽车从希格图玛马泰 (Sighetu Marmaţiei) 开往萨潘塔。

TOP 10

十大令人不安的酒店

TALLINN 塔林，爱沙尼亚 59.4366°N, 24.7551°E

① 维鲁酒店

蜂拥入住维鲁酒店（Hotel Viru）的外国游客可不是为了美景而来。在苏联统治下，塔林（Tallinn）的监视活动猖獗，而维鲁酒店的60个房间全都被窃听了。如今，这家酒店将前监控室建成了一个克格勃博物馆，里面满是20世纪70年代的无线电设备和防毒面具。不过，我们保证隐藏的麦克风早已从房间里移走了……

☛ **在线预订维鲁酒店的房间**（www.sokoshotels.fi/en/tallinn/sokos-hotel-viru）。

PYONGYANG 平壤，朝鲜 39.0360°N, 125.7313°E

② 柳京饭店

想住在这个世界上最神秘国家的105层酒店（Ryugyong Hotel）里？别想了。围绕着为什么这座巨大的三角形建筑花了30年时间还未完成，以及那7.5亿美元的投资，总有数不清的传言。

☛ **驻足仰视即可，但别进入。最近的地铁站是Konsol。**

SIIN EI OLE MIDAGI
ЗДЕСЬ НИЧЕГО НЕТ

SOKOS HOTEL VIRU
HOTELL VIRU

Hääl
Nr. 260 (11758)
Reede, 12. november 1982
XLII aastakäik

④

③

②

LIEPAJA 利耶帕亚，拉脱维亚 56.546355°N，21.021008°E

③ 卡洛斯塔监狱

在利耶帕亚（Liepāja）的这个有百年历史的前军事监狱里有恃强凌弱的员工，还有一扇生锈铁门。最好别去联想那些被锁在这个牢房里的纳粹和苏联囚犯。

☛ 在www.karostascietums.lv预订监狱住宿、导览游和间谍游戏。

COLORADO 科罗拉多州，美国 40.383036°N，105.519304°W

④ 斯坦利酒店

这家建于1909年的酒店（The Stanley Hotel）位于落基山国家公园附近，史蒂芬·金（Stephen King）在此获得灵感，写下了他的杰作《闪灵》。酒店过世多年的主人们也曾多次被目击在此出没。

☛ 提前预订（www.stanleyhotel.com），控制住自己，别在门上写下令人毛骨悚然的字句。

HAMPSHIRE 汉普郡，英国 50.739873°N，1.095296°W

⑤ 无主之地堡垒

拿破仑三世发动袭击的威胁促使英国加强了他们的海上防御工事，派一群潜水员建造了无主之地堡垒（No Man's Fort）。在两次世界大战期间，它经受住了炮火的猛烈打击，现在这里成了一家豪华酒店。

☛ 朴次茅斯（Portsmouth）的冈沃夫码头（Gunwharf Quays）有船开往酒店（www.solentforts.com）。

MAINE 缅因州，美国 44.094956°N，70.212674°W

⑥ 地下室酒店

在棺材里醒来简直是一场噩梦，但你要想在缅因州刘易斯顿（Lewiston）拥有这种体验还得花钱呢。这个地窖的前居民——华莱士神父，在这里已经躺了一个多世纪，现在轮到你了。松木棺材可以睡两个人。

☛ 在www.hotelcrypt.com预订。

STEKENE 斯泰克讷，比利时 51.2279°N，4.0545°E

⑦ 肛门酒店

你可以蜷缩在一条凸起的、10米长的肠子里，就在安特卫普以西20公里处。这是由艺术家琼普·范里斯豪特创作的逼真的大肠复制品，卧室可以睡两个人。

☛ 通过www.verbekefoundation.com预订。

NAGASAKI 长崎，日本 33.0899°N，129.7876°E

⑧ 奇怪旅馆

这家自动化酒店要么令人不安，要么很有效率，这取决于你对机械接待员、机器人搬运工和面部识别的感觉如何。哦，其中两位前台机器人是恐龙。

☛ 酒店（Henn na Hotel）位于长崎的佐世保（Sasebo），从Huis Ten Bosch站过河就能到达。见www.h-n-h.jp。

CALIFORNIA 加利福尼亚州，美国 34.0443°N，118.2508°W

⑨ 塞西尔酒店

这家酒店（Hotel Cecil）是美剧《美国恐怖故事》的灵感来源，是三起谋杀案和众多自杀案的现场，是连环杀手理查德·拉米雷斯（Richard Ramirez）的前住所，也是学生蓝可儿在2013年因不明原因死亡的地方。

☛ 为了摆脱恶名困扰，酒店已更名为Stay on Main（www.stayonmain.com）。

FLORENCE 佛罗伦萨，意大利 43.7744°N，11.2521°E

⑩ 阿尔伯托-布基洋缇酒店

连那些在办理入住手续时将信将疑的客人，也会在第二天早上讲述幽灵女仆和恶作剧鬼的故事。你至少在不眠之夜可以有时间欣赏天花板上的壁画和四幅海报。

☛ 酒店（Albergo Burchianti；www.hotelburchianti.it）距离佛罗伦萨的圣母百花大教堂400米。

行程

真正的吸血鬼之旅

SIGHISOARA 锡吉什瓦拉，罗马尼亚
46.2195°N，24.7928°E

德古拉之家

德古拉（Dracula）或称弗拉德·特埃普斯（Vlad Țepeș），在历史上被称为穿刺王弗拉德（Vlad the Impaler），曾保护瓦拉吉亚（Wallachia）免受土耳其的攻击。虽然他从不饮血（据我们所知），但他的残暴行为却令任何虚构的故事都相形失色。德古拉的铁杆粉丝会前往弗拉德·特埃普斯的出生地，其实那里谈不上神秘，你在鲜花环绕的中世纪建筑内还能找到一家餐馆。**德古拉之家（Casa Dracula）位于美丽的锡吉什瓦拉（Sighișoara）。你可以在餐厅（www.casavladdracul.ro）享受一顿大餐（放心，不是人血），再看看弗拉德出生的那个房间。**

BRASOV 布拉索夫，罗马尼亚 45.6387°N，25.5935°E

坦帕山

如今，在布拉索夫（Brașov）的上空，森林覆盖的山顶上点缀着一块好莱坞式的标志。然而，在1459年，首选的山顶装饰却是40个被刺穿的商人。弗拉德·特埃普斯喜欢向他的子民传递明确的信息，告诉他们违反法律的后果。当地人会开玩笑说，布拉索夫是丢钱包的理想场所，因为人们害怕被指控偷窃，所以任何一笔钱都会原封不动地留在地上。**有步行小径可以攀登坦帕山（Mt Tâmpa），也可以从Aleea Tiberiu Brediceanu乘坐缆车前往。**

SNAGOV 斯纳戈夫，罗马尼亚
44.7294°N，26.1757°E

斯纳戈夫岛修道院

在这座岛屿修道院（Snagov Island Monastery）的石制教堂里，弗拉德·特埃普斯永远地沉睡了。他的坟墓就坐落在教堂后面。1476年，弗拉德在与土耳其人的战斗中被斩首——大概是为了确保他不会再从坟墓中爬出来。据说他的无头尸体被送回了斯纳戈夫，尽管一些历史学家并不这么认为。弗拉德生前一直是该修道院的伟大支持者，他加固了它的附属建筑，并出资修建了教堂以及不那么传统的现场酷刑室。SnagovTur（www.snagov.ro）**提供带导游的半日乘船游，游览斯纳戈夫湖和修道院。**

BUCHAREST 布加勒斯特，罗马尼亚
44.4302°N，26.1008°E

旧宫廷宫殿

弗拉德·特埃普斯于1459年在布加勒斯特建立了他的君主朝廷，在他不带领军队对抗土耳其人或沉迷于刺穿子民的少数日子里，这里仍然是他的皇家住所。这座宫殿（Palatul Voievodal Curtea Veche）是这座城市繁荣贸易的中心，不妨在房间里漫步，与令人生畏的弗拉德半身像拍一张自拍照。**宫殿（Str Franceză 21-23）距离布加勒斯特的联合公园（Parcul Unirii）最北部仅100米。**

ROMANIA 罗马尼亚 45.3535°N，24.6351°E

波伊纳里堡垒

全罗马尼亚的城堡都在大声疾呼它们与弗拉德·特埃普斯有所关联，但波伊纳里（Poienari）才是真的那座。瓦拉吉亚的军官选择了这一峭壁作为瞭望台，以监视瓦拉吉亚和特兰西瓦尼亚（Transylvania）之间的通道。节俭的弗拉德·特埃普斯依靠土耳其俘虏提供的廉价劳动力建造了这一山顶堡垒。尽管现在这里已经成了一片废墟，但这些墙为德古拉可怕的军事力量提供了最真实的证据。**堡垒位于阿尔杰什河畔库尔泰亚（Curtea de Argeș）以北25公里处。如果你没有车，那就从阿尔杰什河畔库尔泰亚乘坐长途汽车到卡帕塔奈立（Căpățânenii），再从那里徒步走完剩下的4公里。**

库布岛

参观库布岛(Kubu Island)就像从镜子中穿过，进入了一个完全不同的维度。库布是一个神奇的世界，坐落在全世界最大的盐滩——博茨瓦纳北部喀拉哈里沙漠(Kalahari Desert)的马卡迪卡迪(Makgadikgadi)盐沼地的一个偏僻角落里，拥有壮观的猴面包树和一望无际的地平线，这里是一个会让人产生幻觉的地方，其规模和奇异的美令人目眩。不要被缺水的表象骗了。也许就在5个世纪前，这里还是一片广阔的内陆海，河马曾经在浅滩上打滚("kubu"这个词在当地的塞茨瓦纳语中意为河马)。而那些古老的水鸟对这个神奇的地方而言，不只是一个名字——那些俯瞰空旷之境的巨石上的白色污点是鸟类哨兵留下的鸟粪化石，当此地还是一个真正的岛屿时，它们曾在捕鱼的间隙在此休息。这里甚至还有一块半圆形的石头和石制工具，是现在已经从地球上消失的人类留下的，仿佛是为了加深这里的神秘感。往事难追忆，继续寻找这些过去遗留的痕迹仿佛也没什么意义。但是当你坐下来，背靠着一棵猴面包树，望着无边无际的世界时，时间也仿佛慢慢地消失在了永恒之中。

库布有一个由社区经营的露营地(www.kubuisland.com)，需要驾驶带有可靠GPS导航的四驱车前往。

THE KAROO 卡鲁，南非
31.8652°S，24.5521°E

猫头鹰屋

在新贝塞斯达（Nieu Bethesda）——半沙漠化的卡鲁（Karoo）偏僻角落里的一个与世隔绝的村庄内，藏着一件引人注目的“外行人”艺术品，一件超现实的、尖锐的、有时令人不安的作品，来自已故的海伦·马丁斯（Helen Martins）。在经历了一段失败的婚姻后，她回到了自己偏僻的家乡，开始在房子和花园中摆满数百个混凝土制作的雕像，漆上颜色或是用彩色玻璃和金属丝作为装饰。在遭遇不幸后，她的创造力反而提升了。我漫步在一排排沉默不语的骆驼、美人鱼、农民、耶稣诞生的场景和标志性的猫头鹰中，对马丁斯的故事感到悲伤。她于1976年自杀。——詹姆斯·贝恩布里奇

☛ 猫头鹰屋（Owl House）每天9:00~17:00开放，门票R60。可以开车前往新贝塞斯达，或是在南面55公里处的格拉夫-里内特参加旅游团，见www.theowlhouse.co.za。

SINCA 辛加，罗马尼亚
45.7540°N，25.1673°E

辛加维切斯

一束阳光穿透了洞穴的黑暗。一群信徒站在那里，闭着眼睛，手掌张开，沐浴在阳光下。他们仅仅代表了前往辛加维切斯（Şinca Veche）洞穴寺庙的一小部分灵性探索者。尽管此地是在18世纪由僧侣建立的，但其精神意义可以追溯到更早的年代。它的主厅就像一个花园小屋，木板和十字架标明了被沙子覆盖的入口处。在里面，蜡烛在临时的祭坛周围闪烁，而光束则从洞穴屋顶的一个开口中穿过。当地人低声说，在这里祈祷能治愈生育问题。有条小径从洞口通向一个小小的、完美的隐士居所和花园。

☛ 寺庙位于辛加维切斯以南1公里处，你需要自备交通工具。这里位于锡比乌（Sibiu）和布拉索夫之间，可以很方便地绕路前来。www.sincaveche.ro。

LOPATARI 罗帕塔里，罗马尼亚
45.534536°N，26.548821°E

活火

罗帕塔里（Lopătari）的平原是一个地狱般的不毛之地，那里的空气中弥漫着硫黄的恶臭，火焰则从土壤中冒出来。幸运的是，所谓的“活火”（living fires，罗马尼亚语中称为*focul viu*）只有20厘米高。是天然气而非恶魔的影响产生了这一火焰，它在黑暗的地球裂缝中闷烧着。到了晚上，当平原上点缀着橙色和蓝色火焰时，这片土地真的有如地狱一般。但罗马尼亚的民间传说将活火解释为保护野生动物和赐予好运的纯净火焰，真是令人振奋。不过，烧焦的鞋却被认为是不幸运的，所以要留意你的脚下。

☛ 沿着203K公路从布扎乌（Buzău）往特尔佳（Terca）的方向开大约60公里，最好是开四驱车（道路崎岖不平）。手写的标志指明了通向活火的最后一段徒步路。

И СПЛОТЕТЕ С
ДРУГАРИ СМЕ
ВЕЛИК ДЕЛ
М И ДА
ВЕТ

行程

稀奇古怪的保加利亚公路之旅

CENTRAL MOUNTAINS 中央山脉
保加利亚，42.7360°N，25.3936°E

布兹卢贾的UFO

从1441米的山峰上俯视，这个混凝土圆顶看起来已经准备好了要将保加利亚中央山脉的徒步者们传送到外太空中。这里被戏称为“布兹卢贾的UFO”（Buzludzha UFO），曾经是一个社会主义者的集会大厅。马赛克拼贴的苏联领导人画像已经支离破碎，而顶部的红星很久以前就碎落一地了。那些被它破败不堪的宏伟所吸引来的人对将其改造成博物馆的计划感到沮丧，所以现在就去拜访吧，趁它仍是一具浪漫的残骸时。

☛ 希普卡村（Shipka）有一条长20公里的坑坑洼洼的道路蜿蜒地通向这个UFO。

SHIPKA 希普卡，保加利亚 42.7481°N, 25.3214°E

自由纪念碑

在尝试攀登通向希普卡自由纪念碑（Freedom Monument）的那1000级台阶之前，先拉伸你的小腿肌肉。这座花岗岩纪念碑是保加利亚民族自豪感的标志。在1877年的希普卡山口战役中，超过7000名俄国士兵和保加利亚志愿者击退了人数是其四倍的奥斯曼军队。被冻伤的人很多，当他们的火力用尽时，岩石就成了弹药，而血肉之躯也变成了武器。**从希普卡村到纪念碑有15公里的路程，经过发夹弯时抓牢你的午餐。**

KAZANLÂK 喀山拉克，保加利亚 42.6899°N, 25.3510°E

色雷斯人坟墓

喀山拉克（Kazanlâk）及其周边这些不起眼的小山丘守卫着色雷斯人的墓地，而你可以直接进入这些古老的墓室。在公元前4世纪的舒什曼特墓（Shushmanets Tomb）里，简朴的柱子和由碎石建造的墙体仍然惊人地完好无损。与此同时，考古学家们仍在争论为什么在奥斯特鲁沙墓（Ostrusha Tomb）中发现了马而不是人的骨骼。**主路E85上巧妙地标明了色雷斯人坟墓的位置，就在喀山拉克和希普卡之间。**

ROZOVO 罗佐沃，保加利亚 42.5642°N, 25.4108°E

玫瑰山谷

在5月和6月间，保加利亚中部到处都绽放着玫瑰，连空气中都弥漫着玫瑰的芬芳。在罗佐沃（Rozovo）、坎切沃（Kanchevo）和拉珍娜（Razhena）这样的村庄里，春季会举办以花瓣为主题的庆祝活动，并已持续了好几个世纪。在玫瑰水里浸过的树枝会在你身旁摇动，你将品尝到玫瑰口味的利口酒，闻到在路上飘来荡去的香水味，当然还能看到围成圆圈跳舞的村民。**在布佐夫格勒-雅戈达（Buzovgrad-Yagoda）公路沿途有好几处玫瑰山谷（Valley of the Roses）村庄，就在喀山拉克南面。**

ASENOVGRAD 阿塞诺夫格勒，保加利亚 41.9865°N, 24.8730°E

阿森的堡垒

多山的保加利亚并不缺少层峦叠嶂的壮丽景观，但是它们都很难胜过阿森的堡垒（Asen's Fortress）所拥有的景致。城堡位于茂密的森林峡谷之上。在城堡内，一个壁画剥落的小礼拜堂是一窝喜鹊的家，而登上残破的瞭望台可以眺望群山。色雷斯人、罗马人和奥斯曼人都占领过这个要塞，这里是监视敌军的最佳地点。**堡垒高踞于普罗夫迪夫（Plovdiv）东南19公里处的悬崖上。沿着86号公路往南开到阿塞诺夫格勒（Asenovgrad），然后跟随"Asenova Krepost"路牌指示行驶即可。**

PERUSHTITSA 佩努什蒂萨，保加利亚 42.0741°N, 24.5561°E

红色教堂

在佩努什蒂萨（Perushtitsa）附近遍布野花的草地上，一座晚期罗马教堂（Red Church）的废墟静静地矗立在那里。这座神秘莫测的教堂曾经拥有神圣的遗物，如果你仔细观察，会看到内墙上褪色的壁画。留点时间去探索佩努什蒂萨的另一座教堂废墟——Sveti Arhangeli Mihael，它见证了奥斯曼帝国的疯狂大屠杀。**从保加利亚第二大城市普罗夫迪夫出发，先向南、再往西开22公里就能轻松到达佩努什蒂萨。两个城市之间也有班次频繁的长途汽车。**

MINSK 明斯克，白俄罗斯

53.9313°N，27.6460°E

白俄罗斯国家图书馆

这座钻石形的图书馆在一片公寓楼中闪闪发光，是明斯克天际线上名副其实的珍宝。这座高达72米的自动化图书馆拥有350万本藏书，但令人意想不到的是，它成了白俄罗斯情侣约会最偏爱的地方。它的受欢迎程度主要归功于一处观景平台，从平台上可以俯瞰明斯克不断扩张的城市景观。在观景平台上，你可以欣赏到多层公寓楼，其中很多都装饰着苏联时代的巨幅壁画。这里的日落景致不算经典，但是当夜幕降临后，这个“菱方体”（拥有8个三角形和18个方形）在明斯克上空闪烁，让人不禁感叹现代化的浪漫。

从明斯克位于蓝线上的Uschod地铁站步行400米可到白俄罗斯国家图书馆（National Library of Belarus；www.nlb.by）**。图书馆顶部Graf Cafe的卡布奇诺咖啡非常棒。**

VIRUNGA MOUNTAINS 维龙加山脉，刚果民主共和国 1.5220°S, 29.2495°E

尼拉贡戈火山

爬山起初很轻松，就像在森林里散步一样，但很快就感觉热了起来，因为茂盛的植被变少了，而柔软的泥泞地面也被坑坑洼洼的黑色熔岩所取代，那是尼拉贡戈火山（Nyiragongo）最近一次（2002年）喷发所形成的。当我们爬上火山锥，到达位于火山口边缘之下小小的登山小屋时，山的坡度变得更陡了，这就是我们今夜的家。火山发出的隆隆声在我们上方清晰可闻，很快我们就看到了著名的熔岩湖，感受到了它那可怕的光芒：它的内部正在猛烈地喷发，从下方的坑里喷出大量的熔岩，一股红色的烟雾升到晴朗的天空中。大自然的力量是如此“明目张胆”，令人生畏。——汤姆·马斯特斯

通过www.virunga.org预订登山事宜（以及获取刚果民主共和国的签证），该网站还能预订住宿。

 20.5572°S，28.5125°E

马托波国家公园

马托波国家公园（Matobo National Park）拥有超现实的岩石景观，这些岩石令人难以置信地堆在一起，还有彩虹色的蜥蜴、明亮而又光怪陆离的地衣以及毛发状的植物（更近似于动物而非植物）掺杂其中，这里唯一缺失的东西就是萨尔瓦多·达利（Salvador Dalí）那座融化的时钟。在这里的“世界之景”（World' s View），你将体验到非洲荒野的原始力量：一种近乎超然的静止和永恒。难怪它对土著恩德贝勒人（Ndebele）来说如此神圣，也难怪塞西尔·罗兹[Cecil Rhodes；罗得西亚（ Rhodesia）的建立者]选择这里作为他的埋葬地。这个位列《世界遗产名录》的公园还拥有古桑人岩石艺术、黑白两色犀牛，以及非洲分布最集中的豹。

公园位于布拉瓦约（Bulawayo）以南30公里处。门票15美元，公园内外都有不错的度假屋。

KASANKA NATIONAL PARK
卡桑卡国家公园，赞比亚 12.5833°S，30.2010°E

蝙蝠迁徙

你是否认为非洲最伟大的迁徙就是角马在塞伦盖蒂(Serengeti)和马赛马拉(Masai Mara)的开阔平原上艰难前行？很多人也是这么想的。但是，在非洲南部，有一场每年都发生却鲜为人知的迁徙，超过900万只哺乳动物参与其中。在10月到12月，约有1000万只麦秆色的果蝠潜入小小的穆什图(Mushitu)沼泽森林里，森林就位于赞比亚北部的卡桑卡国家公园(Kasanka National Park)内。天空中布满了如此多的生物(无论是飞翔还是栖息)确实令人惊讶不已。白天，你可以在悬挂着大群蝙蝠的森林里行走；日落和日出时，你可以爬上高处的树冠隐蔽处，沉浸于飞行的蝙蝠营造的壮观景象之中。

公园里有两条专为轻型飞机设计的跑道。开车的话，这里距离塞伦杰（Serenje）91公里。

© Rick Strange / Alamy

PAMUKKALE 棉花堡，土耳其

37.9186°N，29.1103°E

棉花堡-希拉波利斯

棉花堡（Pamukkale）的高处有著名的钙华池，清澈、碧绿的水流经雪白的碳酸钙梯田，仿佛一张张巨大的荷叶。游客们不穿鞋，小心翼翼地蹚过池水，来到上方的高地。在那里，棉花堡温泉提供了更高端的体验，你可以在舒适的水温中沐浴疗养。而在下方，断裂的古老圆柱唤醒了人们对古希腊-罗马时代水疗的回忆。

这些令人惊叹的钙华，使横跨在其山坡上的古老的希拉波利斯（Hierapolis）遗迹都相形见绌。实际上，这里的废墟甚至可以和更知名的以弗所（Ephesus）一较高下。一座巨大的剧院展示了这座古老城市的财富和重要性，古城曾经矗立在这片高地之上。在剧院的阶梯石座上，游客们仿佛可以看到古代的演员们大步走上舞台。在附近，使徒圣菲利普（St Philip）被头下脚上地钉在十字架上，这种卑鄙的行径被记录在一座八角形的殉道堂中，朝圣者过去常常成群结队地前往纪念。Frontinus St上仍然铺着石板，游客们可以跟随古人的脚步漫步，这里甚至还有一个可以供多人同时使用的厕所。一扇破败的大门通往一座大型墓地，房子大小的坟墓不规则地分布在方圆2公里的土地上，四下寂静无声，只有猫头鹰在鸣叫。

游客们可以在棉花堡过夜，有三条小径通往钙华池。

ABOUKI 阿布基尔，埃及　　31.4186°N，30.1569°E

索尼斯-希拉克莱奥失落之城

地动山摇，之后下沉，在经历了一系列地震后，这座古城——古埃及通向西方世界的门户——被推入地中海的深处。在水下，它被冷落了1000多年，无数珍宝被旋涡卷起的层层淤泥所覆盖，直到2000年，法国潜水员在阿布基尔湾（Bay of Aboukir）发现了这座失落的城市——索尼斯-希拉克莱奥（Thonis-Heracleion）。

你可能没听说过它的名字，但你肯定熟悉这段历史中的那些传奇人物。这里被认为是赫拉克勒斯（Heracles）首度踏足非洲的地方，特洛伊的帕里斯和海伦逃离著名的斯巴达之役后，也到索尼斯-希拉克莱奥寻求庇护。

虽然许多无价的文物都已从海底打捞了起来，比如5米高的埃及神雕像、刻有原始象形文字的石碑和令人印象深刻的寺庙的一部分，但只有不到5%的城市被挖掘了出来。索尼斯-希拉克莱奥建在泥泞的沙洲和相互连接的岛屿上（很像意大利的威尼斯），以它的规模，海底考古学家预计需要200年的时间才能将其挖掘完毕。

对并非从事考古的潜水者来说，这附近的主要景观是“东方号”（L' Orient）的残骸——1798年沉没于此的拿破仑的旗舰。

☛ **在亚历山大（Alexandria）沿着滨海公路（Corniche）乘坐往东开的迷你公共汽车去往阿布基尔，车费E£2。**

TOP 10

十大微型“国家”

MOLDOVA 摩尔多瓦　　46.8465°N, 29.5998°E

① 德涅斯特河沿岸共和国

德涅斯特河沿岸共和国（Transnistria）并没有得到摩尔多瓦和乌克兰的承认，事实上也未获得任何其他国家承认，尽管它拥有边境控制权和货币（德涅斯特拉卢布）。在2006年支持独立的公投之后，这个国家就等待着展翅高飞。与此同时，迷失于时间中的苏联时期的建筑、令人印象深刻的宾杰里堡垒（Bendery Fortress）和当地的白兰地酒Kvint，都是你来这里的好理由。

☛ 前来此地的旅途费时12小时，无须准备通行文件，只需带上护照，在边境登记即可。

ENGLAND 英国　　51.8906°N, 1.4818°E

② 西兰公国

西兰（Sealand）可以说推动了新一拨建立微型国家的热潮，其中许多是象征性的抗议或虚荣的项目。西兰公国成立于1967年，在距英国东海岸12公里的地方占据了一个离岸平台。

☛ 提前致电，确认是否可以使用直升机停机坪参观（www.sealandgov.org）。

①

ITALY 意大利 43.8298°N, 7.6999°E

③ 塞波加大公国

一处文书上的错误促成了这个意大利省的独立。它在1729年被出售，但是没有被登记，而且在意大利1861年的统一法中也没有被提到，所以当地的吉奥吉欧·卡伯恩（Giorgio Carbone）站了出来，自称王子。

塞波加（Seborga）靠近法国和意大利的边境。最近的机场位于尼斯。

LITHUANIA 立陶宛 54.6806°N, 25.2956°E

④ 对岸共和国

艺术家们将维尔纽斯（Vilnius）先前破旧不堪的乌普斯区（Užupis）变成了一块繁荣自由的“飞地”，并在1997年宣布它为共和国，拥有国旗、总统和11人的军队。

从维尔纽斯可以直接步行进入这里（Republic of Užupis; www.umi.lt），穿过位于Išganytojo gatvė的桥即可。

USA 美国　　24.5637°N, 81.7675°W

⑤ 海螺共和国

基韦斯特（Key West）半正式地脱离了美国，最初是源于对边境巡逻路障的抗议。它的护照和独立庆典很受欢迎，它声称在佛罗里达外拥有四个“海螺州”。

☛ 可以直接飞到基韦斯特国际机场，或是从迈阿密开车向南行驶（www.conch-republic.com）。

AUSTRALIA 澳大利亚　　28.2113°S, 114.8240°E

⑥ 赫特河公国

和皇室交谈比你想象的要容易得多：西澳大利亚的“赫特河公国”（Hutt River Principality）每天都有由莱纳德（Leonard）和格雷姆（Graeme）王子亲自带领的导览游。更多关于这个微型国家的信息见253页。

☛ 进入该公国需要花A$4办理签证（www.principality-hutt-river.com）。

DENMARK 丹麦　　55.6746°N, 12.6006°E

⑦ 克里斯钦自由城

1971年，当嬉皮士占领旧军营时，克里斯钦（Christiania）作为一个自治区赢得了自由。它是一个倡导自由思考的集合体，以五彩缤纷的壁画和大麻摊位而闻名。

☛ 克里斯钦位于趣伏里花园（Tivoli Gardens）以东2公里处，可以直接步行进入。请注意“不许拍照”标志。

© Anna Bryukhanova / Getty Images

© Richard Bradley / Alamy

SWEDEN 瑞典　　56.2864°N, 12.5410°E

⑧ 皇家拉东尼亚共和国

当库拉伯格（Kullaberg）自然保护区的管理委员会要求艺术家拉尔斯·维尔克斯（Lars Vilks）移除他用浮木和石雕搭建的“违章建筑”时，他反而成立了这个微型国家来保护自己的作品。

☛ 拉东尼亚（Ladonia）位于瑞典的西南海岸。你可以在线申请入籍（www.ladonia.org）。

USA 美国　　39.3228°N, 119.5396°W

⑨ 摩洛希亚共和国

在1999年，凯文·鲍（Kevin Baugh），即“摩洛希亚总统阁下”，宣布在其所有的两处房产和土地上成立一个独立的微型国家，这是虚荣的“面子工程”。

☛ 摩洛希亚（www.molossia.org）位于内华达州里诺（Reno）东南55公里处。

FRANCE 法国　　46.9902°N, 6.4636°E

⑩ 萨热共和国

为了赚点欧元，居民们建立了这个半开玩笑性质的“萨热共和国”（Republic of Saugeais）。它作为一个笑话出现于世人面前，总统是通过“掌声计数器”来选举的，而社区也并非完全独立。

☛ 这里靠近法国东部的杜省（Doubs），海关条例很灵活。

“普里皮亚季仍然无人居住，成为苏维埃乌克兰的一个定格画面。它的摩天轮和运动场……仿佛是一种生锈的、失去纯真的象征。”

UKRAINE 乌克兰

51.2802°N，30.2083°E

切尔诺贝利隔离区

“别碰青苔！”我们的导游咆哮道，他担心的并不是脆弱的生态系统。我们正站在切尔诺贝利隔离区（Chernobyl Exclusion Zone），这里的环境辐射是正常水平的10倍，而苔藓这样缓慢生长的植物则像海绵一样吸收着辐射。

在进入这个区域之前，我脑海中就有了一幅生动的画面：一片因核灾难而荒废的苏联土地，没有野生动物存在，而人们再也不敢踏足这一地区。但当我在鬼城普里皮亚季（Pripyat）迈过碎玻璃时，大自然似乎正在此处焕发勃勃生机。树上的鸟儿喋喋不休，鲇鱼在河中扑腾。草

长到了齐腰高，树木在废弃的建筑物中肆意生长。与此同时，该地区的一座教堂——圣以利亚（St Elijah），最近也被重新粉刷过。切尔诺贝利隔离区并不是我想象中的单色调的荒原。

1986年4月26日，在切尔诺贝利核电站进行的一次安全系统测试引发了有史以来最严重的核灾难，在国际核事故分级中被列为7级（没有第8级）。4号反应堆发生了一起猛烈的爆炸，释放出的放射性粒子飘散到远至英国和斯堪的纳维亚的空气中。普里皮亚季是专为工厂工人建造的，人口大约5万，他们远离家园，再也没有回来。

普里皮亚季仍然无人居住，成为苏维埃乌克兰的一个定格画面。它的摩天轮和运动场建于事故发生前不久，仿佛一种生锈的、失去纯真的象征。在公寓楼里，藤蔓植物爬满墙壁，楼梯间腐朽不堪。当我小心翼翼地跨过一所旧学校的门槛时，我能看到发霉的教科书、倒立的桌子和儿童防毒面具。

但是，将切尔诺贝利描述为“重新回归自然”的说法可能夸大其词了。偶尔出没的熊和鸟鸣声并不代表这里成了野生动物保护区，许多科学家得出结论，受污染地区的动物数量比预期的要少。人类的数量也很少，但确实有人在此生活。最著名的居民就是切尔诺贝利的“祖母们”。这些妇女回到她们被污染的农庄，她们认为从家里搬出来比遭受辐射更糟糕。由于灾难而流离失所的人的严重抑郁程度支持了这一观点。

不止一次，当我在普里皮亚季周边步行时，我都能在小路上踢到空的伏特加酒瓶。原来，隔离区是非法政党逗留的热门场所。此言不假，隔离区是一个开派对的地方，每天都像是地球上的最后一天。——安妮塔·伊萨尔斯卡

☛ 旅游团由基辅（Kyiv）出发，记得穿上长袖长裤。旅游公司www.chernobylwel.com在隔离区内经营摄影之旅。

© Sean Gallup / Getty Images

10 TOP 十大令人毛骨悚然的尸体

TEHRAN 德黑兰，伊朗　　35.6870°N, 51.4146°E

① 盐人

与遗愿清单相比，看到尸体空洞洞的眼睛更容易让人做噩梦。但是，无论是圣人还是连环杀手，其木乃伊都可能成为热门的旅游景点。伊朗展示了一些以不寻常的方式保存的尸体，这些尸体被发现于切拉巴德（Chehrabad）盐矿。其中最著名的是3世纪的赞扬盐人（Zanjan Salt Man），他那长着胡子的脑袋和仍然穿着皮靴的腿，在高盐度的环境下被保存了下来。

☛ **赞扬盐人被保存在德黑兰的国家博物馆（nationalmuseum.ichto.ir）中。**

① © Lukas Adda

⑤ © Douglas Peebles / Getty Images

NUUK 努克，格陵兰　　64.1770°N, 51.7462°W

② 奇拉基特索科木乃伊

干燥的北极风使格陵兰最古老的木乃伊（Qilakitsoq Mummies）得以保存。在这些有500年历史的因纽特人木乃伊中，最让人不安的是一个6个月大的婴儿的尸体，他和他的母亲一起被活埋了。

☛ **在努克（Nuuk）的格陵兰国家博物馆（www.natmus.gl）中可以参观这些木乃伊。**

GORNO-ALTAYSK 戈尔诺-阿尔泰斯克，俄罗斯
51.9565°N, 85.9467°E

③ 乌科克公主

这位西伯利亚妇女的手臂上满是繁复的文身，从肩膀一直到手腕。考虑到她在2500年前就去世了，这些文身看起来出奇的时髦。

☛ **西伯利亚的“冰公主”（Ukok Princess）在戈尔诺-阿尔泰斯克（Gorno-Altaysk）的阿诺欣博物馆（Anokhin Museum）展出。**

BANGKOK 曼谷，泰国　　13.75877°N, 100.4852°E

④ See Uey Sae Ung

对食人杀手See Uey Sae Ung来说，在死后能不被打扰地休息，实在是意外之喜。被处决后，他的尸体被石蜡保存起来，并永久地展示给世人。

☛ **在曼谷的诗丽拉吉医学博物馆（Siriraj Medical Museum）可以看到这具黑色的尸体。**

GUANAJUATO 瓜纳华托，墨西哥 21.0201°N, 101.2662°W

⑤ 瓜纳华托木乃伊

木乃伊博物馆（Museo de las Momias）中收藏有超过100具木乃伊，从霍乱受害者到被活埋的妇女。最令人毛骨悚然的是一个将婴儿装扮成圣徒的房间，据说这样可以方便他们进入来世。

☛ **位于瓜纳华托（Guanajuato）的博物馆每天开放。** www.momiasdeguanajuato.gob.mx。

BOLZANO 博尔扎诺，意大利 46.4999°N, 11.3495°E

⑥ 冰人奥茨

这个提洛尔人（Tyrolean）是欧洲木乃伊的先祖，自公元前3300年就被保存在冰川中，比巨石阵还要古老。他被发现于奥茨塔尔阿尔卑斯山脉（Ötztal Alps），因此得名冰人奥茨（Iceman Ötzi），人们认为他是被谋杀的。

☛ **博尔扎诺（Bolzano）的考古博物馆展出奥茨如皮革一般的尸体。** www.iceman.it。

SALTA 萨尔塔，阿根廷 24.7890°S, 65.4110°W

⑦ 尤耶亚科儿童

这些印加儿童的生命终结于阿根廷和智利边境的尤耶亚科（Llullaillaco）火山山顶，他们被用作祭品，来调停神明和生者之间的关系。

☛ **在萨尔塔（Salta）的高海拔考古博物馆（**Museum of High Altitude Archaeology；www.maam.gob.ar**）可以参观这些尸体。**

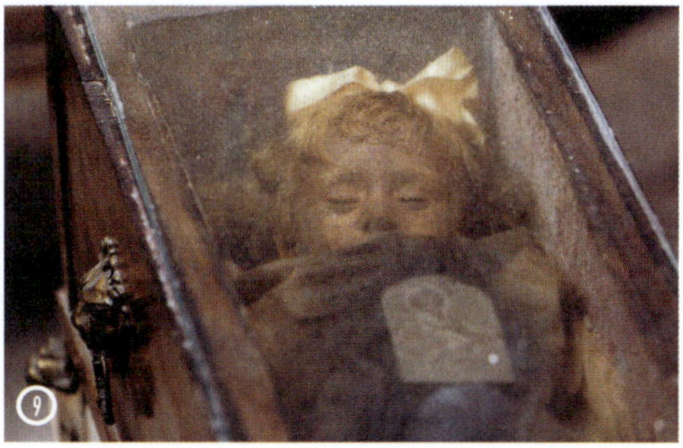

© Reuters / Alamy

SIENA 锡耶纳，意大利 43.3197°N, 11.3265°E

⑧ 锡耶纳的圣凯瑟琳

锡耶纳的圣凯瑟琳（St Catherine of Siena）的头被放在一个哥特式的银质圣物箱中。1380年，在凯瑟琳死后，其神圣的头颅被偷偷带回到她的家乡。她的大拇指也在展示之列。

☛ **圣多明我大殿（**Basilica of San Domenico**）距离田野广场（**Piazza del Campo；www.basilicacateriniana.com**）300米。**

PALERMO 巴勒莫，意大利 38.111755°N, 13.3395°E

⑨ 巴勒莫的睡美人

罗萨利亚·隆巴多（Rosalia Lombardo）于1920年死于肺炎，是圣方济会地穴（Capuchin Crypts）中最年轻的死者之一。显然尸体防腐工作者在这具尸体上表现出色。

☛ **巴勒莫的地下墓穴中有成千上万具尸体（**www.palermocatacombs.com**）。**

VARBERG 瓦尔贝里，瑞典 57.1056°N, 12.2395°E

⑩ 石 人

1936年，石人（Bockster Man）的骨骼残骸在一处沼泽中被挖了出来，上面仍然保留着泛着粉红色的金发。这个中世纪的人被一根橡木矛刺穿并钉在湖床上。

☛ **在哈兰博物馆（**Halland Museum；www.museumhalland.se**）可以欣赏精湛的尸骸修复技术。**

IRAN 伊朗　　32.6747°N, 51.6787°E

鸽子塔

如果你曾经在野餐时被抢食的鸽子纠缠不休，那么对于一代又一代的伊朗人建造高塔来吸引这些鸟的做法肯定会感到困惑。但在17世纪的伊朗，鸽子粪便可是一项大生意。它被用作肥料，像伊斯法罕（Isfahan）这样种植了大量瓜果的地方，需要大量的鸽子粪来维持餐桌上的水果供应。为了满足巨大的需求，农民们需要鸽子在某个地方大量排泄，在那里收集这种富含氮的粪便，珍贵的粪便一点儿都不会被撒在外面。

解决的办法就是建造大型鸽舍——塔的建立便于鸽子降落、休息和存放它们的粪便。对鸽子来说，这些砖塔就像摩天大楼一样，上面布满了数百个鸽子洞，覆盖着灰泥，简直是一个时髦的多层浴室。这种创新并非伊朗所独有，但是这里的鸽子塔可能是最令人印象深刻的。有证据表明，古埃及曾建有大规模鸽舍，它们在苏格兰、法国和波罗的海国家存在了好几个世纪，在整个中东地区也是如此。

伊朗的这种鸽子塔结构结实，非常成功地收集了有机的鸽粪化肥，以至于乡间各地都建起了成千上万座。合成化肥的供应使它们退出了历史舞台，现在只是路边的古董而已。

伊朗还有数百座鸽子塔，在伊斯法罕出城的路边就能看见几座。

© De Agostini / Getty Images

YAZD 亚兹德，伊朗

31.8229°N, 54.3541°E

亚兹德的寂静之塔

距离上次在伊朗中部亚兹德（Yazd）的寂静之塔中举行的天葬已经过去好几代人了，但是秃鹫仍然在热气流中盘旋于人们的头顶上方，看上去不太吉利。如今琐罗亚斯德教（世界上最古老的宗教之一）的传统已被吹散于沙漠的风中，但亚兹德周围的山丘保留了其神秘习俗的踪迹。在一片寂静的平原上，耸立着一座阴森恐怖的石塔，被称为dakhmas（寂静塔），它曾经和食腐动物们一起存活于世。死者被整齐地排列着，在万里无云的天空下慢慢地被清理干净。

亚兹德的故事是一个消失的文明的故事。在亚兹德的寂静塔，无数的男人、女人和孩子进入了永恒，而伊斯兰帝国也经历了兴衰成败，琐罗亚斯德教信徒则减少到只占伊朗人口的0.03%。

现在这里只剩下些低矮的石头房子（死者曾在这些房子内按照宗教仪式被清洗）、同心圆（尸体被摆放在此），以及位于中间的藏骨堂（尸骨被聚集在一起）。可以将此地与位于亚兹德市中心的火神庙（Atashkadeh）放在一起参观，该庙至少从470年开始就一直燃烧着圣火，这让人们得以一窥这种比基督教和伊斯兰教还古老的宗教。

当地有公共汽车往返于亚兹德市中心和寂静塔，不过搭乘出租车更方便。

IBRI 伊布里，阿曼
23.26824°N, 56.74753°E

巴特的坟墓

史前的砖结构建筑散布在阿曼北部的沙漠之中。你或许可以称它们为“蜂巢式坟墓”——只不过里面并没有尸体。

在阿曼北部伊布里（Ibri）以东约24公里处，用砖块精心堆放的房间从沙漠尘土中升起。它们形成了引人注目的剪影，几乎模仿了它们后方的杰贝尔米特（Jebel Misht）的波纹状岩面。尽管地理位置优越，但巴特（Bat）的坟墓看起来就像是昨天匆忙拼凑起来的，所以它们的真实年龄——5000年左右——在几个世纪以来都被忽视了。直到20世纪70年代，考古学家才开始认真研究这些神秘的土冢。

联合国教科文组织称赞巴特的坟墓为世界上最完整的公元前3000年的定居点和墓地——如果它们确实是这种用途的话。在这些砖砌的房间里没有发现一丝人类遗骸的痕迹，时间的流逝和房间再利用可能是其原因。理论上说，这些都是被重复使用的临时坟墓，这或许可以解释为什么在里面没有发现古人的尸骨。

这个考古遗址覆盖了一片很大的区域。巴特拥有数量最多的蜂巢式坟墓，而30公里车程之外的艾因（Al Ayn）则拥有一些保存最完好的坟墓。

你需要向导、司机或是一辆四驱车。从伊布里取道去往艾德德利兹（Ad Dreez）的9号公路，然后再向东开往巴特。

20.4537°S，57.3199°E

莫纳山

世上可以让你把脚从沙子里拽出来、把目光从毛里求斯超凡脱俗的碧蓝海水中挪开的东西屈指可数，但是，引人注目、体积庞大的莫纳山（Le Morne Brabant）无疑是其中之一。在一个非常平坦的半岛上，它那陡峭的悬崖和方形的顶部看起来是如此的不协调，就算你认为它是从太空中掉下来的，也没什么荒谬的。最佳体验是什么？从莫纳山的高处俯瞰，毛里求斯诱人的海景更为出众。

在这块巨石的背面，一条小径蜿蜒向上，不过几小时之后，你就会看到引人入胜的360° 全景。这条小路的较低部分穿过草原和原始森林，之后跨越陡峭的岩石斜坡，绳索和向导的建议会使你的前进道路更加轻松。

爬到山顶后，你会遇到一个专门献给一群奴隶的大十字架，据说他们在逃跑后从这里跳崖而死。当这些奴隶看到殖民地士兵向山上行进时，以为自己又将被奴役了。而实际上，这些士兵是要宣布卖身契已经废除，他们已正式获得了自由。这座山的名字正是来源于这段历史，它的意思是"一座悲哀的山"。

Yanature (www.trekkingmauritius.com) **是唯一可以带领游客上山的旅行社。**

KARAKUM DESERT 卡拉库姆沙漠，土库曼斯坦 40.1678°N, 58.4105°E

达尔瓦扎坑洞

要到达尔瓦扎坑洞(Darvaza Crater)并不容易，它位于世界上最孤立国家之一的广袤沙漠之中。但是，当你到达那里的时候，你就会明白什么是绝境。它似乎是通往地下世界的入口，沸腾的泥浆和炽热的岩石墙制造了如此强烈的灼热感，即使只是站在边缘，你也不得不保护自己的脸。你还要时刻注意自己的脚下，因为没有安全屏障防止你直接掉入这个巨大的沙漠熔炉。

故事是这样的：1971年，苏联的工程师们在荒凉的卡拉库姆沙漠(Karakum Desert)中寻找石油，当时他们的钻井设备打到了下方一个塌陷的气窝。由于担心甲烷会造成危险，他们点燃了它，相信它会在几天内燃烧完。40年过去了，它仍在肆虐。

这个坑洞大约相当于一个美式足球场的大小，约30米深，被当地人戏称为“地狱之门”。大火的猛烈程度和其周边的荒凉，使这里成了一个令人难以置信的怪异之地。夜晚是观看它的最佳时分，当光线暗淡时，黑暗会放大气体燃烧的噪声，天空也被它的光芒所照亮。

参加去往坑洞的导览游是最方便的选择，否则就只能拼出租车到达瓦札(Derweze)，然后再搭顺风车，或是步行2个小时穿过沙漠。

©imageBROKER / Alamy

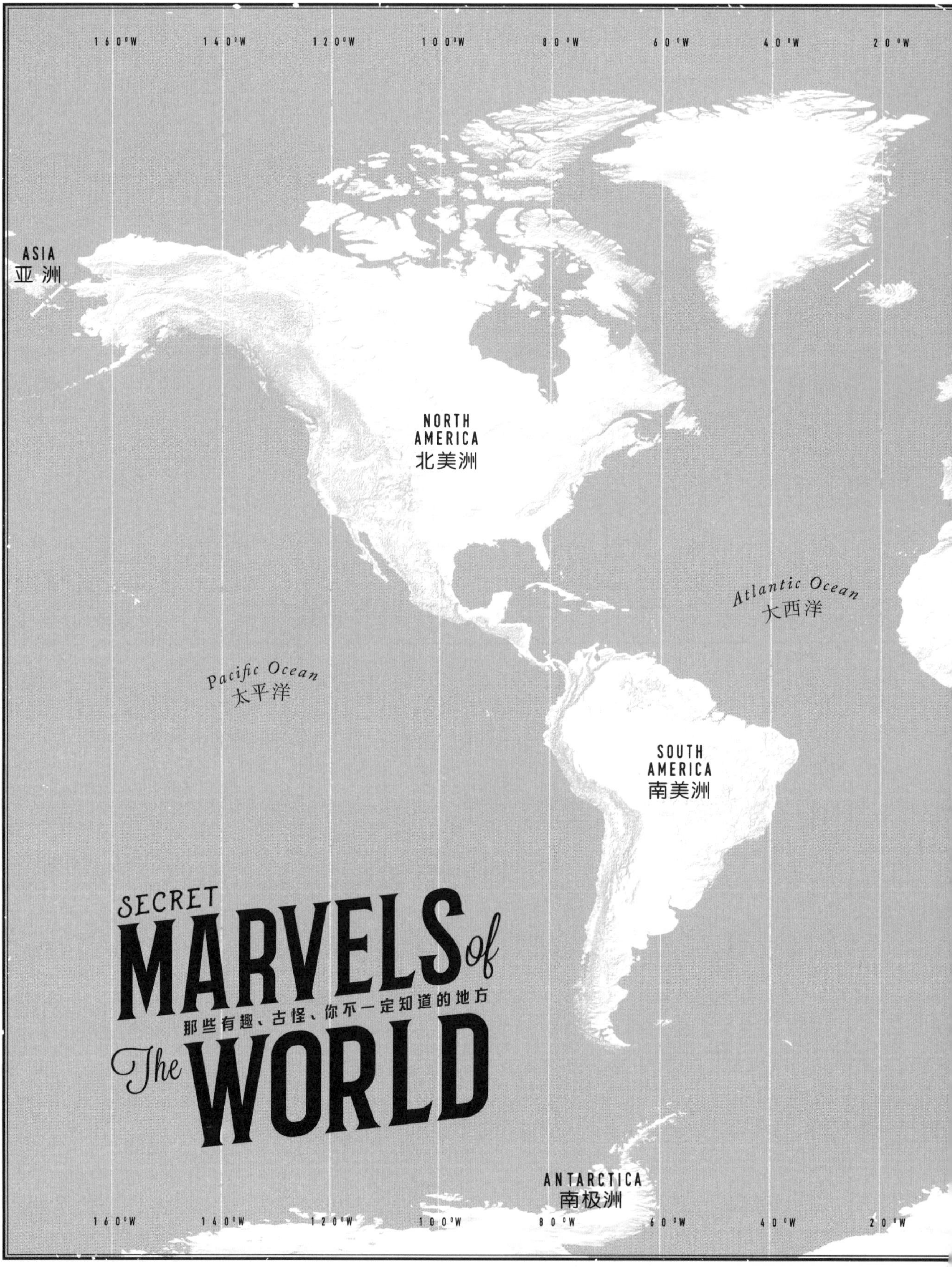
160°W
140°W
120°W
100°W
80°W
60°W
40°W
20°W
ASIA
亚洲
NORTH
AMERICA
北美洲
Atlantic Ocean
大西洋
Pacific Ocean
太平洋
SOUTH
AMERICA
南美洲
SECRET
MARVELS of
那些有趣、古怪、你不一定知道的地方
The WORLD
ANTARCTICA
南极洲

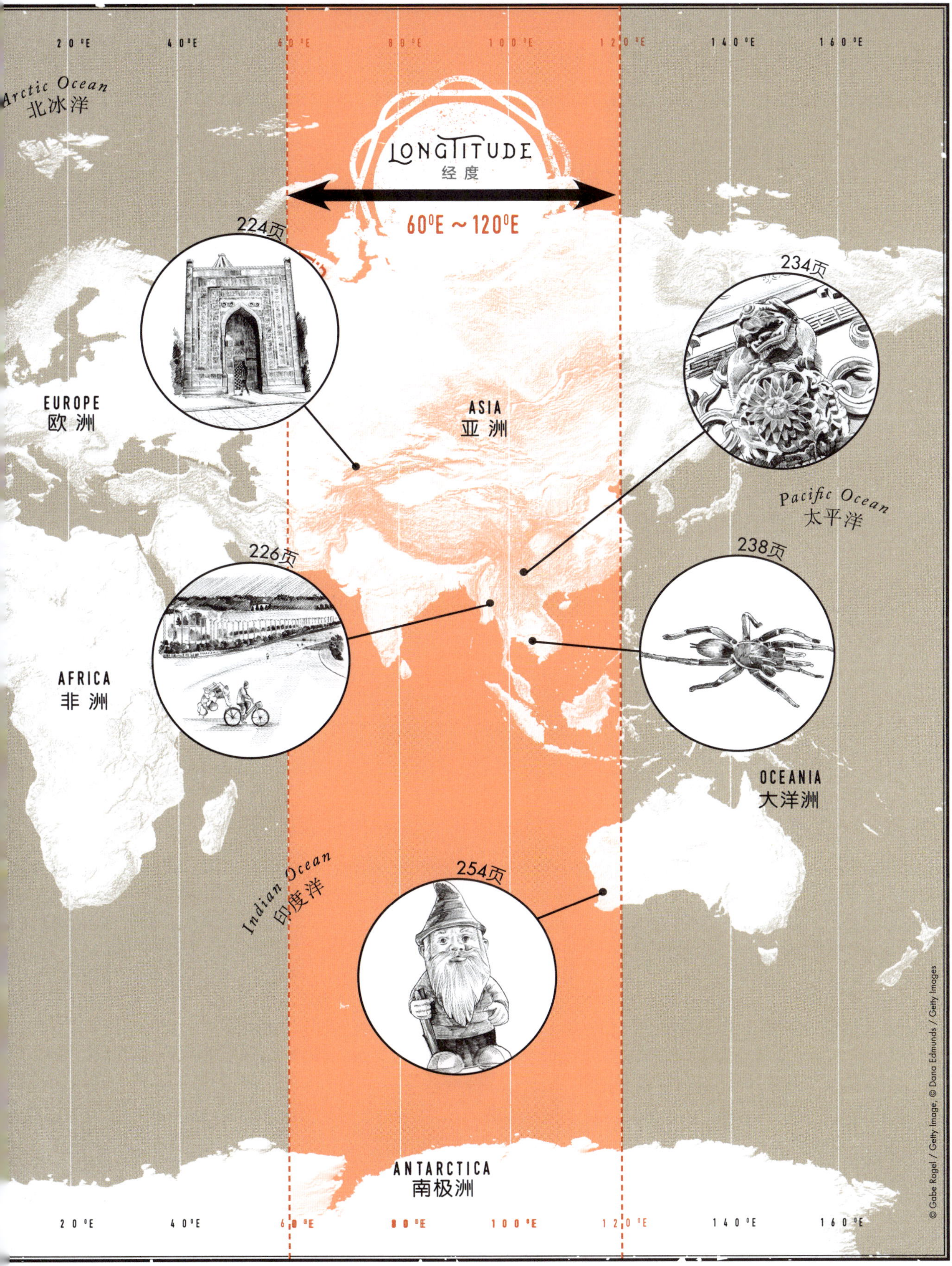

© Gabe Rogel / Getty Image, © Dana Edmunds / Getty Images

HINGOL NATIONAL PARK
辛戈尔国家公园，巴基斯坦
25.4332°N，65.2998°E

希望公主

辛戈尔国家公园（Hingol National Park）是巴基斯坦最大的国家公园，这里有一望无际的沙漠，其间散落着砂岩峭壁。所有这些景象最后都终结于辛戈尔河的一个河口，但其中一幅画面让人尤为印象深刻，那就是希望公主（Princess of Hope）。很难相信这一威严的岩石形象是由风和雨的力量创造出来的。这座自然形成的石塔就像一个穿着飘逸连衣裙、戴着帽子的女人，她的肘部弯曲。与公主威严轮廓相匹配的是她昵称的来源：在访问巴基斯坦最大的国家公园时，安吉丽娜·朱莉受到了该石像的启发，为其取名为“希望公主”。

这一沙漠异象可以从巴基斯坦的海岸公路N10上看到。它位于卡拉奇（Karachi）以西4小时车程的地方，就在辛戈尔国家公园的西南边缘。

© S.M.Rafiq's Photography / Getty Images

BAMYAN PROVINCE 巴米扬省，阿富汗 34.84143°N，67.2238°E

班达米尔湖

阿富汗第一个国家公园的6处湖泊透着一种超凡脱俗的蓝宝石色调。在当地的传说中，这些湖泊是由先知穆罕默德的女婿创造的。并不那么传奇的科学解释是，富含矿物质的水从山间流过，留下的矿物沉淀逐渐固化为天然大坝。瀑布在梯田间潺潺流过，只有几艘小船点缀在纯净的蓝色湖泊间。战争阻止了外国游客的步伐，但仍有一些好奇之人前来欣赏这块拥有野山羊、狼和野生绵羊的地方，同时也来看看巴米扬大佛（Bamiyan Buddhas）的废墟——这座4世纪的雕像在2001年毁于塔利班之手。

这些湖远离常规道路，最方便的就是从东面75公里以外的巴米扬过来，你可以在镇上雇个司机。这一地区埋有地雷，请只走有标记的路。

© National Geographic Creative / Alamy

ASTANA 阿斯塔纳，哈萨克斯坦

51.1283°N，71.4305°E

贝特瑞克塔纪念碑

自1997年以来，哈萨克斯坦首都阿斯塔纳（Astana）的天际线上就出现了一座97米高的摩天大楼，大楼的顶部是一颗“玻璃球”。贝特瑞克塔纪念碑（Bayterek Monument）可能看起来很前卫，但它的设计灵感来自古老的哈萨克传说。根据神话，一只万能的鸟萨穆鲁克（Samuruk）将一个包含人类幸福秘密的金蛋放在了一棵白杨树的树顶，这棵“生命之树”是凡人无法企及的。但现在，你可以乘电梯直达金蛋。虽然没法了解生命的意义，但你可以欣赏到阿斯塔纳的全景和总统纳扎尔巴耶夫（Nazarbayev）的手印。

贝特瑞克塔纪念碑（www.astana-bayterek.kz）**位于阿斯塔纳市中心的**Nurzhol Blvd。

“到处都是老鼠，在门槛上跌落的，从扶手上滑下来的，在狭窄的角落和缝隙里蠕动的……如潮水般的老鼠穿过大理石地面……”

BIKANER 比卡内尔，印度

27.7910°N，73.3408°E

玛塔神庙

说实话，我不是个狂热的老鼠爱好者。它们肉乎乎的，有无毛的尾巴，而当我在黑暗的三流酒店房间里醒来的时候，甚至还能发现自己有它们做伴。但当我参观比卡内尔（Bikaner）传奇的鼠庙时，我知道自己在做什么。

位于丹斯诺（Deshnok）的玛塔神庙（Karni Mata Mandir）是由来自查兰（Charan）种姓的祭司建立的，该种姓的人曾经被拉贾斯坦邦的拉吉特（Rajput）统治者尊为神。这里到处都爬满了老鼠，而这正是目的所在。印度教的信徒们崇拜这些尖叫的啮齿动物，它们被看作是玛塔孩子的转世化身，而玛塔则是焦特布尔（Jodhpur）和比卡内尔（Bikaner）皇室家族的守护神。

从外面看，这可能只是一个普普通通的拉贾斯坦寺庙，它是在19世纪由比卡内尔的王公贵族按照晚期莫卧儿风格建造的，保存完好。不过，寺庙里则是啮齿动物的天下。到处都是老鼠，在门槛上跌落的，从扶手上滑下来的，在狭窄的角落和缝隙里蠕动的。在内室里，如潮水般的老鼠穿过大理石地面，在朝圣者的脚之间穿梭，挤在巨大的金属托盘边——里面盛放着牛奶和prasad（祭祀食物）。

进入玛塔神庙可以作为一种治疗恐惧者的浸入式疗法。首先，你必须赤脚，所以在行进时，老鼠有99%的概率会跑过你的脚。就我个人而言，我认为吃被神圣的啮齿动物啃食过的“圣食”所导致的潜在健康风险更令人担忧。最后，我勇敢地品尝了一块糖果形的甜味prasad，因为在印度待了几个月后，我的免疫系统已经经受住了磨炼，我几乎可以吃任何东西。

然而，这座寺庙最引人注目的地方或许不是成群的啮齿动物，也不是大约15,000只老鼠发出的令人不安的声音，而是那些到访的朝圣者对这些小动物的各种奉承。在寺庙的各个角落，你都会看到来访者给老鼠喂食，他们甚至还会深情地抚摸和亲吻这些老鼠。

对一些人来说，这是一场噩梦，但对虔诚的信徒来说，这些老鼠是“小孩子”（kabas），在这个家庭至上的社会里，它们就如人类的孩子一样被亲切对待。——乔·宾德洛斯

玛塔神庙每天4:00～22:00开放。比卡内尔有班次固定的长途汽车去往丹斯诺。

NEAR TALAS 靠近塔拉斯，吉尔吉斯斯坦
42.5268°N, 72.3817°E

玛纳斯陵墓

这座覆盖着复杂精细的陶瓦砖片的陵墓(Gumbez)是为了向吉尔吉斯斯坦最具传奇色彩的战士致敬。几个世纪以来，关于玛纳斯(Manas)的英勇战役和他统一部落的故事被口口相传，在此过程中还增添了神话色彩。到了19世纪，这些故事被收集到《玛纳斯史诗》(*Epic of Manas*)中，在节日里，人们仍在反复吟唱着玛纳斯这一名门望族，以及与阿富汗人战斗的场景。这座精雕细琢的陵墓由玛纳斯的妻子委托建造，它被伪装成一个年轻女孩的陵墓，以防玛纳斯的敌人掠夺它。这一策略成功了，这座11米高的坟墓，连同精致的阿拉伯铭文和一个吉尔吉斯式的圆顶，仍然完好无损。附近有一座专门介绍玛纳斯生平的博物馆。

陵墓位于塔拉斯 (Talas) 以东约20公里处，可从市中心开车或乘出租车过去。

KASHMIR 查谟，克什米尔地区
34.2160°N, 75.5030°E

阿马尔纳特洞穴的冰阳具

在海拔3888米的阿马尔纳特洞穴(Amarnath cave)圣地里，一尊0℃以下的石笋吸引着印度教朝圣者。这个霜冻住的阳具形冰块位于北部的查谟(Jammu)，被认为是湿婆“冰状林伽”(林伽是男性生殖器的形象标志)的象征。这是一个季节性的景观：在冬天，要进入这个40米深的洞穴几乎是不可能的；但在春末解冻时，融水流入洞穴会被重新冻成林伽。

这个洞穴被认为是湿婆向掌管爱和生育的雪山神女阐释宇宙秘密的地方。但是冰状林伽在游客面前很害羞：当成群的朝圣者的体温令洞内温度升高时，它融化得更快。

朝圣者从帕哈尔加姆 (Pahalgam) 出发，需要5天时间才能到达此地，从查谟可以乘长途汽车或出租车到达帕哈尔加姆。从巴尔德尔 (Baltal) 出发有条更短的路，但也更危险。

© Matthew Williams-Ellis / Getty Images

TIAN SHAN MOUNTAINS 天山山脉，哈萨克斯坦
42.9841°N, 78.4674°E

凯恩帝湖

在这个原生态的湖（Lake Kaindy）里，云杉直突突地从水中升起——在一场地震后，森林被淹没了。1911年发生的凯宾（Kebin）地震引发了天山山脉的山体滑坡，形成了一个天然的大坝，最终生成了这个晶莹透亮的400米长的湖泊，并浸没了森林的一部分。该湖靠近哈萨克斯坦与吉尔吉斯斯坦的边界，海拔2000米，高度令人耳鸣。湖水呈现出一种超凡脱俗的绿松石色，背靠森林覆盖的群山，而被淹没的森林又为这个宁静之地增添了一丝神秘感，它在潜水者中颇受欢迎。

可开车到达凯恩帝湖。从阿拉木图（Almaty）出发有280公里铺装公路通向该湖，沿着A351公路向东开，再往西南行驶。

© Humancode / Getty Images

UVA PROVINCE 乌沃省，斯里兰卡
6.7654°N, 80.9526°E

哈普特莱

位于高处的哈普特莱（Haputale）是一边欣赏美景、一边享用美酒的绝佳场所，这里所有的一切都充满了英国逐渐消失的荣光。哈普特莱横跨在一处陡峭的山脊上，在这里，时间似乎凝固了：雾蒙蒙的山坡上种植着无数的茶树，是英国曾经治理过斯里兰卡的痕迹。在许多殖民地定居点，英国人都会很快建立起高海拔的山中避暑之地。由于哈普特莱这样的地方有理想的茶叶种植气候，英国的茶叶产业得以蓬勃发展。现在山坡上仍然点缀着英式风格的平房，有一个茶厂可以让你品尝各种风格的茶，还有一个建于1970年的观景台，是以苏格兰茶业大亨托马斯·立顿（Thomas Lipton）的名字命名的。

乘坐从科伦坡（Colombo）出发的长途汽车6小时到达哈普特莱。小镇适宜步行。

MYANMAR 缅甸　　18.3765°N, 96.4207°E

曼德勒至仰光高速公路

当谈到曼德勒至仰光高速公路时，再多的赞美之词都不够用。这条匆忙建成的高速公路从北向南穿越半个缅甸，将旅行时间缩短了一半，但由于设计缺陷，每天都会造成几起事故。它拥有可怕的“死亡之路”绰号，路边的标牌上警告说：“生命是一段旅程，完成它。”最古怪的部分位于半程处，在通往缅甸特建的首都内比都（Naypyidaw）的途中。在某些地方，道路有20个车道宽，大部分路面上都是空荡荡的（就像这个奇怪的人口稀少的城市一样）。当地人悄悄说，这是经过精心策划的：如果反政府抗议活动需要被迅速驱散的话，一架飞机可以降落在这条宽阔的高速公路上。

开完整条高速公路需要约8小时，请谨慎驾驶。

© Amos Chapple / Getty Images

PANA 帕纳，不丹
27.5271°N，89.8781°E

切米拉康

在不丹普那卡（Punakha）的这个寺院里，佛教圣人粗俗的教学方法化为了不朽之物：你可能会被一个幸运的男性生殖器吓到。这座寺庙是为纪念喇嘛朱卡库拉（Lama Drukpa Kunle）而建，人们认为他用霹雳击败了一个恶魔。这里有一个正义霹雳的模型，还有转经筒和生育圣殿。被称为“神圣疯子”的喇嘛朱卡库拉是一个喜欢跳出框架思考的人，他的教学方法隐晦并大量使用男性生殖器象征。意料之中的是，切米拉康（Chimi Lhakhang）已经成为有生育问题的夫妇最喜欢的朝圣之地，他们前来寻求祝福，有时还会以木头敲击头部的形式祈祷。

圣殿位于帕纳（Pana）村，沿修普索卡（Sopsokha）一条穿过稻田的铺装道路走，然后是一段上山路。

MAWSYNRAM & CHERRAPUNJI 毛辛拉姆和乞拉朋齐，印度
25.2189°N，91.6618°E

梅加拉亚邦树桥

在孟加拉国和缅甸之间的印度远东地带，有两个地区正在争夺“地球上最潮湿的地方”这一称号。毛辛拉姆（Mawsynram）和乞拉朋齐（Cherrapunji）都属于梅加拉亚邦（Meghalaya），利用本地夸张的降雨量，建起了“活桥”——将橡胶树根编结成步道。要将一公里长的根部编成一座天然桥梁需要技巧。中空的树干被有计划地放置，以引导它们生长，而树根需要十多年的时间才能在这种非自然的新姿势中变得强韧起来。其结果是惊人的：打结的树根桥融入了郁郁葱葱的梅加拉亚邦森林，它们能够承受多达50人的重量。其中最长的桥有50米长，位于乞拉朋齐以东20公里的皮努尔斯拉（Pynursla）。

从乞拉朋齐假日度假村（Cherrapunji Holiday Resort；www.cherrapunjee.com）可以步行走到著名的“双层根桥”。

MON STATE 孟邦，缅甸 17.4819°N，97.0986°E

大金石

一缕佛祖的头发勾住了这块巨石，阻止它从山上掉下来——至少传说是这样的。无论如何，孟邦（Mon State）吉谛瑜山（Mount Kyaiktiyo）山顶上的“大金石”（Kyaiktiyo Pagoda）都似乎不受地心引力的影响。这块7米高的巨石斜立在山巅，看上去只有一块很小的区域碰到了基岩，这真令人困惑。

作为缅甸最神圣的朝圣地之一，巨石的整个表面被虔诚地贴上了金箔，顶部还修建了一个金色的佛塔。大金石的闪亮外表会被不断更新。佛教朝圣者（只限男性）穿过一座桥到岩石前，在其表面涂抹自带的闪闪发光的献礼，在一年内三次参观大金石被认为是特别吉祥的。但最吸引人的时间是11月到次年3月的朝圣季。那时这里笼罩在一种催眠的气氛中：蜡烛被点燃，信徒们献上水果，僧侣们的诵经声在夜空中飘扬。

在从钦榜（Kinpun）到岩石的这11公里颇具挑战性的小径上，朝圣者脱去了自己的凉鞋。更多的休闲游客则乘坐卡车，一路颠簸着上山，人满发车。在日落时分到访，可以欣赏到壮丽的景色，但是卡车在日落时就会由岩石处沿路下山，所以你可能需要在大金石附近的民宿里过夜。

从仰光到大金石的长途汽车需要行驶近5小时。

XINJIANG 新疆，中国 43.8597°N，92.8603°E

怪石山

第一眼看到怪石山时，你就可以充分展开想象力了。你可以当它是外星人降落的基地，或是上帝造物时任性的杰作：高高低低的石山突兀而立，山体密密麻麻地布满了奇形怪状的小洞，它们交错排列，像无数骷髅堆积在一起，组成了一片怪异的石林。

怪石山所处的位置是冷空气入侵新疆巴里坤盆地的风口，各种风向在这里交会碰撞，形成旋转风，在岩石较软处形成石窝，天长日久，石窝被侵蚀得越来越大、越来越圆，最终形成了奇特的怪石山。你看，科学家的解释总是这么严谨又无趣。

我们还是尽情欣赏美景吧。你可以先在蜂巢状地貌观景台前，与怪石山来张自拍（希望你没有密集恐惧症），然后沿景区步道进入怪石山，沿途可以看到祈福台、天棺王墓、神泉等景观，还可以走近山体细看那些圆洞，洞内不算光滑，最大的可以容纳数人。行至山腰往下看，你会发现草地上有一个模糊的巨大圆形遗迹，据说是成吉思汗率部西征时在此驻扎的营盘遗址。

视觉中国 提供

怪石山距巴里坤县城约60公里，没有班车直达，只能从县城包车过去。你也可以将其与巴里坤湖一道游玩，顺便看看沿途的古代烽燧。

COCOS ISLANDS
科科斯群岛，澳大利亚
11.8257°S, 96.8232°E

科科斯群岛高尔夫俱乐部

这个高尔夫球场选址不同寻常，它位于印度洋中部一个珊瑚环礁的机场跑道旁。我和一群当地人一起，沿着飞机跑道推我们的手推车。当又一个球消失在潟湖里时，一群人善意地起哄。然后警报声响起，我们在跑道的边缘等着，喝着从高尔夫球袋里拿出的冰饮。一架重型军用飞机接近、降落、滑行到达航站楼。来自大洋基地的美国士兵在此稍作停留，然后前往澳大利亚的休闲娱乐中心。他们惊讶地从飞机窗户内打量着这群开怀的高尔夫球手，球手们则向新来的人举起酒杯，毫不客气地回看这帮美国大兵。——维吉尼亚·杰勒斯

高尔夫俱乐部位于西岛（West Island）。珀斯（Perth）有航班飞往科科斯群岛（Cocos Islands）。

MELAKA 马六甲，马来西亚
2.1838°N, 102.2669°E

葡萄牙村

葡萄牙的制海权以及对贸易和征服的渴望建立起了一个全球帝国，在16世纪，它在亚洲各地都有前哨，其中一个就在马六甲（Melaka）。这个繁荣的港口城市位于马来西亚半岛的西南海岸。马六甲作为葡萄牙殖民地的历史有130年，直到1641年被荷兰人占领。除了一扇大门之外，马六甲作为曾经令人敬畏的葡萄牙堡垒，几乎没有留下什么遗迹。但是，一个于1933年建立的木制渔村使当地的葡萄牙社区重新团结了起来。这个位于唐人街以东2.5公里处的定居点像是带着些许马来风味的波尔图（Porto）：葡萄牙风格的房子、基督教的圣地、蛋挞和海鲜——尽管它混合了当地的辣椒酱（sambal）。

从市中心的荷兰广场（Dutch Square）走到葡萄牙村（Portuguese Settlement）要半个小时。

© Rob Walls / Alamy

BANGKOK
曼谷，泰国
13.7483°S, 100.5464°E

灵根庙

我很少会羞于问路，但在曼谷寻找关于阳具的神庙大概会让任何人都感到害羞。为了到达生育圣殿——树神Chao Mae Tuptim的圣所，我从阳具雕塑旁侧身走过：笨重的木雕有3米高，而花岗岩雕塑的比例则更接近现实。它们有些整齐地绑着丝带，有些被茉莉花环包围。但这里的气氛绝不是淫秽的：一对年轻夫妇静静地看着烟从香柱上升起，而附近的一位绅士则把他的阳具——我得赶紧声明一下，一个木制阳具——绑上粉纱。你在最奇怪的地方也能找到宁静。——安妮塔·伊萨尔斯卡

神庙位于曼谷的Nai Lert公园瑞士酒店后方，工作人员可以给你指路。

PHENSAVAN 丰沙湾，老挝 19.4306°N, 103.1541°E

石缸平原

是殡葬瓮，还是用于储藏米酒？历史学家对这些有2000年历史的花岗岩和砂岩石缸的用途犹豫不决，它们有的高约3米，散布在丰沙湾（Phonsavan）的西南部。

在这片布满炸弹的草地上，考古是一项铤而走险的事业。20世纪60年代，在老挝内战期间，军队（主要是美军）在这里投放了大批炸弹。未爆炸的弹药仍埋在土壤中。考古学家在这个曾经的战区仔细考察，已经能够将这些石缸的年代确定为公元前500年左右。它们最初被认为是用于酿酒的酒桶，但在之后发现的更大的瓮中，人们找到了工具、珠宝和骨头，这让人相信，至少有一些石缸曾被用作骨灰瓮。它们可能被用于“预埋葬”，即在火化前，先把尸体放在石缸中晾晒风干，附近的一个洞穴被认为是火葬场。石缸盖上的动物雕刻的意义还未破解。

这个地区有60个观察石缸的地点，其中3个已经完全清除了炸弹。即便如此，仍要时刻注意，不要踏足未标记的区域。站点1是最容易辨识方向也最接近信息中心的。站点2和站点3维护不善，独自旅行者最好骑摩托车去参观，或是考虑加入一个导览游。

万象（Vientiane）和丰沙湾之间有长途汽车。到了丰沙湾之后，可以租辆自行车或汽车，或是参加导览游。

10 TOP 十大令人瞠目的亚洲节日

BATU CAVES 黑风洞，马来西亚 3.2378°N，101.6843°E

① 大宝森节

想要跟随一个庆祝阳具的队伍、观看摔跤表演或者参加一场神圣的绘画比赛吗？几个世纪以来，亚洲国家通过喧嚣、灿烂的节日来庆祝季节更替和神圣的战役，彰显艺术才能。大宝森节（Thaipusam）一定会在你的记忆中留下深刻烙印，在那里，游行队伍中的朝拜者会刺破甚至刺穿自己的身体，以奉献给印度教神穆卢干（Murugan）。

☛ 1月或2月的满月夜，在黑风洞（Batu Caves）可观看游行队伍。位于吉隆坡以北15公里处。

© Lim_jessica / Getty Images

© Tom Fullum / Getty Images

INDIA 印度 28.6461°N，77.2144°E

② 胡里节

想用一场身披彩虹的战斗来庆祝春天的到来吗？为了向爱好恶作剧的克里希纳（Krishna）致敬，信徒们投掷鲜艳的染料，以纪念正义战胜邪恶。可别把你最好的T恤穿出来。

☛ **胡里节（Holi）在3月满月的第二天在街头举行。德里的庆祝活动尤为狂野。**

KAWASAKI 川崎，日本 35.5308°N，139.6974°E

③ 铁男根祭

你会看到一个由狂欢的人群高举的阳具形状的祭坛。举行阳具节（Kanamara Matsuri；右页下图）的起因源自一个民间故事，在这个故事里，一个女人用一根铁匠锻造的金属假阳具治好了性病。

☛ **在每年4月，加入川崎（Kawasaki）当地人庆祝生育力量的队伍吧。川崎位于东京以南20公里处。**

CEBU 宿务，菲律宾 10.2940°N，123.9007°E

④ 仙奴诺节

在催眠般的鼓声背景下，圣尼尼奥之舞（左页上图）毫无疑问是宿务（Cebu）耀眼的狂欢节的标志。这是一个由异教转变为基督教的节日，历史可以追溯到500多年前。

☛ **游行在1月的第3个周日进行，宿务市是活动的中心。**

MONGOLIA 蒙古　　47.8546°N, 106.7838°E

⑤ 那达慕

在这个仲夏举行的游牧民族奥林匹克运动会中，一起屏息欣赏蒙古有几百年历史的军事艺术：摔跤、射箭、赛马和投掷长矛，届时有盛大的民族服装游行和惊人的绝技。

☛ **节日在7月中旬举办（naadamfestival.com）。乌兰巴托（Ulaanbaatar）的体育场是最大的活动举办地。**

GUIZHOU 贵州，中国　　25.9239°N, 108.9839°E

⑥ 喊天节

鬼师在喊天台下向天神敬酒、起鼓、念诵，用侗语与天神对话，全寨男女将喊天台围住吹芦笙、唱大歌。喊天之后一天内就会下雨——这个神奇的现象一直口耳相传，并有不少游客亲眼见证。

☛ **位于从江和黎平之间的黄岗是唯一过喊天节的侗寨，每年农历六月十五就能看到这场神秘的求雨仪式。**

HUE 顺化，越南　　16.4690°N, 107.5858°E

⑦ 顺化节

在顺化（Hue）举办的这个两年一度的文化盛宴中，放风筝、赛艇、才艺展示会和传统工艺活动一同开展，比如书法和舞蹈。娱乐活动从传统的嘉年华到高科技灯光秀应有尽有。

☛ **顺化位于越南中部，每天都有航班飞往胡志明市。查看www.huefestival.com。**

© Chris McGrath / Getty Images

⑩

视觉中国 提供

NEPAL 尼泊尔　　28.2238°N, 83.9902°E

⑧ 德赛节

该宗教仪式持续15天，有密集的仪式活动，从祝福到对恶魔的象征性追逐，最后是屠杀动物的血腥高潮。溢出的血代表着善与恶的斗争。

☛ **德赛节（Dashain）通常在9月或10月举行。热闹的博卡拉（Pokhara）是欣赏仪式的好地方。**

MYANMAR 缅甸　　16.7982°N, 96.1496°E

⑨ 直桑岱点灯节

节日的夜空被漂浮的灯笼点亮，标志着缅甸雨季结束。在仰光大金塔（Shwedagon Pagoda），当地人争相在节日前织僧袍。

☛ **直桑岱点灯节（Tazaungdaing Festival）于缅甸历第8个月的满月夜举办。**

RUSSIA 俄罗斯　　55.7522°N, 37.6232°E

⑩ 谢肉节

在俄罗斯各地，人们会佩戴花头巾和百吉饼花环，用煎饼狂欢节庆祝冬天的结束。这是大斋节之前的最后一次聚会，所以尽情放纵吧。

☛ **在大斋节前的最后一周，许多俄罗斯的城镇里都摆起了煎饼摊，还设立了焚烧稻草人的地点。**

YUNNAN 云南，中国
24.5617°N，102.8745°E

抚仙湖

在这个最深处达155米的淡水湖中，潜水员发现了一个被苔藓覆盖的古老城镇的遗迹，正如流传多年的民间故事一样。起初只发现了长满苔藓的石板和低矮的墙壁；很快，根据声呐探测，考古学家们绘制了面积为2.5平方公里的古城地图。多亏了碳-14测定法，科学家们精确地测定出遗址的年代为公元260年，比学界认定的古滇国年代晚了至少400年，这让人们对这个遗址可能是古滇国一个失落城市的希望破灭了。尽管如此，经过20天的科学考察，在湖底发现了人工雕琢的日月、生殖器、数字和三角图形等，进一步证实了抚仙湖水下存在人类文明遗址。

考古调查仍在继续，可能不允许靠近岸边。

© Alex Linghorn / Getty Images

GURVAN SAIKHAN NATIONAL PARK
古尔班赛汗国家公园，蒙古 43.4960°N，104.0880°E

鹰谷

在戈壁沙漠（Gobi Desert）的“秃鹰谷”中央，有一片冰场被陡峭的峡谷所包围。由于峡谷位于古尔班赛汗国家公园（Gurvan Saikhan National Park）的阴凉处，因此鹰谷（Yolyn Am）的冰有时整个夏天都不会融化。在冬天，这里可被冰霜覆盖好几公里。层层的蓝冰夹杂着沙漠的尘土，创造出有趣的自然雕塑和危险的裂缝。如果你打算在峡谷的河床上徒步，请随时注意脚下。可悲的是，这一全年的冰场可能很快就会消逝，当地人说这里的冰正在逐年变薄。

你需要自备交通工具（而且得结实）才能到达鹰谷，可从人口稀少的采矿和旅游城镇达兰扎德嘎德（Dalanzadgad；可以从乌兰巴托乘坐长途汽车到达）取道向西，行驶45公里到达。

JOHOR BAHRU 新山（柔佛巴鲁），马来西亚 1.4927°N，103.7414°E

世界第一玻璃印度庙

当你走进这个用闪闪发光的珠子和玻璃马赛克建造的圣所时，注意保护眼睛。一束光为马来西亚第一座也是唯一一座玻璃寺庙提供了灵感：在思考如何重建新山（Johor Bahru）最古老的庙宇时，一束光照进了博伽梵·锡塔（Bhagawan Sittar）大师的眼睛。意识到光源是来自一英里之外一个玻璃物体所形成的反射后，他受到启发，建造了这座玻璃神庙（Arulmigu Sri Rajakaliamman Temple），以吸引信徒们进入它的光内。庙里的水晶吊灯与玻璃图标相互辉映，墙壁上镶着珠子，每颗珠子上都刻着祈祷词。最令人印象深刻的是由30多万片玻璃制成的五彩马赛克。

寺庙位于JB Sentral站以北1公里处。游客可以在下午参观。

“我……还没准备好面对在蜿蜒的人行道上展示的那些噩梦般的奇想……一只长着人头的螃蟹……一位拥有蜗牛身体的女孩。”

SINGAPORE 新加坡 1.2836°N, 103.7818°E

虎豹别墅

当赫拉克勒斯（Hercules）打算在冥界抓看门狗刻耳柏洛斯（Cerberus）时，不得不先与鬼魂和怪物搏斗。不过参观新加坡的这个地下世界要容易一些，我所要做的就是走出地铁站，漫步在Pasir Panjang路，然后进入地狱的深处……

虎豹别墅（Haw Par Villa）是古怪的兄弟胡文虎和胡文豹（以发明虎标万金油闻名）创造的一座雕塑花园，是世界上最超现实的旅游景点之一。别墅占用了超过3.2公顷的新加坡优质地块，刷着大量的三原色亮光漆，拥有上千个来自中国和佛教神话的恶魔和神灵的雕像。在实景模型里，许多人经受着可怕的酷刑，作为对想在此生行恶的人的警告。

在旅行中，我曾有过一些古怪的关于来世的幻想：马德里普拉多博物馆（Museo del Prado）里展示的耶罗尼米斯·博斯（Hieronymus Bosch）的噩梦、老挝香昆公园（Xieng Khuan Buddha Park）里的混凝土“地狱南瓜”，但虎豹别墅拥有一种特殊的吸引力。我想这是由于我在参观之前看到的图片中的迷幻色彩。我听着亨德里克斯（Hendrix）的音乐长大，读过汤姆·伍尔夫（Tom Wolfe）的《令人振奋的兴奋剂实验》（*The Electric Kool-Aid Acid Test*），因此在三维空间里看到迷幻之物的诱惑太大了，简直无法抗拒。

我走进那些看似无辜的中式大门，但还没准备好面对在蜿蜒的人行道上展示的那些噩梦般的奇想。那是什么？一只长着人头的螃蟹。那又是什么？一位拥有蜗牛身体的女孩。在附近，被诅咒的人痛苦地扭动着，他们被压在磨石下、穿在长矛上，浑身血迹斑斑，仿佛是早期的汉默（Hammer）恐怖电影的一部分。

这里缺少工作人员，也几乎没什么游客——花园在这种情况下好几次都濒临关门，但这更增加了穿越到一个奇怪的平行宇宙的感觉。

事实上，这里并不只展示厄运和黑暗。每个恶魔都对应着一个令人振奋的佛教解读，你还能看到一条像地铁列车一样大的中国龙。对外行来说，这是对中国和佛教神话中五彩世界的奇妙展现。尽管标志有些不完整，但我们都明白这些雕塑的象征意义——做坏事就会被魔鬼折磨。——乔·宾德洛斯

☛ 雕塑公园每天9:00～19:00开放。地铁有固定班次开往虎豹别墅站。

百年好合

虎豹别墅
HAW PAR VILLA

“对那些喜欢吃熟虫子的人（似乎是大多数人）来说，大桶沸腾的花生油可以给虫子加上一层松脆、酥爽的油炸口感……”

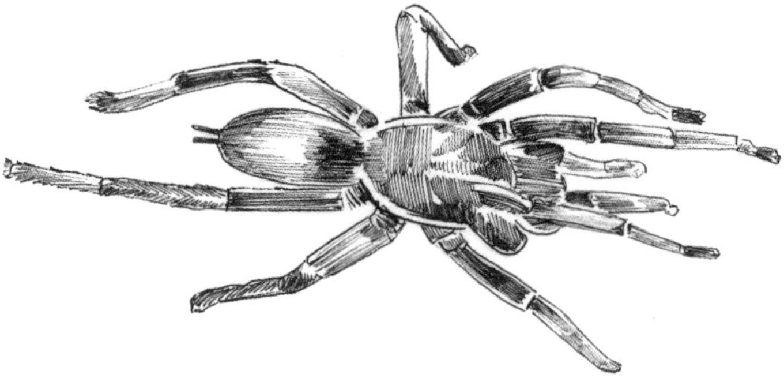

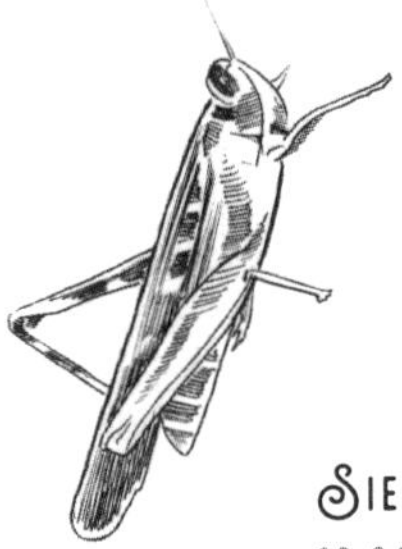

SIEM REAP 暹粒，柬埔寨
13.3671°N，103.845°E

令人毛骨悚然的爬虫市场

晚餐吃虫子？你可能会对这个想法不屑一顾，但实际上，将昆虫作为食物的历史可以追溯到人类诞生初期。许多人类学家认为，约一万年前在农业出现之前，虫子是我们饮食的主要来源。而在暹粒（Siem Reap），在当地人称之为“令人毛骨悚然的爬虫市场”（Creepy Crawly Market）里，食客们可以回归本源。

这个市场可谓移动的盛宴，每天都出现在城市的不同地方，提供昆虫、爬行动物和几乎任何可以在岩石下找到的生物。当地人和游客在摊位前排队，品尝各种各样多腿、滑溜溜的小动物。当地孩子甚至会去抓这些恐怖的小动物，把它们卖给小贩以赚取额外的钱。

这是一个简单的露天市场，大碗里装满了蟋蟀、蛾子幼虫、水蝽和狼蛛。对于更大的生物，比如蛇，则会被先放在阳光下晒干。有些人会从桌子底下或车后备厢里献出更多的异国美食，比如瓶装的、所谓的蝎子威士忌，瓶子里确实装着这种有毒生物！当然，大多数用餐者更希望他们的餐点不在盘子里乱爬，或者在你享用的时候直瞪着你，但这些都是这个市场异国魅力的一部分。新旧世界在此交融。

大多数游客都把这个地方当作一个可打包的咖啡馆，一边走一边吃点快餐。有些人喜欢生吃虫子，对那些喜欢吃熟虫子的人（似乎是大多数人）来说，大桶沸腾的花生油可以给虫子加上一层松脆、酥爽的油炸口感，还能增添一层额外的味道。

暹粒作为通往吴哥窟的门户，坐落在丛林深处，提供无穷无尽的美味小食。在过去的几个月里，这一流动市场变得如此受欢迎，以至于一位辛勤的商家开了一家固定的昆虫咖啡馆（Bug Cafe）——一家干净、现代的餐厅，主打昆虫小吃和鸡尾酒，你可以在那里享用蝎子沙拉和狼蛛冰激凌。——詹姆斯·多西

☛ 令人毛骨悚然的爬虫市场每天都出现在不同地点，可联系位于Route 6的游客信息中心询问当天的地点。当然，很多当地人都会乐意告诉你在哪里能找到它。

高布斯滨

在柬埔寨的库伦山（Kulen Hills），人们把很多生育符号刻在一条湍急水流流经的石头上，这里通常被称为“千林伽之河”（River of 1000 Lingas）。在距离暹粒举世闻名的吴哥窟大约45公里的地方，这段长150米的斯登高布斯滨河（Stung Kbal Spean River）河段两边布满了阳具象征，还有毗湿奴（Vishnu）、猴神哈努曼（Hanuman）和其他许多印度神的雕刻。这里的环境犹如艺术作品一样令人愉悦，瀑布自神话般的场景中滑落：在其中一个瀑布，毗湿奴的脚与拉克希米（Lakshmi）靠在一起；在另一处瀑布，梵天（Brahma）庄严地坐在一朵莲花上。你需要穿过森林才能到达这个地方，爬坡时，偶尔还要扶着树枝和树根。

人们认为，在11世纪，隐士们开始在河床上雕刻神的形象，尽管一些历史学家认为第一个林伽出现的时间要比那早上200年。1969年，民族学家让·布尔贝（Jean Boulbet）在当地一个隐士的指引下重新发现了这个地方。在20世纪90年代之前，柬埔寨的内战使这个考古遗址远离人们的视线。

悬挂的树枝和湍急的水流很容易让人错过一些最有趣的雕刻，所以最好和向导同去。可以在7月到12月前来，那时水量丰沛，水流湍急。

高布斯滨（Kbal Spean）在暹粒以北50公里处，有公路直达。这段徒步小径很湿滑，需要爬山，记得穿上徒步鞋。

CHRISTMAS ISLAND 圣诞岛，澳大利亚 10.4871°S，105.6294°E

红蟹迁徙

如果你在雨季开始的时候置身圣诞岛（Christmas Island），开车一定要非常非常小心。这是一年一度的红蟹迁徙时节，这些小家伙的脑子里就只有这么一件事。与它们对生育的强烈欲望相比，小汽车、卡车、自行车都变得无关紧要了。

第一场雨刚下过，螃蟹们就从位于森林深处的地下洞穴里爬出来，开始缓慢地向5英里外的海滩爬行。在几个小时内，涓涓细流就变成了由数以千万计暴脾气的螃蟹组成的滚滚红潮，它们被根深蒂固的交配冲动驱使，踮起脚拼命涌向大海。这是一种受本能驱动但紧凑的时间安排：迁徙、挖洞、求爱和交配都必须及时完成，才能赶上下弦月的涨潮。只有在这个时间段，雌蟹才会在海浪中游动，把珍贵的卵产到海里。

所以，毫无疑问，没有什么能阻止它们前进。它们爬上陡峭的悬崖，攀住锯齿状的岩石，与成群疯狂的黄色蚂蚁搏斗，不可阻挡地向前行进。无论是在封闭的道路、螃蟹篱笆，还是专门建造的地下通道，成群的螃蟹和当地的交通较劲——带着塑料耙子的养护员会在街上巡逻，把小螃蟹从危险境地中捞出来。司机们对此应该心存感激：螃蟹的壳太硬了，会刺穿车胎。

可以从珀斯（Perth；澳大利亚）和雅加达（Jakarta；印度尼西亚）飞往圣诞岛。

“它是一个小而浅的水潭，里面是清澈透亮的碧绿池水，晶莹剔透的沙子柔软而洁白，就像滑石粉一样。”

CHRISTMAS ISLAND 圣诞岛，澳大利亚 10.4270°S, 105.7031°E

岩 洞

一条狭窄的柏油道路在飞鱼湾（Flying Fish Cove）和高尔夫球场之间沿着海岸线铺设。在一个美丽的早晨开车上路，先经过一座清真寺和一座中国寺庙，再经过各种衰败和翻新程度不一的房屋和商店，接着经过一系列的墓地，这些墓地就在通往高尔夫球场的路上，位于石灰岩峭壁边缘和海岸森林中。大海的景色和声音是我一路的伴侣，还有低飞的金水手（golden bosuns）——优雅的热带鸟类，就如它们的名字所暗示的，它们的身影在早晨的阳光下闪闪发光。

在我第一次开车前往的时候，都没有注意到通往岩洞（Grotto）的步道。除非你知道路的尽头有什么，不然就会轻易错过，而不会想到回头一探究竟。不过，现在在这里停下来算是我的第二天性了。这条小径很窄，覆盖着热带雨林植被；几米之后，路面变得怪石嶙峋，微微地向下延伸，伸入悬崖壁的一个洞穴里。在看到水之前，我就听到了水的声音。在平静的天气里，它会温柔地涌入涌出，但在涨潮的时候，汹涌的海浪会发出颇为可怕的声音。

每次看到岩洞的外观我都会发出惊叹。它是一个小而浅的水潭，里面是清澈透亮的碧绿池水，晶莹剔透的沙子柔软而洁白，就像滑石粉一样。钟乳石和石笋从光滑的地面和岩顶上冒出来。池水从洞穴后方的一个小穴里进出，有经验的洞穴潜水员偶尔会在里面进行洞潜，但很高兴的是，普通的游泳者从没被吸到海里过。我脱下衣服，沉入水中，然后静静地漂浮，望着外面，望着头顶上方穿过树林的阳光，半透明的小鱼群跟着我游来游去。

这里有一些接近岩洞的非正式当地惯例。我的衣服放在明显可见的地方，任何新来的人都会从小径上跟我打个招呼，给我时间去拿条毛巾。在晚上，如果你看到一排摆在入口处的蜡烛、香槟瓶塞，而岩洞内部静悄悄的，那可能意味着一对伴侣正在享受一些“私人”时间。再或者，谈话和笑声意味着任何一个人都可以分享岩洞。今天早上，就如同大多数早晨一样，我单独享用岩洞，放松身心，准备好迎接新的一天。——维吉尼亚·杰勒斯

☛ 可以从珀斯（Perth；澳大利亚）和雅加达（Jakarta；印度尼西亚）飞往圣诞岛。

视觉中国 / 提供

SICHUAN 四川，中国　　28.0360°N，104.8302°E

僰人悬棺

村民在狭长而平坦的谷地上农耕，鸭群摇摆着走过田畦，这时你不经意抬头，蓦然发现谷地两侧奇峰挺拔的高耸峭壁上，一口口木棺或嵌入石洞，或依托木桩悬挂其上，距离地面26米、50米甚至100米……阴森的景象与周围宜人的田园风光形成强烈对比，这就是僰人悬棺。它们广泛分布于四川宜宾的珙县和兴文县，其中以距离洛表约10公里的麻塘坝最为集中。景区如今由村民承包，残旧的大门位于进入麻塘坝的公路岔口。门口经常无人看守，只有一小块立牌提醒游客购票靠自觉。悬棺最为密集的地方叫九盏灯，但沿途的陈旧悬棺与潮湿峭壁颜色相近，相当考验视力；较不容易错过的是珍珠伞，在一块巨石的遮盖之下，一连串悬棺层层叠叠；老鹰崖的悬棺都悬挂在距离山顶几米的直削崖壁上，望之令人惊叹。

现在来说说僰人是谁。3000多年前，这个古老民族以川南的宜宾市和滇东北的昭通市为聚居区，并在周武王伐纣时，与西南八夷联军一同参战。他们立下赫赫战功，在宜宾周边建僰侯国。然而在明朝洪武到嘉靖的不到200年间，僰人遭到了11次残酷的伐戮，从此于史书上消失。据说僰人最主要的风俗就是将“祖棺”悬空放置于高山洞穴中。现在你只能通过这些悬棺隐约感受到神秘僰人曾经的强盛。

宜宾南岸汽车站每天有班车到洛表（31元；14:05，15:00，15:50；约5小时），**下来后搭辆摩托车就可以去麻塘**（10元/人）。

GUIZHOU 贵州，中国 26.1601°N，107.8595°E

丹寨汞矿遗址

你远远就能看到两汪蓝绿色的“湖水”，但不要欢天喜地就扑过去，其实这是尾矿产生的污水，十分危险。走进厂区，一种诡秘混合着怀旧的氛围四处弥漫：电影院、医院、邮局、露天舞台、苏联专家别墅依然静静地矗立在荒草间，内部却已破败不堪。在建筑物的外墙上，你能同时看到毛主席语录、“大跃进”的激进口号、改革开放的讯息、早期个体户的宣传广告……而阴暗残破的建筑内部，更是让人联想到《生化危机》中的惊悚场面，宽大而阴森的“电影院”更是集恐怖之大成者，有胆就进来试试。如果挂着“生产技术科”木牌的房间里突然走出人来，千万不要失声尖叫。这座国营工厂倒闭后依然有人值守，寂寞的他们很愿意为你做导游。

贵州的丹寨国营水银厂于1952年建厂，鼎盛时期职工和家属共有15,000余人，配套设施齐全得俨然一座城市。但1991年因资源枯竭而关停，厂区自此荒废，“大跃进”“三线建设”“文革”和改革开放，每个历史时期的印记也随建筑一起被定格在这片河谷中。

赶上丹寨的赶场日，县城交警队旁会有往返汞矿的小巴车（10元；30分钟），但你最好确认它还会将你送回县城。

视觉中国 提供

KARYAMUKTI
卡雅姆克提，印度尼西亚
6.9936°S，107.0563°E

巴东山

这些古老的石柱散布在展玉（Cianjur）芬芳山丘的一块台地之上，是一处宁静之地，但它们激起了一个流行很久的考古争议话题。几乎没有确凿的证据表明，西爪哇的这个巨石遗址是被一个拥有2万年历史的文明所遗弃的。但一些地质学家坚持称，这些大片的火山岩石是一座人造金字塔——这种说法倒是很受印尼政府欢迎，如果此说为真，则预示着人类所知远古时代最先进文明的发现。不过大多数学者对此持怀疑态度，认为这里是一座休眠火山，其岩石柱的历史很可能追溯到公元前1200年。

巴东山（Gunung Padang）位于苏加武眉（Sukabumi）东南24公里处。

WEST JAVA 西爪哇，印度尼西亚 6.8738°S，107.6846°E

哭泣的岩石

在西爪哇的西曼彦（Cimenyan）附近，从一处悬崖的崖壁上涌出一股咖啡色的溪水。Curug Batu Templek这些不寻常的瀑布被称为“哭泣的岩石”。6月到9月，土壤吸足了大量的雨水，瀑布的水量最为丰富，这些焦糖色小瀑布的源头是地下水，而不是河流。几乎没什么人来欣赏这些无穷无尽的岩石之泪。这些岩石被万隆（Bandung）北部茂密的森林包围着，很难找到，万隆是这一火山地区的主要城镇。除了主要的纳苏蒂安公路（Nasution highway），其余都是碎石铺就的狭窄道路，并不太适合行车。当你向村民询问方向时（你肯定会这么做），你总会收到一些惊讶的目光。

☛ 岩石位于万隆东北12公里处，有路直达。可以考虑骑自行车或摩托车过去，或是雇一个当地的向导。

NEAR HOI AN 靠近会安，越南
15.7907°N，108.1078°E

美山

猫牙山（Cat' s Tooth Mountain）下散落着占婆王国（Kingdom of Champa）引人入胜的废墟。从4世纪到13世纪，这个王国在现代越南所在的海岸上蓬勃发展。人们相信，占婆的君王们被埋葬在美山（My Son），那里仍然矗立着18座寺庙。印度传说中的场景依然可见，尽管如今火砖墙上长满了一簇簇的杂草。自1832年被遗弃以来，大自然就一直在一点点地蚕食这些遗迹。法国人在19世纪后期重新发现了这个遗址，但在1969年的美国轰炸中，这些寺庙遭受了严重的破坏。可以在清晨或下午前来，避开旅游团。

☛ 美山遗址在会安以西一小时车程处。在探索寺庙之前最好先参观现场的博物馆。

“我们的向导解释了每块岩石、每个悬崖、每棵孤树的灵性意义，所有的一切都以广阔的贝加尔湖为背景，湖水呈现出你前所未见的蓝色……”

SIBERIA 西伯利亚，俄罗斯

53.1567°N, 107.3836°E

奥尔洪岛

“所以这就是西伯利亚？”当我躺在奥尔洪岛（Olkhon Island）被太阳晒得暖烘烘的草地上，凝视着闪闪发光的贝加尔湖时，我这样想道。正如我所体验到的，贝加尔湖中最大的岛屿是一个迅速驱散所有关于西伯利亚刻板印象的地方，你不会再认为西伯利亚是一个冰冷的斯拉夫残酷之地。

奥尔洪岛是跨西伯利亚之旅的必看之处，但它身处偏远，不为人知——从西伯利亚东部的实际首府伊尔库茨克（Irkutsk）过去，需要长达7小时风尘仆仆的公路之旅。嘈杂的长途汽车把游客们放在了该岛小小的首府胡日尔镇（Khuzhir），这是一个用木头打造的苏联风格小镇，也是唯一可以提供住宿的地方。Nikita' s Homestead可不是一间只有几个床位、满是灰尘的公寓，它算是这里最知名的背包客旅舍了。这个西伯利亚式的落脚点就像村中之村，它的小屋有这个地区萨满教的氛围。

这个岛对喜欢冒险的旅行者和居住在当地的布里亚特人（Buryats；定居在西伯利亚东部的蒙古族）来说是个特别的地方。怪异、宁静，超凡脱俗，它是一群萨满教神灵的家园，但大多数地方无人居住。岛的南部尤为荒凉，北部则有一片密集的落叶松林，据说神灵们在那里居住。那些石头、泉水以及挂着五颜六色、被风吹烂的布的树木，都被看作是一个oboo（仁慈的神灵居住的家园）。

我从长途旅行中恢复了体力，第二天就跟随当地的布里亚特向导开始了小型货车之旅。道路只铺设到了离村子几米远的地方，我们很快就体验到了一些极端的西伯利亚式驾驶方式。我们健壮的布里亚特向导驾驶着一辆不朽的苏联时代的4×4货车穿越沙丘。当我们紧紧抓着磨得十分光滑的人造革座椅时，我们发现了更多的oboo，它们周围的地面上铺满了戈比（kopeck）硬币。停下来的时候，我们的向导解释了每块岩石、每个悬崖、每棵孤树的灵性意义，所有的一切都以广阔的贝加尔湖为背景，湖水呈现出你前所未见的蓝色，白雪覆盖的山脉在远处海岸的薄雾中若隐若现。难怪布里亚特人选择这里作为神灵居住的万神殿。

回到胡日尔镇，我满身尘土，疲惫不堪，躺在草地上，倾听着西伯利亚的寂静——超凡的奥尔洪岛，俄罗斯拥有异国情调的世外之岛。——马克·迪杜卡

☛ 从伊尔库茨克到奥尔洪岛需要坐7小时的长途汽车。

© Maks08 / Getty Images

NEAR HOI AN 靠近会安，越南 16.0027°N，108.2633°E

地狱洞穴

欢迎来到地狱。这个洞穴（Am Phu Cave）中展示了严厉的道德警示，参观者可以通过不同洞窟的生动展示感受佛教概念里的炼狱和惩罚。在这个302米长的洞穴里，装饰恐怖的洞室无疑很能说服你不要作恶。它的路径故意设计得让人容易迷失方向，有个灵魂秤会为个人此生的行为称重。如果这些并没有让你感到不安，也许那些长着獠牙的魔鬼和被打得遍体鳞伤的男女实景模型会起作用。这些地狱般的洞室位于水山（Thuy Son）之下。水山是所谓的大理石山脉之一，高耸的峭壁位于洞穴之上，代表着天堂。爬上通向“光明”（真是一语双关）的陡峭台阶就能逃离这个地狱。

☛ 水山在会安以北15公里处。

DALAT 大叻，越南 11.9347°N，108.4307°E

疯狂屋

大叻（Dalat）的这家民宿受到了萨尔瓦多·达利超现实艺术的启发，造型形似熔化的蜡烛。疯狂屋（Hang Nga Guesthouse）从每个角度看都不一样：从一个方向看，扭曲的墙壁看上去很吓人，窗户像眼窝一样瞪视着外面；从另一个方向看，屋檐有传统的越南设计装饰。建筑师兼主人Dang Viet Ng女士雕刻出了丛林的藤蔓和破烂的楼梯，给疯狂屋营造出了一种充满生机的感觉。床被放在大锅似的房间内，格子窗看起来像蜘蛛网，家具用长颈鹿花纹装饰，或是伪装成树桩。这个地方就是为了让客人释放被压抑的自由感，住一晚，让你的心腾飞吧。

☛ 大叻位于越南的中部高地。可直接在www.crazyhouse.vn预订疯狂屋的住宿。

© Zhukov Oleg / Getty Images

© Barcroft Media / Getty Images

NEAR MAGELANG 靠近马格朗，印度尼西亚　　7.6057°S，110.1805°E

鸡教堂

作为和平的象征，鸽子是一个礼拜场所的理想元素。但是丹尼尔·阿拉姆萨（Daniel Alamsjah）的宏伟设计看起来像只家禽，可真是弄巧成拙了。阿拉姆萨感受到了一种神圣的召唤，他要为所有信徒建造一间鸽形的祈祷室，就在爪哇中部的马格朗（Magelang）山丘上。然而，它的设计却不太像一只优雅的鸽子：大厅的塔形状像鸟头，有一个张开的红嘴，而它的顶部就像一只公鸡的鸡冠。尽管如此，它还是作为一个多信仰的礼拜场所成功地运营过一段时间，同时还是吸毒者的康复中心。但是，鸟形圣殿的建造成本开始急剧上升，直到2000年还没有完工。

现在该教堂已遭废弃，被人们亲切地称为“鸡教堂”（Gereja Ayam）。教堂外部的苔藓形成了一层羽毛状的外衣，大块的砖石从它的尾巴上滚下来，后方露出了一块光秃秃的砖块区域。在里面，柱子被风化得很严重，几乎空无一物。一些人低声说，在低层的房间里，涂鸦和丢弃的“物品”表明它现在正被用于不那么神圣的目的。鸡教堂荒废后，人们对它的兴趣反倒增加了，当地人从好奇的游客那里获得了少量的收入。但它估计支撑不了太长时间，不如在它发出最后一声鸣叫之前去探访一番吧。

鸡教堂位于马格朗镇以南20公里处，公路可达。教堂维护不善，所以最好只从外部观摩。如要入内，务必极其谨慎。

© Wayne Walton / Getty Images

HONG KONG 香港，中国

22.2691°N, 113.9987°E

水牛海滩

如果日落时你在大屿山的贝澳海滩一带漫步，可能会吸引到一头水牛的傲慢目光。谁能想到这些香港岛屿的海滩已经成为大型哺乳动物无所事事闲逛的地方呢？水牛是大屿山农业旧时代的遗留物，也是与潜在开发商之间的摩擦点。他们声称，这些牛会影响交通，也是游客的眼中钉，而环保人士则希望保护水牛。大屿山水牛协会的成立是为了管理这些动物和它们的栖息地，但随着经济发展不断蚕食岛上的湿地，这可能注定是一场失败的战斗。

☛ 到达大屿山可从香港市中心乘坐地铁东涌线，或乘坐渡轮。

BRUNEI 文莱 4.6159°N, 114.3174°E

十亿桶石油纪念碑

文莱用这座纪念碑（Billionth Barrel Monument）来纪念其开采出的十亿桶原油，这些原油产自陆上的诗里亚（Seria）油田。在海滩上，一条小径通往瓦灰色的胜利拱门，两旁是印有壳牌（Shell）各个不同年代标语的布告牌，作为对这家跨国石油公司的深情致敬。作为东南亚第三大石油生产国，小小的文莱极为富有。想要继续以“黑金”（石油）为主题的文莱之旅，接下来就去石油和天然气发现中心（Oil and Gas Discovery Centre; www.ogdc brunei.com），这里有很适合儿童参观的展览，似乎是为了激励文莱的下一代石油和天然气工程师而设计。

☛ 每天都有数班公共汽车从首都开往这里，不过最方便的还是租辆车。

28.0738°S，114.4712°E

赫特河公国

莱纳德·乔治·卡斯利(Leonard George Casley)一夜之间成了澳大利亚的一位民间英雄——1970年，他宣布自己为莱纳德王子，并将其7500公顷的土地重新命名为“赫特河公国”(Principality of Hutt River)，显而易见，这是农业抗议活动的一部分。这个“主权国家”(严格来说，是一个自封的微型国家)现在占据了西澳大利亚州的一大块地方，其面积与中国香港相当，人口只有23人——如果不包括它那14,000名“世界公民”的话。从澳大利亚过境的外国人必须首先在位于“首都”奈因(Nain)的政府办公室支付A$4才能在护照上盖戳。在城里，你可以见到莱纳德王子和其他皇室成员，了解赫特河在世界舞台上的位置，并在2013年去世的雪莉公主(Princess Shirley)的教育圣地表达你的敬意。

莱纳德王子视自己为艺术赞助人，所以这里有一个令人印象深刻的皇家艺术收藏馆(Royal Art Collection)，收藏来自澳大利亚和国际艺术家的300多件作品。其他旅游景点包括皇室自用的小型高尔夫球场——皇家赫特河高尔夫俱乐部。可以用你的澳元换取公国的硬币、邮票和小饰品，还可以自备食品和装备，在赫特河乡村露营地的帐篷或拖车里过夜。

公国位于杰拉尔顿(Geraldton)以北90公里处，每天9:00～16:00开放。

WA 西澳大利亚州，澳大利亚
34.3750°S，115.1363°E

卢文角

这片崎岖的海岬由一座1895年的灯塔监管，是澳大利亚大陆最西南的地方。它的南面是南大洋的狂野洋流，下一处陆地则是南极洲。它的西面同样狂野，不过没那么寒冷，印度洋的海浪将澳大利亚与非洲连接起来。这个海角（Cape Leewin）是这两片伟大海洋相遇的地方。

如果变幻莫测的光线、天气、潮汐和海浪等条件允许的话，幸运的游客就有可能看到大洋交融的景色。在海岸上，一条线变得清晰可见，标志着两大洋到达了旅程的终点。站在大陆边缘的悬崖附近，你有可能见识到这种大自然的魅力。

最近的城镇是奥古斯塔（Augusta），距珀斯320公里。

© Australian Scenics / Getty Images

WA 西澳大利亚州，澳大利亚　33.4648°S，115.9104°E

矮人村

这里可能只不过是个不起眼的环形交叉路口，但对5000个小矮人来说，矮人村（Gnomesville）是伟大的小矮人帝国的首都。这里的飞机上有小矮人，火车上有小矮人，甚至还有一个小矮人坐着火箭！据说，20世纪90年代，一个当地人在一棵空树干内放置了一个花园小矮人。由于担心它过于孤独，其他镇民也纷纷效仿。自此之后，世界各地的游客涌向西澳大利亚州，把他们心爱的小矮人留在此地，小矮人的数量呈指数增长。当地人说，矮人村作为一个旅游景点太过成功，以至于渐渐占据了私人领地。因此，人们为所有寻求庇护、流离失所的小矮人建立了一个收留中心。

矮人村位于西澳大利亚州的弗格森河谷（Ferguson Valley），从班伯里（Bunbury）向内陆方向行驶35公里就能到达。可查看www.gnomesville.com。

WA 西澳大利亚州，澳大利亚
34.4505°N，116.0533°E

火警树

我一直很喜欢伊妮德·布莱顿（Enid Blyton）的《远方的魔法树》（*The Magic Faraway Tree*），在书中，一棵魔法树的顶端有各种各样的冒险在等待着你。但是，爬上这棵60多米高的火灾瞭望树（Gloucester Tree）却没给人带来什么奇思妙想——这是一种颇为危险的体验。看上去很可怕的金属钉被打入树干，一路盘旋上升，你需要手脚并用向上攀爬，只有一层细细的铁丝网来保护你的安全。我已经尝试过高空跳伞和绳降，我想自己正在找寻一种兴奋的感觉，但是在这棵树上的钉子之间没有任何安全措施可以阻止我滑落到地面，我在半路就被吓得半死。所以，对不起，我没法告诉你是否有魔法师住在树的顶端。如果你看到他们，请务必告诉我。——特雷西·惠特米

☛ 火警树靠近西澳大利亚州的彭伯顿（Pemberton）。

视觉中国 提供

HEBEI 河北，中国 39.3011°N，115.8403°E

后山奶奶庙

做工粗糙到有些面目模糊的神像，手里竟然握着一个方向盘。这里神仙的名号都很“响亮”，比如车神、学神、官神；而这些神仙所在寺庙的正殿不叫大雄宝殿、三清殿或真武殿，就叫“正殿”；更特别的是，这些寺庙都是由山下村民根据承包制分配到户，每户可以依照自己的审美来布置庙宇……想感受魔幻现实主义的氛围，不一定要长途跋涉去遥远的拉丁美洲，在离北京不远的后山奶奶庙就能看到很多奇妙到匪夷所思的景象。这里更正式的名字应该是“后土黄帝庙”，根据民间传说，刘秀被王莽追杀到走投无路时，被一位村里的老妇人救了一命，为报恩就修了这么一座“奶奶庙”。也有说法认为早在5000年前，黄帝部落就已迁至此地，并繁衍发展起来。不管来源如何，民间信仰在这一带都非常盛行，并且随着社会的变迁而融入了更多时代的特色。每年农历的三月初一至十五的庙会期间，这里就会被香客、小贩及各色人等挤得热闹非凡，据说最盛时会有超过100万人前来，希望届时“奶奶”不要太劳累。

☛ 奶奶庙位于河北易县洪崖山，距北京约120公里，距保定约2小时车程。

“在平和安宁的日子里……野长城的传奇也有了浪漫的意味：绵延数里的砖头和石块摇摇欲坠，杂草丛生，仿佛一部远古的史诗。”

YAN MOUNTAINS 燕山，中国

40.4546°N, 116.5362°E

正北楼

在燕山的西栅子村里，一条不起眼的小路在玉米梯田和砖红色的农舍之间蜿蜒而上。它看着就像一条牧羊人小道，先是轻缓地上升，经过母鸡和打盹的狗，然后变得更为陡峭，进入茂密的树林里，把村庄抛在后面。40分钟后，透过树林间的缝隙，你终于看到了石头的身影。然后你会看到一个由两座瞭望塔组成的雉堞状的山顶，从树梢上方向下俯视着大地。路越爬越高，树根成了台阶，树枝成了扶手。最后，脚在抗议

© Andrius Aleksandravicius / Getty Images

了，而你的目的地也隐约可见：一堵陡峭的、向内倾斜的砖墙和白色的白云石。

爬上由一堆砖块搭成的一段不稳定的楼梯，你就身在一座明代瞭望塔里了。旧营火的灰烬使磨损的石板变得漆黑。在它旁边，第二组石阶一直通向顶部。现在你又回到了开放的空间，站在正北楼的上城垛上，这是箭扣长城的最高点。

你周围的一切都远离尘嚣。在西面，山脉像过山车一样直线下降，然后又上升，长城随着山脊起伏，消失于朦胧之中。向南约100公里外就是北京城，却似乎遥不可见。从这里看，好像时间流过几个世纪。

箭扣的意思是"箭的凹槽"，因平坦的山谷中群山盘踞的方式而得名。它的名称可能也参考了长城之外战士手中的致命武器——这也正是长城最初存在的原因。在平和安宁的日子里，在像箭扣这样的地方，野长城的传奇也有了浪漫的意味：绵延数里的砖头和石块摇摇欲坠，杂草丛生，仿佛一部远古的史诗。这是帝国兴衰的证明，也记录下了早已消失的异族威胁和曾经恢宏的军事防御设施。

如果想从这里沿着长城往西走，你就需要完备的攀登设备，还要记得买保险。当面对那些对抗地心引力的路段时，比如"鹰飞倒仰"和"天梯"，你难免会想：它们是如何在几个世纪前建造的？往东走，长城越来越窄，缓缓向下延伸，几小时后，野城垛与重建的慕田峪段的上段交会。爬过路障，踏上光滑的、新近铺设的鹅卵石路面，你就会看见那些气喘吁吁的游客用惊讶的目光迎接你。

箭扣距离北京1.5小时车程。从东直门公交枢纽站乘坐916路公共汽车到怀柔，在明珠广场下车，转乘小面包车到西栅子村。

ZHEJIANG 浙江，中国
29.0641°N，119.1900°E

龙游石窟

一代代的当地人都认为龙游有个无底塘，但1992年的发现揭示了一些更有趣的东西：36个手工雕刻的洞穴。到目前为止，已经发现了超过3万平方米的人造洞穴。从底到顶，每个石窟大约有30米高，每个洞室都用砂岩凿刻出重复的平行线条作为装饰。考古学家们最靠谱的猜测是：这些洞穴可以追溯到秦朝之前，大约在公元前200年，尽管还没有发现关于它们的建造或意义的文字记录。

共有5个洞室向游人开放，你可以看到石头上那些令人惊叹的符号：有鱼、鸟和其他各种动物。只是近年来在原本原始的石墙上新凿的壁画有些不伦不类。同样令人费解的是，这些洞穴是如何建造得如此精确（有些墙只有50厘米厚）以及用了多长时间建造的。科学家们估计，为了挖出整个洞穴系统，人们需要将100万立方米的石头移走。整个洞窟内的平行线图案也需要大量的时间才能完成。

石窟之所以迷人，与其神秘来历密不可分。有人说这里是地下金字塔，有人说这里是西汉时期的仓库，还有一种理论认为，龙游石窟是模仿宇宙空间的再创造：其中7个洞室的分布酷似北斗七星的阵形。现在看来，可能需要很多年的时间才能解开龙游石窟的秘密了。

衢州、金华、兰溪、义乌等地都离龙游不远，从杭州前往也只需2小时左右车程。

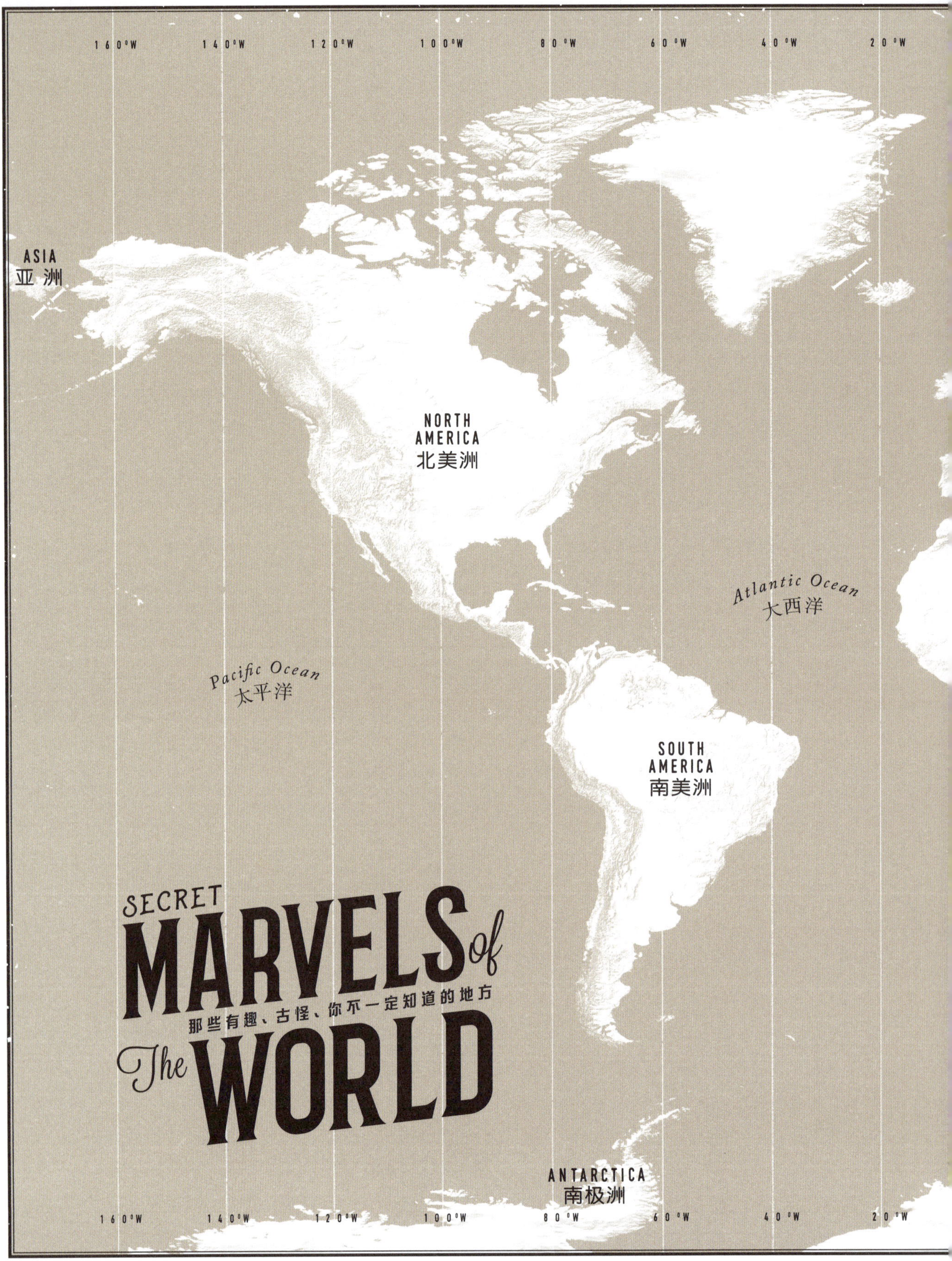
160°W
140°W
120°W
100°W
80°W
60°W
40°W
20°W
ASIA
亚洲
NORTH AMERICA
北美洲
Atlantic Ocean
大西洋
Pacific Ocean
太平洋
SOUTH AMERICA
南美洲
SECRET MARVELS of The WORLD
那些有趣、古怪、你不一定知道的地方
ANTARCTICA
南极洲
160°W
140°W
120°W
100°W
80°W
60°W
40°W
20°W

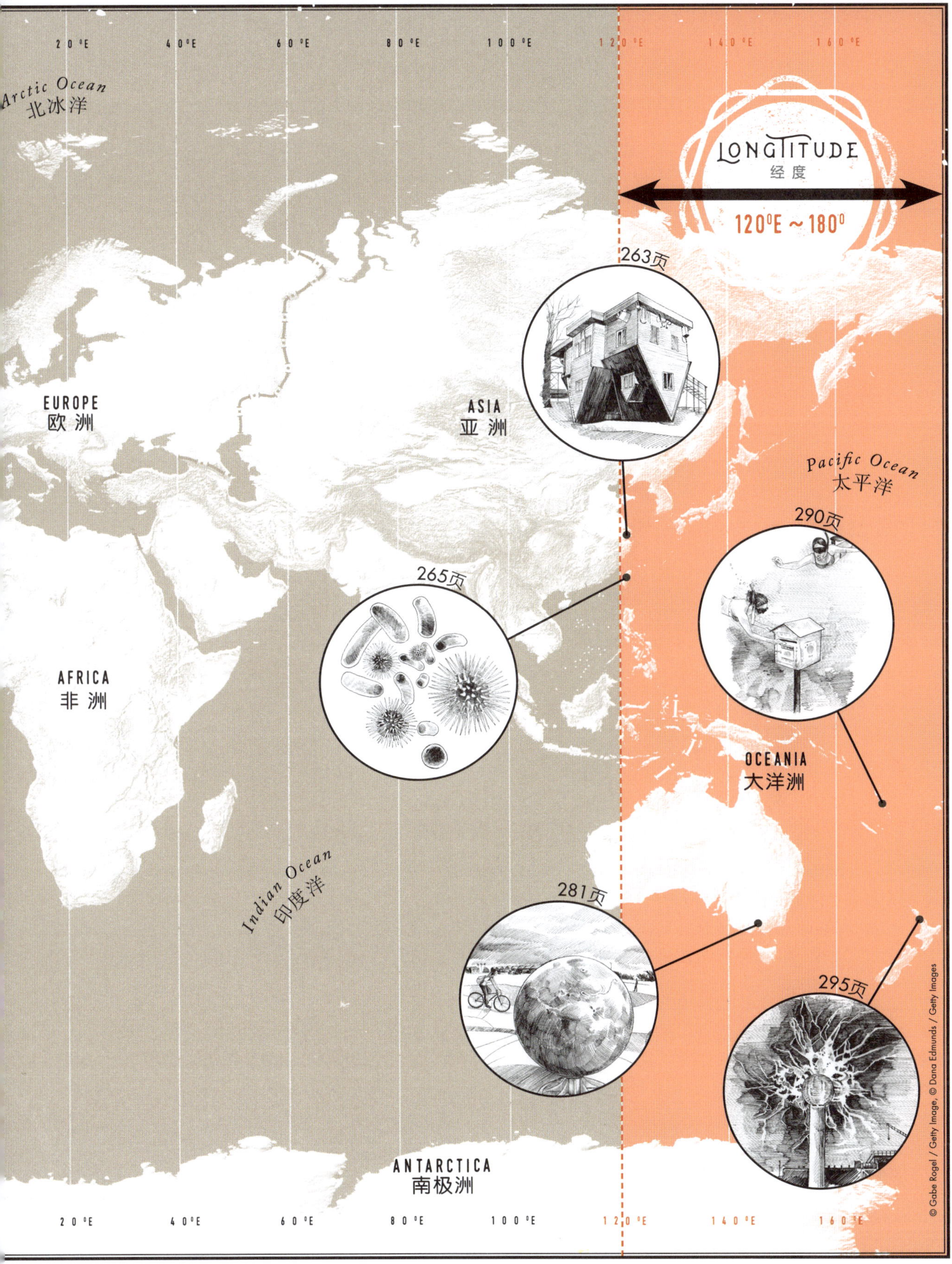
20°E
40°E
60°E
80°E
100°E
120°E
140°E
160°E
Arctic Ocean
北冰洋
LONGTITUDE
经度
120°E ~ 180°
263页
EUROPE
欧洲
ASIA
亚洲
Pacific Ocean
太平洋
290页
265页
AFRICA
非洲
OCEANIA
大洋洲
Indian Ocean
印度洋
281页
295页
ANTARCTICA
南极洲
20°E
40°E
60°E
80°E
100°E
120°E
140°E
160°E

TAIWAN 台湾，中国

24.1340°N，120.6114°E

彩虹眷村

退役军人黄永阜用花、鸟和其他五颜六色的绚丽图案，为日渐衰败的村庄注入了生命的气息。这个靠近台中的村庄曾经形同一座鬼城，如今却摇身变为当地的一件奇珍异宝，这里的每幅画都千变万化。用艺术点亮这个村庄的黄永阜被称为“彩虹爷爷”。村庄曾经居住着军人家属，如今居民几乎都离开了，据说彩虹爷爷是现在唯一的永久居民。他希望自己的画作能拯救这个村庄，使它免于被破坏，但有传言说政府正在等待时机，无论如何都要将之铲平。在眷村面临拆除时，民众曾一起请愿，台中市市长在亲自探视后，决定将其保留，彩虹眷村还是挺幸运的。无论如何，趁现在还有机会，不如亲自来看看这个五彩缤纷的奇迹吧。

彩虹眷村位于台中南屯区，若是坐高铁到达台中，可搭乘26路公交车到彩虹眷村站下。

© Ronnie Chua / Alamy

NEAR SHANGHAI 上海郊区，中国
30.8850°N，121.0154°E

倒置屋

在这个有趣的地方，你可以想象自己在天花板上跳舞的感觉，但要真让你住在这里，可能就没那么舒服了。这座稀奇古怪的倒置屋位于中国农民画村，村子坐落在历史悠久的运河小镇，距上海约1小时车程，是一个旅游景点。从外面看，它就像是被龙卷风卷起的一幢北欧风格小屋，头朝下砸在了地上，让人头晕目眩，不知所措。从里面看，沙发、电器、可爱的玩具和一张铺得整整齐齐的桌子像摆设好的钟乳石一样在你的头顶上方悬着。细节处理得也很充分，就连马桶座圈都竖起来了，这么看来，这里一定住着一个头下脚上的人。

☛ 从上海乘地铁1号线到锦江公园站，然后换乘出租车或公共汽车前往枫泾公交车站。

WA 西澳大利亚州，澳大利亚
29.3640°S，120.6315°E

巴拉德湖

巴拉德湖（Lake Ballard）是一个盐湖，在内陆阳光的照耀下如海市蜃楼般朦胧。在这片与世隔绝的土地上，你很难分辨自己是在看着陆地，还是在望向天空，也很难想象湖面上孤独人影之间曲折蜿蜒的痕迹是由谁或者是什么造成的。英国雕塑家安东尼·戈姆利（Antony Gormley）以附近小镇孟席斯（Menzies）的51位居民作为原型，创作了51座金属雕塑，共同组成了“在澳洲内陆”（Inside Australia）雕塑群。在湖上行走，距离感是靠不住的。这些雕塑人物就好像在视觉焦点间游进游出，似乎近在咫尺，又似乎遥不可及。后来，我又在满月时分回来，以新的视角再次欣赏这个非凡之地。——塔马拉·休哈特

☛ 巴拉德湖距离孟席斯51公里，最近的机场位于200公里之外的卡尔古利（Kalgoorlie）。

TAIWAN 台湾，中国

22.8875°N, 121.1674°E

会走路的树

一棵棵树仿佛树精变身一样张牙舞爪地走来走去？如果你想象中“会走路的树”是这个样子，那你可真是想多了。我们这里说的可不是灵异电影里的场景，但其成因还是挺有趣的。台东鸾山森林博物馆展厅的入口隐藏在一片梅树林后，钻过这片树丛，就进入枝丫繁密的高大白榕树地盘。半空中粗壮的榕树气根向四面延伸，最远可达30~40米，密如蜘蛛网，光线几乎无法透入，仿佛《阿凡达》中的森林，错综复杂，颇为壮观。这些已生长了上百年的白榕树气根有些很是特立独行，它们会往下入土扎根，在原本的树旁边慢慢茁壮成长后变为主干，而母株反而枯萎。就好像这棵树十几年后往旁边走了几步，故而被戏称为“会走路的树”。一棵树可能就这样繁衍出一片森林，你现在看到的这些树都是母树及其子孙。由于当地的布农族习惯以树木做地标划分土地势力范围，因此这些移动的树木着实给他们造成了不小的困扰。

这片原始榕树巨木群原本被某财团计划用来修建灵骨塔和度假村，本地布农族为守护祖地，向银行贷款购地，成功将世代狩猎的山林“赎买”回来。他们以此为契机，将这片原始森林作为部落“游学”和森林参访之地向大众开放，最终这里演变为鸾山森林博物馆，所得收入用于森林保护和部落建设。这里没有水泥墙和玻璃展柜，只有颠簸的山路和风趣的向导。除了可以见识神奇的森林，还可了解鸾山布农族的迁徙历史和神秘的猎人文化，更有机会品尝地道的部落餐点。

从台东转运站乘至“中野”方向的客运（91新台币；5:50，10:05，16:00；50分钟），于鸾山派出所下车。博物馆可安排接驳车（2500新台币/9人座，未达9人300新台币/人）往返派出所。

TAIWAN 台湾，中国
24.7764°N，121.7352°E

菌宝贝博物馆

先别急着去拿洗手液。这个宜兰的博物馆旨在让游客觉得细菌是温暖而可爱的，以帮助人们——甚至是细菌恐惧症者——了解生活在我们皮肤和身体中的微生物。游客将了解到许多有益的微生物：帮助人类消化乳制品的约氏乳杆菌；一种名为长双歧杆菌的有害细菌抑制剂；细菌世界的保镖——绿色链球菌，它守卫在人的喉咙里，防止更脏的细菌进入。孩子们可以参观真菌工作室，参与皮肤护理实验和儿童教育游戏。离开时，你会默默向在你身体里战斗的菌落致敬。

博物馆位于宜兰的梅州一路上，在台北以南50公里处。请查看www.bio-nin.com.tw。

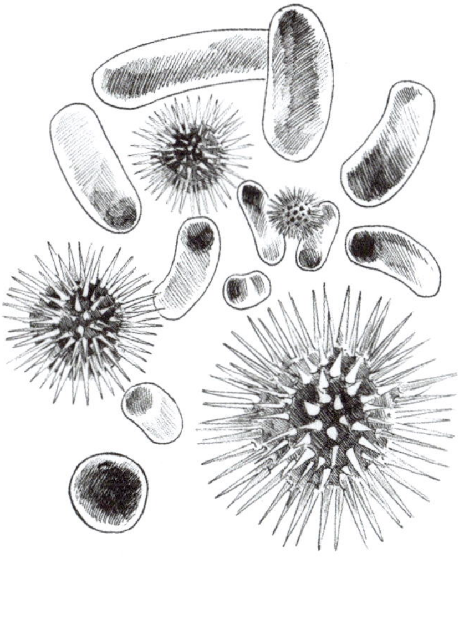

© Luca Tettoni / Getty Images

SAN JOAQUIN 圣华金，菲律宾 10.5859°N，122.1410°E

圣华金教堂

这座菲律宾教堂是沉思、祈祷和军事力量崇拜的圣地。位于圣华金（San Joaquin）的罗马天主教教堂建于1869年，是用从帕奈湾（Panay Gulf）采集的石灰石和珊瑚建成的。朝拜者们走进教堂时，迎接他们的是一幅全力以赴的战斗场面——士兵们骑在马背上，准备射击。这幅引人注目的浮雕刻在山形墙上，展示了1860年西班牙在得土安战役（Battle of Tetouan）中击败摩洛哥军队、获得胜利的场景。强壮的士兵和祈祷似乎并不相配，但菲律宾沿海城镇曾多次遭受摩尔人的袭击，所以在得土安的胜利引起了当地人深深的共鸣。

从伊洛伊洛市（Iloilo City）沿着海岸公路往西行就能到达圣华金。

© Shi Kaiming / Getty Images

ZHEJIANG 浙江，中国
30.7210°N, 122.8221°E

后头湾

鬼城通常是荒无人烟的地方，但嵊山岛上的这个渔村几乎全被绿色植物包裹，拥有一种神奇的氛围。中国东部沿海舟山群岛中的许多岛屿都经历了人口减少，求职者纷纷涌向大城市，只有几十名居民留在了后头湾。他们大多年事已高，忠于自己的村庄，却无力阻止其被藤蔓植物和树木慢慢掩盖。在这个村子里探险既怪诞又振奋人心：房屋杂乱地从山上延伸到海边，每一个楼梯井和步道上都爬满了藤蔓。许多房子都空着，满是灰尘的陈设在旅行者看来却很新奇。

☛ 从上海可以乘渡轮到达嵊泗，再转往嵊山岛。

© Auscape / Getty Images

WA 西澳大利亚州，澳大利亚 34.0950°S, 123.2028°E

希利尔湖

随便找一张地图看看，大概所有的水域都被涂成了蓝色。但如果你想要画中央岛（Middle Island）——澳大利亚鲜为人知的洛切切群岛（Recherche Archipelago）的一部分——的地图，一支粉色蜡笔（最好是泡泡糖的颜色）才能准确地描绘它最引人注目的地标：希利尔湖（Lake Hillier）。科学家们还不能完全确定湖泊是如何变得如此粉红的。毕竟，它与几米开外的大海深蓝色的波浪形成了鲜明的对比。与大多数色彩斑斓的湖泊不同，希利尔湖水的颜色既不是由于湖床的反射，也不是季节性细菌造成的。因此，即使放在瓶子里，它都仍然保持着粉红色。

☛ 中央岛是蛮荒地带的一部分，不对游客开放，但你仍然可以在西澳大利亚州的埃斯佩兰斯（Esperance）参加2小时的直升机游览团参观希利尔湖。

IRIOMOTE 西表岛，日本 24.4191°N，123.7995°E

星星沙滩

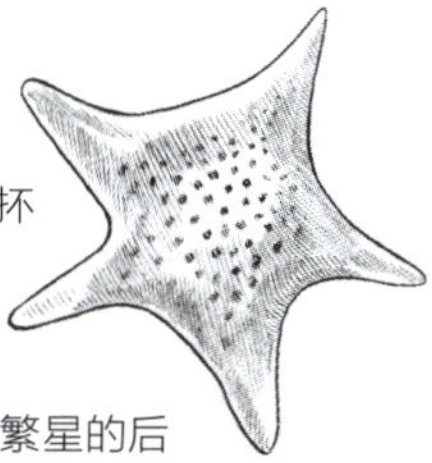

在西表岛（Iriomote Island）上掘一抔沙土，你就用手掌捧起了整个星座（如果你仔细观察的话）。传说，这处热带群岛周边海滩上星星形状的沙粒正是天上繁星的后代，相比日本主岛而言，群岛距离中国台湾更近。事实上，这些“沙子”是微小海洋生物身上多刺的外骨骼，数百万这类生物聚集在西表岛北部海岸的海滩上。风暴击打海床后，会将更多的微型化石冲上岸，星星状的沙子尤其引人注目。遗憾的是，一些当地的纪念品销售商正用海滩上独一无二的沙子为游客装瓶，沙子正变得越来越少。

☛ 你需要从东京飞往石垣岛（Ishigaki Island），然后乘坐渡轮到达西表岛。

PANMUNJOM 板门店 37.9557°N，126.6766°E

朝韩非军事区

在战争冲突的边缘地带过个假期可比品尝一杯高丽酒（一种不会让人宿醉的人参酒）要刺激多了。这个位于朝鲜与韩国之间宽4公里、长240公里的缓冲区，可以说是整个朝鲜半岛最著名的景点。不得不说，站在被100多万枚地雷包围的持枪军队之间，有一种无法否认的紧张感。

想要一睹大决战的战场，并想隔着铁丝网偷窥神秘的朝鲜，你需要来板门店（Panmunjom）看看。这是距离首尔仅55公里、位于联合安全区内局势紧张的“停战村”。只能通过有组织的旅游团才能进入此地，禁止穿破洞牛仔裤、休闲运动服和带有煽动性口号的T恤。

☛ 大多数人会在首尔提前安排好参观板门店的行程。允许参观的时间为9:45、13:15和15:15。

JEJU 济州岛，韩国　　33.5194°N, 126.5241°E

海女

济州岛的女潜水员被称为“韩国美人鱼”。自18世纪以来，为了捕捞章鱼、鲍鱼和海胆，济州岛的海女可以一直潜到令人难以置信的深度，这一技能也从母亲代代相传给女儿。多年来，她们的潜水技能所带来的经济影响力使她们成为各自家庭的家长。虽然这项传统正在慢慢消失，但济州岛仍然有许多“美人鱼”，其中一些在80岁时仍在潜水。

许多海女（Haenyeo）从小就开始了这项生计，先是在浅海里寻找海草，然后开始大胆潜水，根据能潜多深来评定自己的技能。经过多年经验的积累和训练，海女每次可以屏住呼吸好几分钟。对许多海女来说，这会让人上瘾：不仅仅是潜水的刺激和亲手捕捞的兴奋，还有随之而来的经济独立。但海底的鲍鱼正逐渐消失，海女也悲哀地旁观了海洋污染所带来的影响。

一些当地人仍然坚持认为，男性潜水员太脆弱，经不起寒冷的海水，而男性和女性潜水员合作则过于暧昧。尽管城里的工作岗位吸引了许多想成为海女的人离开这座岛屿，但韩国政府仍在为济州岛“美人鱼”的潜水设备和医疗保健提供补贴。

济州岛是韩国南部的离岛。从首尔和釜山有很多航班飞往济州岛。

NEAR SEOUL 靠近首尔，韩国
37.7519°N，128.8761°E

朝鲜舰艇

首先引起我注意的是那股金属的味道。我把头伸进布满钉子的门廊，抓住擦得锃亮的扶手——散发着硬币和咸水的气味。我踏着重重的步伐穿过潜艇狭窄的内舱，简直不敢相信我就站在曾有26名朝鲜船员监视着韩国的地方。1996年，这艘潜艇在这附近搁浅，在一个如此偏远的海岸上，我是今天唯一的游客。潜艇焊接的接缝暴露在外面，似乎没有一个老百姓会来这个地方。当我挪动着笨重机器的曲柄，想要摇醒它时，什么也没发生。当年恐慌的指挥官烧毁了他保存的秘密文件，我摸着那烧焦的墙壁，上面的污迹像是一个黑色的对话框。然后，我逃回了日光下。——菲利普·唐

☛ 每天9:00～16:30开放。你需要乘坐首尔—江陵（Gangneung）长途汽车，然后转乘当地的公共汽车前往统一公园（Unification Park）。

视觉中国 提供

HEILONGJIANG 黑龙江，中国
51.6654°N，126.6188°E

鹿鼎山

“韦小宝已问明了七八十个地名……原来那八个四色小圈，是在黑龙江之北……之间写着两个黄色满洲字……译成汉字，乃是‘鹿鼎山’三字。”我们不清楚金庸是否去过黑龙江，但《鹿鼎记》中的终极藏宝地，即大清“龙脉”所在地，可能就在呼玛河边的鹿鼎山。其实这里美好的景色并不需要借武侠名著“开光”，在山头断崖上的大观景台，凭栏处视野开阔，可以望见脚下纹理清晰的耕地和蜿蜒而过的呼玛河，日落时云层翻叠最为迷人。顺着搭建的栈道可以下到山脚，回望几乎垂直的山壁，一边在各种奇花异草间穿行，一边回味小说中的刀光剑影，别有一番兴致。

☛ 鹿鼎山位于黑龙江的呼玛县城南12公里处，你可以沿209省道过呼玛河大桥，根据指示牌拐入右边。

TOP 10 十大惊人的厕所

SUWON 水原市，韩国　　37.3192°N, 126.9780°E

① 马桶屋

如果在这些纪念碑前产生了想要上厕所的冲动，请不要害羞。从能看到风景的厕所到可以冲水的雕塑，这些景观以各种形式启发了简陋厕所的设计。在水原，"马桶屋"（Mr Toilet House）主题公园把人类最基本的必需品变成了家庭出游日的参观内容。浏览马桶形状的博物馆并对着一坨金色粪便拍张照片吧。

☛ 当地的公共汽车从成均馆大学（Sungkyunkwan University）站开往博物馆，下车步行不到500米即到。请查看www.haewoojae.com。

①

© Joana Pesonen / Shutterstock

②

© Visual China Group / Getty Images

CHONGQING 重庆，中国　　29.6102°N, 106.6015°E

② 最牛的厕所

众所周知，安东尼·高迪（Antoni Gaudí）塑造了巴塞罗那的天际线，但他恐怕不曾料到自己的设计会被用于厕所主题。重庆拥有世界上最大的厕所综合体，里面不仅有1000个小便池和马桶，还模仿了这位现代主义建筑师的色彩和瓷砖图案。

☛ 在"洋人街"一带可以找到它。

LADAKH 拉达克，克什米尔地区　　34.0570°N, 77.6672°E

③ 提克赛寺

这里既能欣赏藏传佛教艺术，又能上厕所。在这个海拔3600米的寺庙里，从小便池可以俯瞰山谷全景，男士们可以一边上公共厕所，一边欣赏雄伟的山脉。

☛ 寺庙（Thiksey Gompa）位于列城（Leh）以南20公里处，你可以乘坐当地的公共汽车到达。

SELÇUK 塞尔柱，土耳其　　37.9386°N, 27.3423°E

④ 以弗所的厕所

古老的澡堂里没有秘密。这些建于1世纪的市政厕所是人们熟悉的样子，呈卵圆形，由大理石制成。不过这里的36个"蹲位"可是排成了长长的好几排，人们可以一边如厕一边与旁人交流。

☛ 以弗所（Ephesus）遗址靠近土耳其西部的塞尔柱（Selçuk）。

KITAKYUSHU 北九州，日本　33.8722°N，130.8720°E

⑤ 东陶博物馆

日本的高科技马桶配有喷水器、音乐和加热座椅，在世界范围内都受到赞赏（可能也有嘲笑）。大胆尝试吧，先在这个管道纵横的博物馆（Toto Museum）里了解一下它们的发展。

☛ **你可以从小仓（Kokura）站乘坐21路、22路或43路公共汽车前往。请查看www.toto.co.jp。**

LONDON 伦敦，英格兰　51.5115°N，0.1193°W

⑥ Cellar Door

谁喜欢整夜待在厕所里？但Cellar Door可能会改变你的想法。在伦敦，这里曾经是同性恋狂欢场所内臭名昭著的公共厕所，如今被改造成了一个别致的鸡尾酒吧。

☛ **地址是Zero Aldwych，在Aldwych和河岸街（Strand）之间能找到通向这个酒吧的台阶。请查看www.cellardoor.biz。**

BRUSSELS 布鲁塞尔，比利时　50.8450°N，4.3500°E

⑦ 撒尿小童

这座冒失的17世纪雕像向尿尿的快意致敬，一直都位居欧洲最被高估的景点前列。但这座60厘米高的撒尿小童（Manneken Pis）铜像仍然是布鲁塞尔幽默以及不墨守成规的象征。

☛ **在Rue du Chêne和Rue de l' Etuve之间可以找到它。**

© Shutterstock

© Visual China Group / Getty Images

FOSHAN 佛山，中国　23.0084°N，113.0819°E

⑧ 厕所喷泉

艺术家舒勇组装了10,000个马桶、小便池和蹲坑，把它们做成了一组100米长的以公共厕所为主题的雕塑。建造这座"长城"花了两个月的时间，在厕所冲水时，游客们会争相拍照。

☛ **该雕塑在广东省佛山市的石湾公园永久展出。**

AKASHI 明石，日本　34.6506°N，134.9615°E

⑨ Mumin Papa咖啡馆

在明石市的这家咖啡馆里，你可以在海龟好奇的注视下尽情排泄。女士卫生间被一个巨大的水族馆包围着，从地板到天花板都是玻璃，所以你可以仔细观察海洋景色。

☛ **咖啡馆位于60 Matsue，距离明石市的松江公园（Matsue Park）500米。**

TENNESSEE 田纳西州，美国　35.0474°N，90.0262°W

⑩ 猫王厕所

音乐传奇人物埃尔维斯·普雷斯利（Elvis Presley）在孟菲斯豪宅里的陶瓷宝座上，完成了最后一次呼吸。进入雅园（Graceland）时，你就站在浴室的正下方。

☛ **尽管楼上不允许参观，超级粉丝们还是会写信给猫王的后人恳求进入。**

“在藤蔓密布的小巷里，到处都是令人回味的、精妙的瓦砾……我感觉自己被护送到了一个科幻小说的世界里。”

NAGASAKI 长崎，日本 32.6278°N，129.7386°E

羽 岛

当船离开长崎港，前往羽岛（Hashima）这座“鬼岛”时，我发现自己很难保持冷静。我不断扫视着地平线，寻找一种清晰的船状轮廓，该岛也因此轮廓而拥有了绰号：战舰岛。我们离开海岸线，经过船只、驳船和无人居住的小岛，然后有人叫道：“就在那儿！”果不其然，如同一艘海军军舰一样，这座岛似乎漂浮在水面上，虽然失尽颜色，却实实在在地伫立于蔚蓝的天空下。

访问羽岛已经在我的清单上列了好几年了，第一次上榜是20世纪90年代，那时我在日本生活；再次出现是这个废弃城市的景观照片开始在流行文化中现身时。它最著名之处，是在2012年的詹姆斯·邦德电影《007：大破天幕杀机》中被用作恶棍的巢穴。

讽刺的是，由一家煤炭公司拥有的羽岛，曾经是日本人口最稠密的地方。然而，煤矿在1974年关闭了，而该岛在4个月后就被遗弃了。它的宿舍、设备、学校、诊所和寺庙都被抛弃，就像一个后世界末日的梦。现在，建筑已经残破不堪，露出被遗忘的玩偶、电视和厨房用具。在藤蔓密布的小巷里，到处都是令人回味的、精妙的瓦砾。当我们到达并爬上人行道的时候，我感觉自己被护送到了一个科幻小说的世界里。生锈的铁钉被扭曲成爪子的形状，矿坑看上去像张着大嘴。我眨了眨眼睛，看到了从地底深处走出的矿工们的鬼魂，他们从头到脚都是黑的。

我们在建筑物的安全距离处停下来，以防墙体突然倒塌。这群人主要是爱闲聊的日本游客，而他们沉默下来，陷入忧郁。我想象着自己在岛上度过一个夜晚，看着阳光晒在水泥上。这是种令人印象深刻的凄凉，不仅没有人类的生命，也没有任何生命存在于此。我甚至很难看见一只海鸥在天空中盘旋。当我们回到船上，我想到了印加人、玛雅人、阿纳萨齐人和埃及法老。东京、纽约和巴黎有一天会变成这样吗？谁曾在这里居住过？当你走过带标记的道路时总会禁不住这么想。是什么让他们离开？他们去向何方？当船终于停靠码头时，我感觉周围的人群似乎更加珍贵，也更加脆弱了。这是一种需要很长时间才能消退的感觉。——雷·巴特莱特

☛ 只有通过长崎港的导览游才能上岛，每天发团一两次。请查看www.gunkanjima-concierge.com。

HIROSHIMA 广岛，日本

34.3916°N, 132.4532°E

广岛阴影

“原子弹爆炸遗迹”仍然矗立在太田川（Ota River）边，这是1945年广岛原子弹爆炸的无声见证物。但是，关于人类的生命是如何在几毫秒内被摧毁的，最令人难忘的提醒物则是广岛阴影（Hiroshima shadows）。爆炸产生的热辐射使广岛的路面和墙壁变白，被人遮挡住的墙面就变成了永久的“阴影”。在城市重建过程中，大部分轮廓已经褪色或消失了。但也有一些被保存在广岛和平纪念博物馆（Hiroshima Peace Memorial Museum）内，包括住友银行的台阶。这些台阶上永久地留下了炸弹落下时一个人坐在上面的影子。

☛ 博物馆是广岛令人动容的和平纪念公园（Peace Memorial Park）的一部分。

ALICE SPRINGS 艾丽斯斯普林斯，澳大利亚

23.8021°N, 134.4368°E

托德河脚行船比赛

这是一场独特的澳大利亚划船比赛，在干燥的河床上（是的，干燥的）举行，第一届托德河脚行船比赛（Henley on Todd Regatta）于1962年举办，以嘲弄传统的英国赛舟会（即那些在水中举行的）仪式。用广告覆盖的金属框架制成的“船只”由“桨手”搬运、推或拉动着，比赛的高潮是“船只战役”——卡车被改装成船只的模样，配备了彩纸炸弹和水管（警告：尽管这是一场干燥的比赛，观众可能还是会被淋湿）。这种场面异想天开而荒谬，还会带来很多乐趣，任何人都可以参加。早点来，直接加入即可。

☛ 每年8月的第三个周六，在艾丽斯斯普林斯（Alice Springs）外的托德河举办。更多信息请查看henleyontodd.com.au。

TESHIMA 丰岛，日本
34.4879°N，134.1031°E

心跳档案

克里斯蒂安·博坦斯基（Christian Boltanski）的装置作品Les Archives de Cœur是一份“心跳档案”，位于丰岛（Teshima）一个树木繁盛的小海湾旁一座朴素的建筑内。我走进了黑暗的“心室”，突然间，我被心脏“怦怦”跳动的声音包围了，一束光穿过镶着黑镜的墙壁有节奏地扫动着。成千上万的人（至少还有一只瑞典狗）的心跳记录被一个接一个地播放，这创造了一种奇怪的亲密体验——你多久才能听到一次另一个人的心跳？除非把耳朵放在他们的胸前。走出黑暗，我去了“录音室”，把自己的心跳也加入了图书馆。——劳拉·克劳福德

丰岛位于濑户内海，有渡轮连接许多附近的目的地。

© De Agostini / Getty Images

YAP 雅浦岛，密克罗尼西亚 9.4992°N，138.0837°E

雅浦岛石币

钱是什么？你可能经常用花花绿绿的钞票来买东西，但是密克罗尼西亚（Micronesia）的雅浦（Yap）人很少用钞票来买大件的东西。相反，他们使用巨大的石灰岩轮。这听起来很疯狂，再说得清楚点：其实岛上不产任何石灰岩。那么雅浦人是从哪里获得所谓的雅浦岛石币呢？在当地的传说中，500年前，一些渔民在400公里外的帕劳（Palau）被冲上岸，用货物交换开采的石灰石。然后，人们雕刻这些石头，用独木舟将其带回雅浦，并重新制成作为岛上主要货币的甜甜圈形状的圆盘。雅浦岛石币最高可达3米，重达5吨。这些石币很少被移动，其所有权只是在口述历史中被记录下来。

美联航每周有几趟航班经由关岛或帕劳飞往雅浦岛。

“白天的酷热令人难以忍受，于是我选择在晚上开打，用的是可以在黑暗中发光的高尔夫球……这个18洞球场的其余部分看上去完全就像月球表面。”

SA 南澳大利亚州，澳大利亚

29.0069°S, 134.7294°E

库伯·佩迪的无草高尔夫球场

矿业城镇往往是没有灵魂的地方，居住着粗鲁的矿工和打扮光鲜的商人，他们的眼里只有钞票。我和大多数游客一样，不会参观这些地方。但后来我听说，在澳大利亚内陆的南部有一个采矿小镇，它并不是一个典型的矿镇。我想要成为不只参观美丽地方、同时还会拜访丑陋之地的旅行者，我现在就是这个状态。所以我订了一张机票。

飞到库伯佩迪（Coober Pedy）上空时，我的视野中一个城镇也没有。事实上，地面看起来就像被一队极其巨大的、饥饿的蚯蚓入侵了，之后留下了高耸的碎石坑和一些别的东西。这些洞正是矿洞，矿里开采的是蛋白石，大量的蛋白石。事实上，世界上大约80%的蛋白石供应都来自库伯佩迪，它的地下是用耀眼的宝石装饰的。

在这片炙热的红色土地上挖掘生活的居民也充满了活力。Umoona蛋白石矿的所有者雅尼·阿萨纳夏季斯（Yanni Athanasiadis）是居住在人造洞穴中的大批居民之一。“41年前，当我第一次从希腊来到库伯佩迪时，我说，‘哦，不。我做了什么’？”当我们参观他的地下家园时，他回忆道。然而，在地下居住了几十年之后，他告诉我，他无法想象自己再一次生活在地面上。

在这样的防空洞里，全年的温度保持在宜人的24℃左右，这使它们成了远离内陆高温的绝佳地点。库伯佩迪还拥有辉煌的地下教堂和洞穴般的地下酒店。然而，它最吸引人的地方可能还是位于地面之上。

世界上只有一个高尔夫俱乐部——圣安德鲁斯（St Andrews）俱乐部——拥有“在家里打高尔夫”的便利，而它就在库伯佩迪。白天的酷热令人难以忍受，于是我选择在晚上开打，用的是可以在黑暗中发光的高尔夫球。这个球唯一能接触到的草是我手里拿着的用于开球的人造草皮。这个18洞球场的其余部分看上去完全就像月球表面。我的三个发光球中的最后一个消失在某个库伯佩迪标志性的虫洞中，注定要成为又一个消失于千变万化地下世界中的闪耀球体。——马克·乔纳森

☛ 库伯佩迪和阿德莱德（Adelaide）之间一周有5趟航班。你可以直接去Old Timers Mine租用高尔夫球装备，预订球场。

KEEP OFF
GRASS

WAKAYAMA PREFECTURE 和歌山县，日本

34.2227°N，135.6057°E

高野山奥之院

高野山是日本最受尊崇的佛教圣地，这里有117座寺庙，奥之院是其中的亮点，搭乘缆车前往这些圣域的过程，就好似飞升到了另一个世界。奥之院最重要的建筑是北端的灯笼堂，也是弘法大师的纪念堂。殿内有上百个灯笼，据说其中两个自建寺以来就没有灭过，已燃烧了近千年。而前往灯笼堂的墓区参道是这里最令人震撼的地方。沿途你会被无数千年巨杉和超过20万座古墓及灵塔包围，在墓地中你能发现很多熟悉的日本战国大名——丰臣秀吉、武田信玄、上杉谦信、织田信长……当你走入这片古墓森林时，半部日本史仿佛就在眼前流转，宁静超脱的气氛会取代恐惧。

周围的寺庙还可以提供在寺内过夜、享用传统斋饭或与僧人们一同做早课等不同的体验。

不论从京都还是大阪出发，最后都需要换乘南海电铁的高野线，中间需要在极乐桥换乘有趣的登山铁道到达高高在上的高野山站。

视觉中国 提供

SA 南澳大利亚州，澳大利亚

34.6453°S，138.8465°E

回音墙

大多数人为品尝葡萄酒而来到南澳大利亚州的巴罗莎山谷（Barossa Valley），但也有一些游客为了完全不同的原因从附近的阿德莱德冒险来到这里——只是为了讲悄悄话。巴罗莎水库（Barossa Reservoir）的弧形混凝土大坝以其平滑的抛物线形墙壁可以传导声波而闻名，即使只是轻柔的低语，也能在约140米之外的大坝另一端听得清清楚楚，这与中国天坛回音壁异曲同工。传说这只9层楼高的“野兽”所拥有的惊人的声学特性最初是由一名建筑主管发现的，他听到工人们在抱怨他，于是就从大坝的另一头把这些工人解雇了。

回音壁位于巴罗莎水库的北部边缘，在阿德莱德东北约50公里处，每天8:00~17:00免费开放。

© Russell Mountford / Getty Images

FUJI REGION 富士山地区，日本 35.4626°N，138.6544°E

青木原树海

一些人走进青木原（Aokigahara）的茂密森林，就无意再走出来了。青木原已经成了世界上第二大自杀地点，这一令人毛骨悚然的“第一”头衔属于金门大桥。

这片令人迷失方向的森林坐落在富士山的西北坡上，能瞬间带给人一种与世隔绝的感觉。它的火山土壤上布满了洞穴，树根在地面打结，密集的树木有如隔音的屏障（通常会阻断GPS信号）。这种不可穿透性赋予了该森林名字，意思是“树木的海洋”，它可以在几个月甚至几年的时间里，为自杀者提供隐蔽之地，人们只能通过他们丢弃物品的踪迹找到他们。

直到21世纪初，每年有多达100具尸体在森林中被找到，之后当局就不再公布这些数据了。如今，森林附近的指示牌上写着“生命是父母送给你的珍贵礼物”。偶尔，反自杀巡逻队也会经过，希望能在陷入困境的人进入森林之前帮助他们。在日本，自杀所附带的文化耻辱并不像许多西方国家那样强烈，这是源于日本武士光荣的自杀传统。流行音乐和电影中也会提到浪漫的自杀。

☛ 从富士河口湖町（Fujikawaguchiko）可以开车前往森林，如果从东京搭乘火车前往的话，要在Ōtsuki换车。

© JTB Photo / Getty Images

JIGOKUDANI 地狱谷，日本 36.7330°N，138.4611°E

地狱谷温泉

人类98%的DNA与猴子相同，所以，为什么它们就不能分享人类在热水中浸泡的乐趣呢？地狱谷（Jigokudani）之所以得名，是因为它热气腾腾的温泉和锯齿状的悬崖。但是，观看日本猕猴（或“雪猴”）懒洋洋地靠在天然热水池中的景象，并不会让你感觉身处地狱，尤其是在一年中山谷被雪覆盖的4个月里。日本猕猴是世界上生活得最靠北的灵长类动物。洗澡并不是它们唯一类似人类的习惯：科学家们观察到它们在吃东西之前会先清洗食物，甚至还会做雪球。

☛ 公园全年开放，但泡澡的猕猴只在冬天才能看到。有公共汽车往返于长野（Nagano）火车站和公园停车场，从停车场走到温泉需要30分钟。请查看en.jigokudani-yaenkoen.co.jp。

© Vichie81 / Getty Images

TASHIROJIMA 田代岛，日本 38.2955°N，141.4179°E

猫岛

当船慢慢驶向港口时，一队毛茸茸的船员站在码头上欢迎你的到来。作为这里的主要居民，几十只猫向前来的船只致意，为些剩饭剩菜而喵喵叫，并检查有没有“禁止入内”的狗上岸。

在田代岛（Tashirojima），猫与人的比例是6:1，而且考虑到岛上的人口老龄化，这一比例似乎有可能上升。猫群数量的急剧增加，是由于人们一直相信它们能带来好运，而照顾它们还能进一步带来运气。把它们当作宠物被视为是不适当的，所以猫咪们在岛上自由地游荡：在屋顶上栖息，在小巷里潜行，在岛上四处制造各种可爱的麻烦。

田代岛两项历史悠久的产业——丝绸和渔业，几个世纪以来确保了猫群的红毯待遇。在江户时代，猫可以不让老鼠靠近蚕，从而保护了岛上的财富来源。再后来，是捕鱼业喂肥了田代岛的猫。渔民们已经习惯看到猫群乞讨一天捕捞剩下的小鱼小虾。很快，人们还试图依靠猫的情绪波动来预测海上的天气。迷信的当地人甚至认为猫是幸运的护身符，在2011年的海啸中保护了该岛免受更严重的破坏。

从位于本州岛（Honshu）北部的石卷（Ishinomaki）乘坐渡轮可以到达田代岛，这里很适合一日游。

MELBOURNE 墨尔本，澳大利亚
37.8722°S，144.9759°E

太阳系小径

沿着墨尔本颇受极客欢迎的太阳系小径（Solar System Trail），你可以巡游我们的太阳系，从太阳一直到外行星，而无须离开地球半步。这条自导式步道位于圣基尔达（St Kilda）和墨尔本港之间，提供了一个太阳系的1/10亿的模型。这意味着你可以把从太阳到冥王星的59亿公里的天文数字旅途变成更世俗的5.9公里漫步。除此之外，因为菲利普湾港（Port Phillip Bay）的新月形状，你还可以从沿途的9个模型位置看到太阳。2008年，一个由艺术家和科学家组成的团队共同创造了这个奇迹，令世人大开眼界。

巡游从位于圣基尔达海滩南端的太阳雕塑处开始，整个步行约需90分钟。

MELBOURNE 墨尔本，澳大利亚 37.8171°S，144.9453°E

树上的奶牛雕塑

当你看到树上有一个8米高的奶牛雕塑时，不会以为是澳大利亚的洪水把它冲上去的吧？好吧，这一雕塑是根据艺术家约翰·凯利（John Kelly）的想象发展而来的——一只头小身子大的奇形怪状的牛，四脚朝天地卡在一棵桉树上。等一下，为什么是假奶牛？好吧，在“二战”期间，艺术家威廉·多贝尔（William Dobell）精心制作了等身大小的混凝纸浆牛，并将它们放置在机场和军事基地周围，试图愚弄日本飞行员。不过，如果多贝尔的奶牛看起来像树上这只奇异的、由不同块体组成的奶牛，那么日本飞行员恐怕一秒钟的当也不会上。

树上的奶牛位于墨尔本码头区（Docklands）的Harbour Esplanade。跳上35路电车就能到达，这是该城的免费环城电车。

CANBERRA 堪培拉，澳大利亚 37.6333°S，145.0833°E

未来之屋

堪培拉大学的游客们若是认为UFO已经在该校园登陆，这也是可以理解的。这一太空时代的荚状结构有四根钢腿支撑，还带有一个类似舱门的入口和下拉式楼梯，但实际上它是世界上仅存的未来之屋（Futuro House）之一，由富有远见的芬兰建筑师马蒂·苏隆恩（Matti Suuronen）于1968年设计。最初设计它是作为滑雪小屋或度假屋使用，预制构件的未来之屋可以分成几块运送，几天之内就可以组装起来，甚至可以被直升机整个拉起来！这一革命性的设计吸引了全球的关注，但声势却很短暂：1973年的石油危机抬高了塑料的价格（这是这类建筑物的关键建造材料），客户取消了订单，只有约100个未来之屋被建造完成。很少有人将它用作住宅，在美国的一些屋子被改造成咖啡馆或房地产机构，有些被用作瑞典的瞭望塔，而这一个则在堪培拉附近被挪来挪去，最终很恰当地被一个天文台征用。2011年，受损和废弃的未来之屋被捐赠给了这所大学，在那里，它被煞费苦心地修复和重新组装。现在，这处空间是一个学生工作区，对任何想知道未来会是什么样子的人来说，这都是一个不能错过的地方。

☛ 未来之屋位于堪培拉大学内，就在5号楼旁。从城市公交站坐3号公共汽车就能到达。

© Rob Cleary / OEH

NSW 新南威尔士州，澳大利亚
30.2733°S，150.1643°E

卡普塔山巨型粉红蛞蝓

在一个下雨的夜晚来到卡普塔山国家公园（Mt Kaputar National Park），一种生物会带给你黏糊糊的惊喜，它更像是来自R.L.斯汀（R.L. Stine）的《鸡皮疙瘩》系列，而不是新南威尔士州的北部山脉。这种生物如舌头一样湿润，像黄瓜那样长，像芭蕾舞短裙一样呈艳粉色，它就是一只巨大的粉色蛞蝓，不嫌恶心的话就想象一下吧。这种令人毛骨悚然的爬虫可以长到20厘米长，只在卡普塔山顶潮湿的高山森林中出没，这座孤寂的山峰是澳大利亚南德瓦山脉（Nandewar Range）的最高峰。这些艳粉色的蛞蝓将大部分时间都花在了地下觅食上，但下雨之后，它们会爬上地面，咀嚼地衣和苔藓。其实这只是许多当地特有的无脊椎动物之一，在这个相对偏僻的环境中生活了数百万年。其同胞包括同样艳丽的红三角蛞蝓，以及至少三种食肉的、食同类的陆地蜗牛，它们在卡普塔山四处游荡，寻找猎物。这些生物全都被困在海拔1500米高的一个死火山的遗迹上方，这座火山在约1800万年前活跃过。科学家们说，卡普塔山这种独特的高海拔栖息地，让我们得以一窥澳大利亚非凡的地质历史。

卡普塔山国家公园位于纳拉布里（Narrabri）以东30公里处，有露营地和丛林远足区域。

RUNIT ISLAND 鲁尼特岛，马绍尔群岛
11.5527°N，162.3474°E

鲁尼特圆顶

在一处被蓝绿色的海水包围的宁静珊瑚环礁上，有个看起来像是半埋在土中的UFO的东西，但现实比这要残忍得多。1958年，美国的核试验（被称为“仙人掌测试”）在鲁尼特岛（Runit Island）上留下了一个巨大的弹坑。在周边地区进行的其他核试验已经导致了高污染，必须采取措施来清理污染。因此，在20世纪70年代末，放射性碎片与被污染的表层土混合在一起，被倾倒在这个弹坑中，并被密封在46厘米厚的混凝土圆顶之下。这是一个离奇的永久性核战争产物，使这个岛屿从此不再适宜居住。

你可以从邻近岛屿上坐船远观鲁尼特岛——该岛拥有放射性废料，不推荐参观。

NSW 新南威尔士州，澳大利亚 33.8333°S, 151.0766°E

阿伊尔菲尔德商船

许多城市都将退役的货船沉在岸边，以制造人工礁石，但是当一块1140吨重的钢铁在海面上被闲置了近50年后，会发生什么呢？在位于悉尼以西的阿伊尔菲尔德商船（SS Ayrfield）的案例中，你会看到一个壮观的“漂浮森林”，在那里，茂密的红树林在生锈的船体上争夺生长空间。阿伊尔菲尔德建造于1911年，是帮助澳大利亚政府在第二次世界大战期间向驻扎在太平洋的美国军队运送物资的重要工具[当时它被称为“柯里莫尔号”（SS Corrimal）]。这艘船的余生是作为运煤船在悉尼和纽卡斯尔之间运送物资，直到1972年退役。之后，它被送往位于赫姆布什湾（Homebush Bay）的一个拆船大院里，靠近现在的奥林匹克公园（Olympic Park），在那里，它和另外三艘完整的退役船只摆放在一起。在这个船只墓地里，其他残骸没有一个像阿伊尔菲尔德一样执着于生命：壮观的树木生长出来，成为人们纷纷拍照的对象。它的红树林居民在过去的几年时间里不断扩大规模，现在已经席卷了船体两侧，慢慢地沿着焊接处把船撕成碎片。阿伊尔菲尔德可能自战争中幸存了下来，并逃避了被解体的命运，但它将屈服于自然的入侵，这只是时间问题。

从悉尼的中央车站（Central Station）坐火车到罗兹（Rhodes）。在Bennelong桥上能获得欣赏该船的最佳视角。

KAMCHATKA PENINSULA 堪察加半岛，俄罗斯 54.4360°N，160.1363°E

间歇泉山谷

位于俄罗斯远东地区的堪察加半岛（Kamchatka Peninsula）向着日本方向延伸，在这里，地球的怒气从未远离过地面。堪察加6公里长的间歇泉山谷（Valley of Geysers）是由基赫皮内奇（Kikhpinych）复合型火山的250℃高温所滋养的。超过100个温泉和间歇泉在寒冷的空气中喷出热气。克罗诺茨基自然保护区（Kronotsky Nature Reserve）的这个盆地相当偏远，这个地质奇迹在20世纪70年代才被人类完全探索。最令人毛骨悚然的发现是死亡谷（Valley of Death），这是一条狭窄的、2公里长的小溪，在那里，聚集的火山气体浓度很高，离得太近的动物都被杀死了。

你可在Travel Kamchatka (www.travelkamchatka.com) 预订直升机行程，前往间歇泉山谷。从莫斯科过来的航班所能到达的最近的机场是堪察加彼得罗巴甫洛夫斯克 (Petropavlovsk-Kamchatsky)。

TOP 10

十大澳大利亚路边大型景点

QLD 昆士兰州，澳大利亚 26.6726°S，152.9913°E

① 大菠萝

澳大利亚有很多荒唐的路边大型景点，旨在吸引过往的交通工具，并让长途旅行的孩子们分心而不再问“我们到了吗？”。当然，它们是媚俗的，但这也是乐趣的一部分。英国皇室已经参观过这个大菠萝了——如果它对皇室来说都不差，那你就更没的抱怨了。

从昆士兰州马鲁基多尔（Maroochydore）开车20分钟即可抵达大菠萝。免费的观景台每天9:00~16:00开放。

NSW 新南威尔士州，澳大利亚 31.127869°S，150.922708°E

② 金色大吉他

为了巩固塔姆沃思（Tamworth）作为“澳大利亚乡村音乐之都”的声誉，金色大吉他被摆放在一个游客中心前，旁边是一个蜡像博物馆，该博物馆展示了唐纳德·布拉德曼爵士（Sir Donald Bradman）的大事记，当然还有一家音乐商店。

金色大吉他从途经新南威尔士州塔姆沃思的新英格兰公路（New England Hwy）上就能看到。请查看www.biggoldenguitar.com.au。

Maree Williams/Getty Images

SA 南澳大利亚州，澳大利亚 34.8211°S，138.8922°E

③ 大摇摆木马

希望自己的玩具更大一些吗？世界上最大的摇摆木马于1981年开放，以吸引游客参观现场的玩具厂，该工厂至今仍在运营。爬上木马的头可以欣赏美丽的风景。

☛ 大摇摆木马位于甘莫查（Gumeracha）城外，距离阿德莱德40公里。请查看www.thetoyfactory.com.au。

NSW 新南威尔士州，澳大利亚 30.2746°S，153.1342°E

④ 大香蕉

这只大香蕉使路人现出像阳光一样灿烂的微笑，为其同名乐园增添了视觉上的吸引力，该公园有水滑梯、香蕉种植园，甚至还有一个奶酪制作工作间。

☛ 大香蕉位于太平洋公路上，就在新南威尔士州科夫斯港城外。请查看www.bigbanana.com。

SA 南澳大利亚州，澳大利亚 36.8243°S，139.8625°E

⑤ 大龙虾

这个巨大的甲壳动物上有一些裂缝，但这并不能阻止当地人对它的爱。"Larry"是它的昵称，自1979年以来，它就一直在吸引人们去一家海鲜餐厅，要是厨房里有一个能放下它的超大的平底锅就更好了……

☛ 大龙虾位于南澳大利亚州金斯顿（Kingston）的王子公路（Princes Hwy）旁。

VIC 维多利亚州，澳大利亚 38.0713°S，145.6556°E

⑥ 大山鸡

冈布亚公园（Gumbuya Park）曾经是一个山鸡场，现在则是一只8米高的混凝土山鸡的家。曾经有一个纵火犯炸毁了它的屁股，真是让人恼火！

☛ 冈布亚公园位于泰农（Tynong）附近的王子公路旁。请查看www.gumbuya.com.au。

QLD 昆士兰州，澳大利亚
17.9342°S，145.9280°E

⑦ 金色橡胶靴

北昆士兰的三个城镇经常会相互竞争，看看谁的年降雨量最高，奖品是一只橡胶靴。为了纪念这一活动，人们在塔利（Tully）建造了一个7.9米高的金色橡胶靴。

☛ 塔利镇位于昆士兰州的汤斯维尔（Townsville）和凯恩斯（Cairns）之间的布鲁斯公路（Bruce Hwy）旁。

NSW 新南威尔士州，澳大利亚 34.7727°S，149.6905°E

⑧ 大美利奴羊

这只97吨重的"硬汉羊"着重强调了澳大利亚在羊背上获得的繁荣。它建于1985年，内部有一个羊毛展，还有一个观景平台和商店，听着真不错。

☛ 大美利奴羊紧邻新南威尔士州古尔本（Goulburn）的休姆公路（Hume Hwy）。请查看www.bigmerino.com.au。

VIC 维多利亚州，澳大利亚 36.4641°S，146.2212°E

⑨ 大凯利

如果你犯了罪，就得付出时间的代价。但是，如果你是澳大利亚最臭名昭著的亡命之徒，却能在自己的帮派最后被围剿的镇子里拥有一座6米高的玻璃纤维雕像。看图吧。

☛ 大凯利位于格林罗旺（Glenrowan），紧邻维多利亚州旺加拉塔（Wangaratta）附近的休姆公路。

VIC 维多利亚州，澳大利亚 36.9185°S，142.5145°E

⑩ 巨型考拉

这个身高马大、看上去有点受到惊吓的"小"动物最近被重新命名为"Sam"，以纪念一只在丛林大火中被烧伤、之后死于衣原体病毒的考拉。

☛ 巨型考拉位于维多利亚州格兰屏国家公园（Grampians National Park）边缘的西部公路（Western Hwy）旁。

© Arne Hodalic / Getty Images

GRANDE TERRE
格朗德特尔岛，新喀里多尼亚
20.9377°S，164.6584°E

沃尔之心

在正常情况下，“浪漫”和“红树林沼泽”这两个词很少出现在同一个句子里，但是在新喀里多尼亚（New Caledonia）的主要岛屿格朗德特尔（Grande Terre）的北部，当地的红树林似乎已经在法国统治的165年里学会了何为浪漫。它们以一种非同寻常的激情，生长并形成了一种天然的心脏形状，让当地的小型飞机飞行员们绕着它们团团转。观赏沃尔之心（La Cœur de Voh）的最佳角度是从空中，这已经衍生出了一项新业务，热情的浪漫主义者被带往天空中去一看究竟——这为“空气中充满着爱”增添了全新的意义。大多数当地的卡纳克人（Kanak）都很好奇这么小题大做是为了什么。

从努美阿（Noumea）到科恩（Koné）的270公里路可以自驾或搭乘长途汽车，然后乘小型飞机从空中俯瞰。

HIDEAWAY ISLAND 海德威岛，瓦努阿图
17.6991°S，168.2633°E

水下邮局

有些事情你从未想过要做，但一旦知道它们有可能实现就会全力去完成。如果你有这样一份清单，那就把这项活动添加上去吧：在水下投递邮件。在瓦努阿图（Vanuatu）的海德威岛（Hideaway Island）海岸附近的一个海洋保护区里，有一个水下邮局，游客可以潜到水下3米处，然后把邮件投进去。这一瓦努阿图邮政的官方分支机构接受防水明信片，上面印着潜水邮政人员的无墨水印戳。当他们的同行在陆地上与街头恶犬周旋时，海德威岛这些勇敢的邮政人员只需要赶走一些好奇的礁鲨。

开放时间公示在海德威岛度假村的沙滩上。一面浮动的旗帜标出了该邮局的位置。

© Kerrick James / Getty Images

NEAR QUEENSTOWN 靠近皇后镇，新西兰
44.8641°S，169.0214°E

卡德罗纳胸罩篱笆

女士们，当你们开车穿过奥塔戈（Otago）中部令人惊叹的山脉时可能会有种冲动，想要停下车、脱下你的胸罩并把它挂在篱笆上，不过放心，你不是第一个想这么做的人。成百上千位女士都确实这么做了。一开始只有四件胸罩在电线上飞舞，很快就变成了数百件——各种颜色和大小，有图案的和普通的，从结实的运动胸罩到蕾丝内衣，应有尽有。最初，并不是每个人都支持这种古怪的行为，地方政府把这些内衣搬走了（他们说这种展示是一种妨碍交通的危险因素）。然而，禁令失败了，世界各地的游客很快就为篱笆填补了空白。

☛ 在Cardrona Valley Rd可以找到胸罩篱笆，就在皇后镇城外约50公里处。

© Rob Jefferies / Getty Images

DUNEDIN 但尼丁，新西兰 45.8492°S，170.5343°E

世界上最陡的街道

视觉错觉艺术的粉丝们注意了：在新西兰南部城市但尼丁（Dunedin）有一条350米长的街道，在这里，如果你以某个角度拍下照片，所有房子看上去似乎都在下沉。吉尼斯世界纪录称Baldwin St是世界上最陡的行车道，其坡度约为35%。历史学家说，它的陡峭是无意间形成的，仅仅是城市电网几乎不考虑当地地势的结果。在新西兰，Baldwin St因其一年一度的巧克力豆赛跑（Cadbury Jaffa Race）而闻名，在活动举办时，会有约5万颗彩色的巧克力豆以慈善的名义从山上滚落下来。

☛ Baldwin St全年可行车，位于但尼丁市中心东北约3.5公里处。

PENTECOST ISLAND 彭特科斯特岛，瓦努阿图

15.7605°S，168.1897°E

彭特科斯特岛的陆地蹦极员

如果你认为蹦极是件疯狂的事，那就等遇到发明它的人再下定论吧。他们在4月就开始建造木塔。年轻人在丛林中热血沸腾地工作着，又锯又绑，测量平台的高度和坚固程度。当他们准备好了的时候，村里的青少年会把自己头朝下扔出去，只在脚踝绑上一根藤条，以避免摔到地上。所有这些都是为了甘薯的丰收!

这是瓦努阿图彭特科斯特岛（Pentecost Island）上古老的陆地蹦极（naghol），也许是南太平洋最奇怪的仪式，是对勇气的考验和必经的过程。观看的人心脏都快停止跳动了，就像目睹一场可怕的事故正在上演。但他们很快就看到，这位年轻的蹦极者突然停止下落，他的头几乎擦到地面，大家开始为他欢呼和歌唱。

☛ 4月至6月，陆地蹦极每周都举办。每周有2班航班从维拉港（Port Vila）到彭特科斯特岛的罗诺诺惹（Lononore），可以在维拉港安排一日游。

© David Kirkland / Getty Images

TANNA 塔纳岛，瓦努阿图

19.5155°S，169.3578°E

菲利普亲王运动

“他属于女王”（Emi blong Misis Kwin），瓦努阿图的比斯拉马语（Bislama）清楚地把菲利普亲王放在第二位，仅次于他的妻子伊丽莎白二世女王。然而，对塔纳岛（Tanna）的遥纳恩（Yaohnanen）村民来说，他才是主角，是他们神圣而受爱戴的神。

根据遥纳恩的传说，一位住在附近火山的神灵跨越海洋，来到遥远的大陆。在那里，他赢得了一位强大女王的心，并终将回到当地。1974年，穿着华丽制服的菲利普亲王与女王代表英国皇室访问瓦努阿图，村民们终于找到了他们的救世主。于是，一段奇怪的关系开始了：塔纳岛的人民给亲王送去了一根传统的战争棍棒（nal-nal），菲利普亲王也用签名照片回赠。但是亲王本人从未去过遥纳恩的村庄。

在2006年接受《每日邮报》采访时，酋长杰克·奈瓦（Jack Naiva）说，他们最大的愿望就是让菲利普亲王来访。“我们希望他在这里度过余生，因为我们相信，当他作为我们的神灵回来时，他的力量将使我们的皱纹消失，我们还会有许多妻子来打理一切。他不需要去猎猪或其他什么东西，他可以坐在阳光下享受美好时光。”

但是女王怎么办呢？“哦，她也可以来。”杰克酋长说。

☛ 瓦努阿图航空公司每天都有航班从首都维拉港飞往塔纳。

HOKITIKA 霍基蒂卡，新西兰
42.7174°S，170.9665°E

霍基蒂卡野味美食节

当我把蟑螂放进嘴里时，我得拼命忍住不让自己吐出来。它被巧妙地呈现在一杯美味的粉色果冻中，但无可争议地仍然是只大虫子。不过至少它不是只活蟑螂，不像隔壁摊上的蚱蜢。这只蟑螂是对付过去了，但下一个会是什么？蚯蚓寿司、腌制的蚕蛾幼虫、巨大的巧克力裹甲虫、山牡蛎（绵羊的睾丸）——霍基蒂卡野味美食节（Hokitika Wildfoods Festival）可不是为心脏怯懦或脾脏虚弱的人准备的。我实在无法抑制自己的反感去吃蚕蛾幼虫。事实上，在这天的剩余时间里，我都在牙缝里挑着蟑螂的触角。——特雷西·惠特米

美食节每年3月的第二个周六在霍基蒂卡举办。请查看www.wildfoods.co.nz。

© Brian Fairbrother / Getty Images

OAMARU 奥马鲁，新西兰 45.1023°S，170.9706°E

蒸汽朋克总部

一辆有龙形车头的蒸汽火车从地下加速冲出，在蒸汽朋克总部（Steampunk HQ）外的一堆瓦砾上停了下来。这里一部分是艺术组合的产物，一部分表达了对蒸汽朋克的热烈庆祝——这是一个虚构出的新维多利亚时代、后世界末日或幻想世界，在蒸汽朋克的世界里，复古式未来的发明是由蒸汽动力驱动的。人们将齿轮、管道和机械装置重新组合，使之成为一种变幻无穷的精巧装置。这些装置磨动着，发出铿锵声，急速旋转，让你大开眼界。如果H.G.威尔斯（HG Wells）或儒勒·凡尔纳（Jules Verne）身在奥马鲁（Oamaru）的话，你就会在这里找到他们，他们正在演奏总星系管风琴（Metagalactic Pipe Organ），或者铸补一座由发光的头骨组成的雕塑：它既古怪又有趣，时髦而又蒸汽朋克。

蒸汽朋克总部位于奥马鲁，在基督城（Christchurch）西南250公里处。每天10:00～17:00开放。请查看www.steampunkoamaru.co.nz。

GIBBS FARM 吉布斯农场，新西兰 36.5206°S，174.4486°E

伊莱克顿

这是一个雕塑、一个科学展览、一个疯狂科学家的闪电喷泉——由埃里克·奥尔（Eric Orr）和格雷格·莱赫（Greg Leyh）设计的伊莱克顿（Electrum）是一件拥有令人惊叹的想象力的作品。它看起来有点像一颗四层楼高的棒棒糖，拥有世界上最大的特斯拉线圈，利用了超过300万伏特的电压，并将它们以闪电的方式释放出来，冲击视网膜。而且，使劲盯着这个通电的狂怒雕塑的中心，你可能会看到有人蜷缩在金属球的顶端，像个癫狂的指挥家，似乎在召唤极度混乱局面的出现。

对极客们来说，以下是技术层面的东西：由尼古拉·特斯拉（Nikola Tesla）在1891年前后发明的特斯拉线圈被用于生产高电压、低电流、高频率的交流电。位于伊莱克顿顶部的球形笼子形成了一道静电屏障，以保护操作者。对非极客们来说，这意味着巨大的电压会从周围的空气中吸收电子，让15米长的电流在噼啪作响的弧线上肆意流窜，从而产生了瞬间闪电。

受百万富翁兼艺术赞助人艾伦·吉布斯（Alan Gibbs）的委托，伊莱克顿被安装在凯帕拉港（Kaipara Harbour）的吉布斯农场（Gibbs' farm），它是众多大型艺术作品中的一件，其背景是连绵起伏的绿色植物、沿海水域和闪闪发光的泥滩。毕竟，如果你有钱的话，你就可以买到最酷的玩具。

☛ 吉布斯农场每个月仅有一天对公众开放。在www.gibbsfarm.org.nz可预订免费门票。

WAITOMO 怀托摩，新西兰 38.2609°S, 175.1035°E

怀托摩萤火虫洞

新西兰并不缺少惊世骇俗的古怪东西。毕竟，这是一个把自己作为大预算奇幻电影的理想拍摄地来宣传并由此致富的国家。但在它所有的奇异景点中，怀托摩萤火虫洞（Waitomo Glowworm Caves）可能是最超现实的。游客们从一片童话般的森林进入一处地下洞穴，这个洞穴是由当地的毛利人首领塔内·蒂诺如（Tane Tinorau）于120年前发现的。之后，游客们跳上一艘船，在地下的怀托摩河上顺水漂流，进入一个被称为“萤火虫洞”的夜光仙境，在那里，成千上万个小家伙在不辞辛苦地发出蓝绿色的光芒。正是在这里，洞穴的顶部变身为一个迷幻的天文馆，发光的生物组成了数不清的星星。尽管被叫作“南光虫”，但这些怀托摩的居民并非真正的爬虫，它们是蕈蚊。这种新西兰特有的生物在潮湿的洞穴中茁壮成长，在幼虫和成虫两个阶段都会发光。尽管在整个新西兰都有蕈蚊出没，但没有哪个地方的聚落像怀托摩洞穴的这样大或华丽。即使你讨厌潮湿和黑暗的空间，或者极度厌恶虫子，你也很难不被这些发光的蚊虫所展现的壮丽的地下王国所吸引。

☛ 萤火虫洞每天9:00~17:00开放。奥克兰（Auckland）有许多随上随下的公共汽车经过这些洞穴。

WHITIANGA 菲蒂昂格，新西兰
36.8888°S, 175.8246°E

热水海滩

我听过一个传言：在新西兰北岛有一个神话般的地方，在那里，热气腾腾的地热泉从金色的沙滩上涌出。还有人提到，在退潮前后的那一小段时间里，整片海滩都会成为一处DIY的水疗地。后来我到了科罗曼德尔半岛（Coromandel Peninsula），沿着水星湾（Mercury Bay）漫步，发现一群沙滩爱好者弯着腰，像地鼠一样挖着热水洞。我加入了挖掘的队伍，给自己做了一个沙滩浴盆，但当我跳进富含矿物质的水中时，我的屁股瞬间被烫成了粉红色。那些散布传言的人似乎忘了给我一个重要的建议：利用海水来控制温度。——马克·乔纳森

☛ 你需要从奥克兰乘坐长途汽车到菲蒂昂格（Whitianga），然后转乘季节性的公共汽车前往热水海滩。

© Andrew Bain / Getty Images

WHANGANUI NATIONAL PARK 旺格努伊国家公园，新西兰
39.2710°S, 174.9727°E

绝路桥

在旺格努伊国家公园（Whanganui National Park）的原始森林深处，矗立着一座混凝土桥。然而，这座桥的两端都没有道路，也没有任何工业或人类存在的迹象，真的是一座通向绝境的桥梁。它建于1936年，目的是连接偏远的芒格普鲁瓦山谷（Mangapurua Valley），在那里，"一战"的退伍士兵们正在灌木丛中开垦农场。但是，最初的希望和雄心最终以毁灭性的失望告终：在经历了多年与山谷贫瘠土地的对抗之后，20世纪20年代的经济灾难使最后几个家庭放弃了这个定居点。不久，灌木收回了控制权，把所有人类居住的迹象都抹去了，除了这座通向被遗弃的梦想之谷的桥梁。

☛ 你得从皮皮里基（Pipiriki）乘坐喷射快艇到旺格努伊河边的芒格普鲁瓦兰丁（Mangapurua Landing），接下来需要步行40分钟到这座桥。

TAUMATAWHAK
KOAUAUOTAMA
PIKIMAUNGAHO
WHENUAKITAN

TANGIHANGA EATURIPUKAKA RONUKUPOKAI TAHU

HAWKE'S BAY 霍克海湾，新西兰　　40.3704°S，176.5704°E

如果不是因为它那可怕的绰号，很少有人会想来参观这个不起眼的小山丘。此地名拥有85个字母，被吉尼斯世界纪录评为“世界上最长的单个词地名”。粗略翻译过来的意思是：塔玛提亚（Tamatea），一个有大膝盖、在山上山下来来去去的人，一个到处旅行、吞并土地的人，在这个山顶为他所爱之人吹响了鼻笛。一口气根本念不完！根据传说，毛利探险家塔玛提亚在这座山附近打了一场仗，在这场战役中，他深爱的兄弟被杀。悲伤之际，塔玛提亚在战场附近徘徊，用一种名为koauau的毛利鼻笛为他失去的兄弟吹响了挽歌。当地人就叫它“塔玛特山”（Taumata Hill）。

塔玛特山靠近霍克海湾（Hawke's Bay）的波朗加豪（Porangahau）。沿着Wimbledon Rd行驶5公里，你就能看见一处显示着该山名的标识。

“当一团巨大的硫黄蒸汽在我们周围飘来飘去时，我的眼睛开始刺痛……这个岛时不时地喷发一次，发出咝咝声和噼啪声，像有人在嘟囔和怒吼。”

NEW ZEALAND 新西兰　　37.5226°S，177.1797°E

怀特岛

在驶向怀特岛（White Island）的船上，我们收到了发放的安全帽和防毒面具。

“这是一座活火山，随时可能爆发，几乎没有任何预警。”我们还被告知，“跟着步道走。有些地方的地壳非常薄，你应该不希望掉进滚烫的泥浆和沸水中。”

最令人惊讶的是，我们从船上一下来就直接进入了火山坑，尖锐的岩石墙从我们头顶一直上升到火山口的边缘：我们实际上是在火山的内部。周围是由光秃秃的灰色岩石构成的宛如外太空的荒凉地貌，上面点缀着鲜艳的黄色硫黄晶体，没有任何植被。火山口湖的水比电瓶水更具有腐蚀性，像汉白玉一样，透过翻腾的蒸汽可以看见热乎乎的表面。当我们走过成堆的灰烬和火山渣边缘时，我亦步亦趋地跟着向导，小心翼翼地跨过满是酸液的溪流，凝视着沸腾的黏稠灰色泥浆池。霜黄色的喷气孔像熔化的蜡烛滴落在酒瓶颈上，喷出热气腾腾的气体。当一团巨大的硫黄蒸汽在我们周围飘来飘去时，我的眼睛开始刺痛，我的舌根尝到了点燃的火柴的苦味。这个岛时不时地喷发一次，发出咝咝声和噼啪声，像有人在嘟囔和怒吼。这里有一种不受控制的威胁感，近距离地观察、倾听和嗅闻地球的毁灭潜力，可真令人不安。

离开这个湖，我们发现了一些残酷的证据，证明被压抑的能量爆发时会发生什么。毁坏的建筑、生锈的机器、腐蚀的齿轮和轮胎都是一座曾经繁荣的硫黄矿的遗留物。1914年发生了一场可怕的爆炸，造成10名矿工死亡。人们认为，火山爆发的力量将矿工和他们位于火山口之上50米高的住处炸向了大海。只有营地的猫“彼得大帝”幸存了下来。

后来，我们听说了关于怀特岛硫黄矿工残酷生活的故事，包括矿工们每天要洗3次牙以防止牙变黑。回到船上，我偷偷地检查了我的牙齿，它们都还正常，但我的银项链已经变得乌黑了。—— 特雷西·惠特米

☛ 怀特岛（Whakaari）在华卡塔尼（Whakatane）外海50公里处，需参加注册旅行社组织的团队游才能参观。

索引

E

F

G

H

I

J

K

L

S

T

U

V

W

Y

Z

幕后

本书作者

亚历克斯·霍华德(Alex Howard)、亚历克西斯·艾弗尔巴克(Alexis Averbuck)、艾米·贝尔福(Amy Balfour)、艾米·卡拉芬(Amy Karafin)、安妮塔·伊萨尔斯卡(Anita Isalska)、安娜·卡明斯基(Anna Kaminski)、安东尼·汉姆(Anthony Ham)、贝利·约翰逊(Bailey Johnson)、布兰登·普莱瑟(Brandon Presser)、布伦丹·塞恩斯伯里(Brendan Sainsbury)、布莱恩·克罗普菲尔(Brian Kluepfel)、布里奇特·格林逊(Bridget Gleeson)、卡洛琳·B.海勒(Carolyn B. Heller)、西莱斯特·布拉什(Celeste Brash)、克莱格·麦克劳林(Craig McLaughlin)、多米尼克·布里斯(Dominic Bliss)、邓肯·加伍德(Duncan Garwood)、艾米丽·菲卢(Emilie Filou)、埃泰恩·欧卡罗尔(Etain O'Carroll)、格雷戈尔·克拉克(Gregor Clark)、海伦·兰吉尔(Helen Ranger)、詹姆斯·贝恩布里奇(James Bainbridge)、詹姆斯·多西(James Dorsey)、J.B. 卡利莱(JB Carillet)、乔·宾德洛斯(Joe Bindloss)、乔纳森·汤普森(Jonathan Thompson)、卡拉·齐莫尔曼(Karla Zimmerman)、卡林·诺贝尔(Karyn Noble)、凯特·阿姆斯特朗(Kate Armstrong)、凯特·摩根(Kate Morgan)、凯文·罗布(Kevin Raub)、劳拉·克劳福德(Laura Crawford)、露西·科尔讷(Lucy Corne)、露娜·苏(Luna Soo)、玛拉·佛西斯(Mara Vorhees)、马克·迪杜卡(Marc di Duca)、马克·乔纳森(Mark Johanson)、马特·菲利普斯(Matt Phillips)、娜娜·拉克汉姆(Nana Luckham)、派特·耶鲁(Pat Yale)、保罗·哈丁(Paul Harding)、菲利普·唐(Phillip Tang)、雷·巴特莱特(Ray Bartlett)、丽贝卡·沃伦(Rebecca Warren)、雷吉斯·圣路易斯(Regis St Louis)、斯蒂夫·法伦(Steve Fallon)、塔马拉·休哈特(Tamara Sheward)、汤姆·哈尔(Tom Hall)、汤姆·马斯特斯(Tom Masters)、汤姆·欧马利(Tom O'Malley)、特雷西·惠特米(Tracy Whitmey)、特伦特·霍顿(Trent Holden)、维吉尼亚·杰勒斯(Virginia Jealous)

关于本书

这是Lonely Planet《那些有趣、古怪、你不一定知道的地方》(*Secret Marvels of the World*)的第1版。

项目负责　关媛媛
项目执行　丁立松
翻　　译　钟　奕
内容策划　李昱臻　李昕(本土化)
视觉设计　庹桢珍　李小棠
协调调度　沈竹颖

总　　编　朱　萌
执行出版　马　珊
责任编辑　叶思婧
编　　辑　朱思旸
特约编辑　薛　平
地图编辑　刘红艳
制　　图　张晓棠
终　　审　杨　帆
流　　程　孙经纬
排　　版　北京梧桐影电脑科技有限公司
感谢陈帅、刘霜、佟斯元为本书提供的帮助。

声 明

本书地图由中国地图出版社提供，审图号GS(2019)675号。

封面及内文插图由Lauren Crow@YCN绘制。

说出你的想法

我们很重视旅行者的反馈——你的评价将鼓励我们前行，把书做得更好。我们同样热爱旅行的团队会认真阅读你的来信，无论表扬还是批评都很欢迎。虽然很难一一回复，但我们保证将你的反馈信息及时交到相关作者手中，使下一版更完美。我们也会在下一版特别鸣谢来信读者。

请把你的想法发送到**china@lonelyplanet.com.au**，谢谢！

请注意：我们可能会将你的意见编辑、复制并整合到Lonely Planet的系列产品中，例如旅行指南、网站和数字产品。如果不希望书中出现自己的意见或不希望提及你的名字，请提前告知。请访问lonelyplanet.com/privacy了解我们的隐私政策。

那些有趣、古怪、你不一定知道的地方

中文第一版

书名原文：*Secret Marvels of the World*
（1st Edition，Aug 2017）

本中文版由中国地图出版社出版

图书在版编目(CIP)数据

那些有趣、古怪、你不一定知道的地方 / 澳大利亚Lonely Planet公司编；钟奕译. -- 北京：中国地图出版社，2019.3（2021.10重印）
书名原文：Secret Marvels of the World
ISBN 978-7-5204-1030-4

Ⅰ. ①那… Ⅱ. ①澳… ②钟… Ⅲ. ①旅游指南－世界 Ⅳ. ①K919.1

中国版本图书馆CIP数据核字(2019)第034703号

出版发行	中国地图出版社
社　　址	北京市白纸坊西街3号
邮政编码	100054
网　　址	www.sinomaps.com
印　　刷	北京华联印刷有限公司
经　　销	新华书店
成品规格	185mm×240mm
印　　张	19.25
字　　数	589千字
版　　次	2019年3月第1版
印　　次	2021年10月北京第2次印刷
定　　价	198.00元
书　　号	ISBN 978-7-5204-1030-4
审 图 号	GS（2019）675号
图　　字	01-2019-0111

如有印装质量问题，请与我社发行部（010-83543956）联系

旅行读物全新上市，更多选择敬请期待

在阅读与观察中了解世界，激发你的热情去探索更多

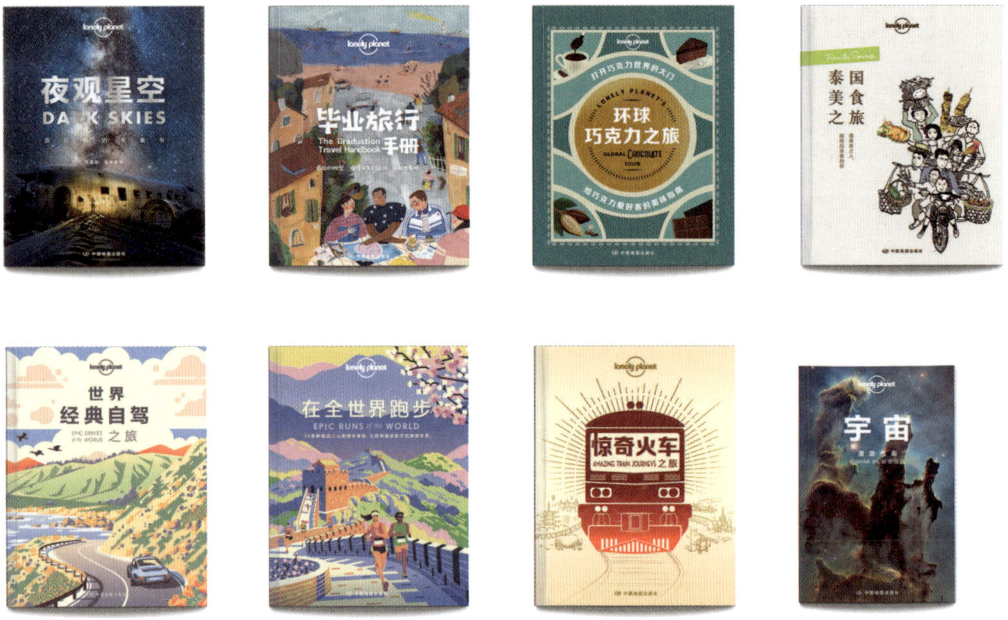

· 实用有趣，启发旅行灵感
· 全彩设计，图片精美
· 上佳礼物和咖啡桌读物

保持联系
china@cn.lonelyplanet.com

我们在爱尔兰、中国、美国和英国都有办公室。
联络：lonelyplanet.com/contact

weibo.com/lonelyplanet
facebook.com/lonelyplanet
lonelyplanet.com/newsletter
twitter.com/lonelyplanet

"只要决定出发，最困难的部分就已结束。那么，出发吧！" 托尼·惠勒（Tony Wheeler），Lonely Planet联合创始人

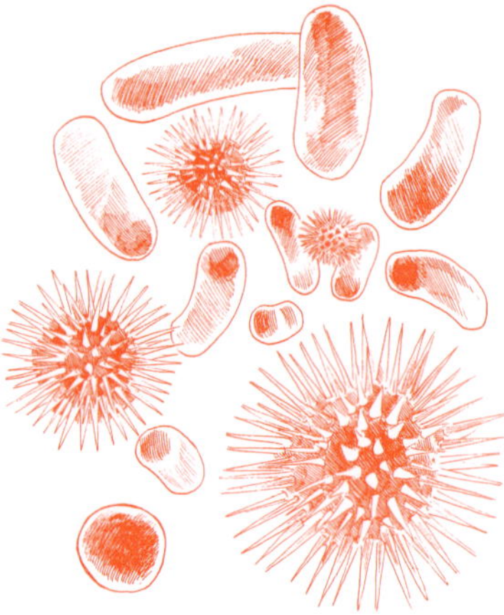

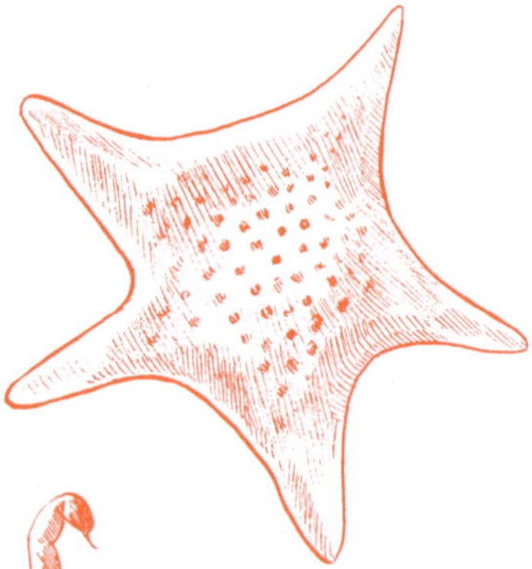

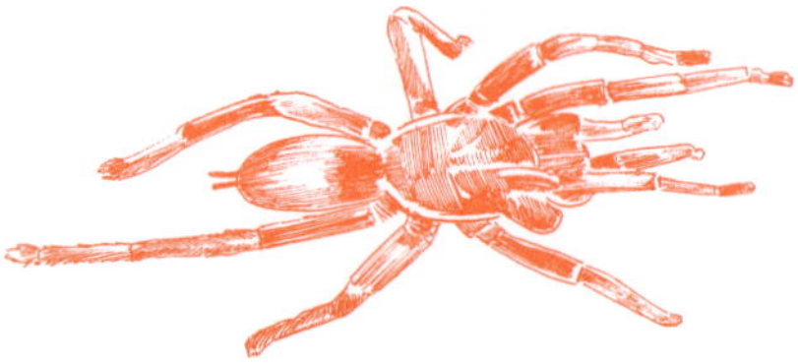